# हिन्दुओं के व्रत, पर्व और तीज-त्योहार

लेखक
डॉ. प्रकाशचंद्र गंगराड़े

वी एण्ड एस पब्लिशर्स

**प्रकाशक**

F-2/16, अंसारी रोड, दरियागंज, नई दिल्ली-110002
 23240026, 23240027 • *फैक्स:* 011-23240028
*E-mail:* info@vspublishers.com • *Website:* www.vspublishers.com

**शाखा : हैदराबाद**

5-1-707/1, ब्रिज भवन (सेन्ट्रल बैंक ऑफ इण्डिया लेन के पास)
बैंक स्ट्रीट, कोटी हैदराबाद-500 095
 040-24737290
*E-mail:* vspublishershyd@gmail.com

**वितरक :**

**पुस्तक महल**®, दिल्ली
 J-3/16, दरियागंज, नई दिल्ली-110002
  23276539, 23272783, 23272784 • *फैक्स:* 011-23260518
  *E-mail:* info@pustakmahal.com • *Website:* www.pustakmahal.com
 बंगलुरू: 080-22234025 • *टेलीफैक्स:* 080-22240209
 पटना: 0612-3294193 • *टेलीफैक्स:* 0612-2302719

**पी.एम. पब्लिकेशंस**
 10-बी, नेताजी सुभाष मार्ग, दरियागंज, नई दिल्ली-110002
  23268292, 23268293, 23279900 • *फैक्स:* 011-23280567
  *E-mail:* pmpublications@gmail.com
 6686, खारी बावली, दिल्ली-110006
  23944314, 23911979

**यूनीकार्न बुक्स**
 मुम्बई :
 23-25, जाओबा वाडी (वी०आई०पी शोरूम के सामने), ठाकुरद्वार, मुम्बई-400002
  022-22010941 • *फैक्स:* 022-22053387

© **कॉपीराइट : वी एण्ड एस पब्लिशर्स**

ISBN 978-93-814482-1-2

संस्करण: 2011

---

भारतीय कॉपीराइट एक्ट के अन्तर्गत इस पुस्तक के तथा इसमें समाहित सारी सामग्री (रेखा व छायाचित्रों सहित) के सर्वाधिकार प्रकाशक के पास सुरक्षित हैं। इसलिए कोई भी सज्जन इस पुस्तक का नाम, टाइटल डिजाइन, अंदर का मैटर व चित्र आदि आंशिक या पूर्ण रूप से तोड़-मरोड़ कर एवं किसी भी भाषा में छापने व प्रकाशित करने का साहस न करें, अन्यथा कानूनी तौर पर वे हर्जे-खर्चे व हानि के जिम्मेदार होंगे।

---

*मुद्रक:* परम आफसेट ओखला, दिल्ली

## व्रत एवं त्योहार : परंपरा एवं प्राचीनता

व्रत एवं त्योहार हमारी सांस्कृतिक धरोहर हैं। प्रायः सभी पुराणों में इस बात का उल्लेख मिलता है कि हमारे ऋषि-मुनि, महर्षि व्रत-उपवास के द्वारा ही शरीर, मन एवं आत्मा की शुद्धि करते हुए अलौकिक शक्ति प्राप्त करते थे। सत्युग में ऋषियों ने व्रतों का पालन भक्ति और श्रद्धा से किया। वैदिक काल में ऋषियों ने व्रतों को आत्मिक उन्नति, आत्म कल्याण और लोक मंगल का साधन समझकर किया। हमारे देश का सर्वाधिक प्रभावशाली आध्यात्मिक व्रत वह माना गया, जिसमें पिता की आज्ञा से नचिकेता ने यमराज के लोक में जाकर आत्मा का अमर ज्ञान प्राप्त किया।

त्रेतायुग में भगवान् राम के अवतरण पर रामनवमी, राम द्वारा लंका पर विजय प्राप्त करने पर विजया दशमी तथा वनवास के पश्चात् अयोध्या आगमन की खुशी में दीपावली जैसे त्योहार प्रचलन में आए। श्रीकृष्ण के महान् चरित्र से संबंधित अनेक व्रत, त्योहार द्वापरयुग में प्रारंभ हुए। इसी युग में ब्रह्मा, विष्णु, महेश, लक्ष्मी, पार्वती आदि से जुड़े व्रत प्रचलित होकर लोकप्रिय हुए। पौराणिक युग में आम लोगों में व्रतों का प्रचलन मनोवांछित कामना की पूर्ति के लिए हुआ। इनके साथ राजा-रानी, सेठ, साहूकार, चारों वर्ण, आम जन-जीवन, जीव-जंतु, वन-पर्वत, नदी-सागर आदि से संबंधित सैकड़ों कथाओं का वाचन जुड़ता चला गया। इसके अलावा नवग्रहों, नवरात्रों, सप्ताह के वारों के व्रत, उत्सव भी जन जीवन में स्थान पाने लगे। व्रतों का प्रचलन बढ़ता गया और कालक्रम से उनमें जन-जीवन से संबंधित अनेक कथाएं जुड़ती चली गईं।

कलियुग में जब पाप के कर्मों की वृद्धि होने लगी और पुण्य क्षीण हुए, तो पुण्यार्जन के लिए अनेक प्रकार के व्रतों को करने का प्रचलन काफी तेजी से बढ़ा और वे लोक जीवन में प्रसिद्ध हो गए। व्रतों और त्योहारों की धारा गंगा की धारा की भांति भारतवासियों को पावन करने लगी। इनका स्वरूप भी धीरे-धीरे पुरुष व नारी वर्ग में विभाजित हो गया। जहां पुरुषों के व्रत, त्योहारों में देव पूजा के साथ पारिवारिक सुख, संतान-सुख, व्यापारिक-लाभ, यात्रा-लाभ, सुख-शांति की कामना प्रमुखता से प्रकट होती है, वहीं स्त्रियों के व्रत एवं उत्सवों में पारिवारिक कलह शांति, पातिव्रत्य धर्मपालन, संतान सुख, अखंड सौभाग्य प्राप्ति का लक्ष्य प्रकट होता है।

भारत के व्रत, पर्व एवं त्योहार देश की सभ्यता और संस्कृति के दर्पण कहे जाते हैं। हमारे तत्त्ववेत्ता, ऋषि-महर्षियों ने व्रत, पर्व एवं त्योहारों की रचना इसी दृष्टि से की, जिससे कि महान् प्रेरणाओं और घटनाओं का प्रकाश जनमानस में धर्मधारण, सामाजिकता की भावना, कर्तव्यनिष्ठा, परमार्थ, लोक मंगल, जागृति, देशभक्ति, सद्भावना, सामूहिकता जैसे एकता संगठन के वातावरण में विकसित सत्वृत्तियों के माध्यम से विकसित हों तथा समाज को समुन्नत और सुविकसित बनाया जा सके। इसके लिए कितने ही पर्व-त्योहार मनाए जाते हैं, जिनमें दशहरा, दीवाली, होली, राष्ट्रीय पर्व, महापुरुषों या अवतारों की जयंतियां आदि प्रमुख हैं। इनके मनाने का मुख्य उद्देश्य यही है कि भारतवर्ष के नागरिक परस्पर प्रेम पूर्वक मिलें-जुलें, आनंद मनाएं और आपसी संबंध को ज्यादा से ज्यादा प्रगाढ़ करें। इसके अलावा सच्चरित्रता, सद्भावना, नैतिकता, सेवा आदि की शिक्षा अवतारी महापुरुषों से ग्रहणकर उनके मार्गदर्शन से प्रेरणा प्राप्त करें।

व्रत, पर्व एवं त्योहारों में मनुष्य और मनुष्य के बीच, मनुष्य और प्रकृति के बीच सामंजस्य को सर्वाधिक महत्त्व प्रदान किया गया है, यहां तक कि उसे पूरे ब्रह्मांड तत्त्व से जोड़ दिया है। इनमें लौकिक कार्यों के साथ ही धार्मिक तत्त्वों का ऐसा समावेश किया गया है, ताकि उनसे न केवल हमें अपने जीवन निर्माण में सहायता मिले, बल्कि समाज की भी उन्नति होती रहे। इनसे धर्म एवं अध्यात्म भावों को उजागर कर लोक के साथ परलोक सुधारने की प्रेरणा भी मिलती है। इस प्रकार मनुष्यों की आध्यात्मिक उन्नति में व्रत, पर्व एवं त्योहार बहुत अहम भूमिका निभाते हैं। ये जीवन को संतुलित रखते हैं और जीवन को न तो उच्छृंखल होने देते हैं, न खालीपन का अनुभव होने देते हैं। जीवन के रस की पहचान कराने में इनकी महत्त्वपूर्ण भूमिका होती है। इसमें कोई संदेह नहीं कि भारतीयों को एक सूत्र में बांधे रखने में हिन्दू धर्म के व्रत, पर्व और त्योहारों का बहुत बड़ा योगदान है।

**व्रत की महिमा :** महर्षि कणाद के गुरुकुल में प्रश्नोत्तरी अवधि में एक जिज्ञासु शिष्य उपगुप्त ने पूछा—''भारतीय धर्म में व्रतों-जयंतियों की भरमार है। कदाचित् ही कोई ऐसा दिन छूटता हो जिसमें इन जयंतियों और पर्वों में से कोई-न-कोई पड़ता न हो। इसका क्या कारण है?''

महर्षि कणाद बोले—''वत्स! व्रत व्यक्तिगत जीवन को अधिक पवित्र बनाने के लिए हैं, जयंतियां महामानवों से प्रेरणा ग्रहण करने के लिए। उस दिन उपवास, ब्रह्मचर्य, एकांत सेवन, मौन, आत्म-निरीक्षण आदि की विधा संपन्न की जाती है। दुर्गुण छोड़ने और सद्गुण अपनाने के लिए देव पूजन करते हुए संकल्प किए जाते हैं। अब उतने व्रतों का निर्वाह संभव नहीं, इसलिए मासिक व्रत करना हो तो पूर्णिमा, पाक्षिक करना हो तो दोनों एकादशी और साप्ताहिक करना हो तो रविवार या गुरुवार में से कोई एक रखा जा सकता है।''

व्रत एक ऐसा तप है जिसमें तपकर मानव कुंदन-सा बन जाता है। व्रत से दृढ़ संकल्प की जागृति होती है। शुभ संकल्प ही मनुष्य को सत्यमार्ग की ओर ले जाता है। सत्यमार्ग की ओर जाना ही आनंददायक होता है जो समस्त सुखों का चरम है। इससे शुभ कर्मों की प्रवृत्ति जाग उठती है। महर्षि यास्क ने व्रत को एक 'कर्म विशेष' माना है। जो कर्म कर्ता को वृत्त करे, वह व्रत है। दूसरे शब्दों में, एक तरह के अभीष्ट कर्म में प्रवृत्त होने के संकल्प विशेष को व्रत कहा जाता है। निषिद्ध कर्मों को रोकने वाला भी व्रत ही है, क्योंकि उनके करने में व्रती को व्रत के भंग होने का पूरा भय बना रहता है। इसी वजह से उन्हें वह नहीं करता। यूं तो व्रत का कोशगत अर्थ पुण्य, तिथि विशेष का उपवास, अनुष्ठान, प्रतिज्ञा आदि प्रसिद्ध है।

आजकल पढ़े-लिखे परिवारों में विविध तीज-त्योहारों के अवसर पर किए जाने वाले व्रतों को अंधविश्वास या दकियानूसी मानकर ठुकराने की प्रवृत्ति बढ़ रही है। वे यह नहीं जानते कि हमारे ऋषि-मुनियों ने समस्त व्रतों को धर्म व अध्यात्म से इसलिए जोड़ा, ताकि लोग पूर्ण आस्थाभाव रखते हुए, शारीरिक और मानसिक स्वास्थ्य के लिए सर्वथा अनिवार्य रूप से इन व्रतों का पालन कर सकें और शारीरिक व मानसिक रूप से स्वास्थ्य लाभ उठा सकें। पुराणों में भी उल्लेख मिलता है कि हमारे पूर्वज इनके द्वारा शरीर, मन एवं आत्मा की शुद्धि करते हुए अलौकिक शक्ति प्राप्त करते थे। इस प्रकार देखें तो व्रतोपवास आत्मशोधन का एक सर्वश्रेष्ठ उपाय है, शक्ति का उत्तम स्रोत है। आत्मविकास के लिए व्रत पालन करने की आवश्यकता होती है, क्योंकि आत्मज्ञान या शाश्वत जीवन का बोध व्रताचरण से ही होता है।

वेद में कहा गया है—

व्रतेन दीक्षामाप्नोति दीक्षयाप्नोति दक्षिणाम् ।
दक्षिणा श्रद्धामाप्नोति श्रद्धया सत्यमाप्यते ॥

—यजुर्वेद 19.30

अर्थात उन्नत जीवन की योग्यता मनुष्य को व्रत से प्राप्त होती है। इसे दीक्षा कहते हैं। दीक्षा से दक्षिणा यानी जो कुछ कर रहे हैं, उसके सफल परिणाम मिलते हैं। इसके द्वारा आदर्श और अनुष्ठान के प्रति श्रद्धा जागती है तथा श्रद्धा से सत्य की प्राप्ति होती है।

व्रत से मनुष्य में श्रेष्ठ कर्म करने की योग्यता का विकास होता है। जीवन के उत्थान और विकास की शक्तियां, आत्मविश्वास और अनुशासन की भावना, व्रत नियम के पालन से मनुष्य में आती हैं। इनके अभाव में जीवन अस्त-व्यस्त होकर कोई महत्त्वपूर्ण सफलता पाने योग्य नहीं बनता। आत्मविश्वास से जहां शक्तियों का संचय बढ़ता है, वहीं व्रत पालन से बढ़ी संयम की वृत्ति से शक्तियों का अपव्यय रुकता है। इसके अलावा असंयमित जीवन के कारण उत्पन्न त्रुटियों और भूलों का निवारण भी व्रतों को अपनाने से होता है। उल्लेखनीय है कि महापुरुषों का जीवन सदैव व्रतशील रहा, जिससे उन्हें असाधारण कार्य करने की योग्यता प्राप्त हुई। अर्थात व्रताचरण से ही मनुष्य महान् बनता है, इसी से जीवन को सार्थक बनाया जा सकता है।

महात्मा गांधी ने कहा है कि व्रत में अपार शक्ति होती है, क्योंकि उसके पीछे मनोवैज्ञानिक दृढ़ता होती है। कोई भी व्रत लेना बलवान का काम है, निर्बल का नहीं।

श्रीमद्भगवद्गीता में भगवान् श्रीकृष्ण ने कहा है—

विषया विनिवर्त्तन्ते निराहारस्य देहिनः ।

—श्रीमद्भगवद्गीता 2/59

अर्थात निराहारी जीव यानी उपवास, व्रत धारण करने वाला मनुष्य सभी विषयों से निवृत्त हो जाता है। वेदों के मतानुसार व्रत और उपवास के नियम पालन से शरीर को तपाना ही तप है। इस प्रकार देखें तो ज्ञात होगा कि मानव जीवन को सफल बनाने में व्रतों का महत्त्वपूर्ण योगदान है।

**व्रतों के प्रकार :** चूंकि व्रतों की संख्या बहुत अधिक है, इसलिए उनके प्रकारों में विभिन्नता होना स्वाभाविक है। व्रत और उपवास में चोली और दामन का साथ होता है। उनमें मूलभूत अंतर यह है कि जहां व्रत में भोजन (अन्न) का सेवन किया जा सकता है, वहीं उपवास में पूर्ण रूप से निराहार रहना पड़ता है। आचार्य यास्क के ग्रंथ 'निरुक्त' में व्रत का अर्थ अन्न भी दिया हुआ है, क्योंकि यह हमारे शरीर को पुष्टता प्रदान करता है, इसीलिए उचित विधि-विधान से अन्न ग्रहण करना भी व्रत कहलाता है।

आमतौर पर व्रत दो प्रयोजनों से किए जाते हैं। पहले प्रकार का व्रत 'नित्य' कहलाता है, जिसमें किसी प्रकार की कामना का समावेश नहीं होता वरन् जो भक्ति और प्रेम के कारण आध्यात्मिक प्रेरणा से पुण्य संचय के लिए संपन्न किया जाता है। यानी जब हम यह नियम बनाते हैं कि महीने या सप्ताह में अमुक

तिथि के दिन एक समय भोजन करेंगे, फलाहार करेंगे या निर्जल रहेंगे, तो वह 'नित्य व्रत' की गिनती में ही आएगा। इसके विपरीत दूसरे प्रकार का व्रत 'काम्य' या 'नैमित्तिक' कहलाता है, जो किसी विशेष कामना या इच्छा को लेकर किया जाता है। यानी जब हम कोई अनुष्ठान, मांगलिक कार्य या शुभ कार्य करते हैं, तो हम जो व्रत करते हैं, वह 'काम्य' या 'नैमित्तिक' व्रत कहलाता है। उदाहरण के लिए पापक्षय के उद्देश्य से किया गया 'चांद्रायणादि व्रत', नैमित्तिक और सुख-सौभाग्य की वृद्धि के लिए किया गया 'वट-सावित्री व्रत' काम्य व्रत की श्रेणी में आते हैं।

नित्य, काम्य और नैमित्तिक व्रतों के अलावा और भी अनेक प्रकार के व्रत रखे जाते हैं, जिनके अपने-अपने अनेक प्रकार के विधि-विधान होते हैं। कुछ प्रमुखता से किए जाने वाले व्रतों का विवरण इस प्रकार है—

**आयाचित व्रत** : बिना किसी प्रकार की कामना रखे, दिन या रात में एक बार भोजन करने को 'आयाचित व्रत' कहते हैं।

**नक्त व्रत** : विशेष रूप से रात में किए जाने वाले व्रत को 'नक्त व्रत' कहते हैं।

**एकभुक्त व्रत** : आधे दिन, मध्याह्न, संध्या, इच्छानुसार व्रत रखने को 'एकभुक्त' व्रत कहते हैं।

**प्राजापत्य व्रत** : यह व्रत बारह दिनों में संपन्न होता है, जो तीन-तीन दिनों तक भोजन की मात्रा बढ़ाते हुए और अंतिम तीन दिनों में निराहार रहकर किया जाता है।

**चांद्रायण व्रत** : यह व्रत चंद्रकला के अनुसार घटता-बढ़ता रहता है। इसमें भोजन की मात्रा कृष्ण पक्ष में घटानी और शुक्ल पक्ष में बढ़ानी होती है। अमावस्या को निराहार रहकर पूर्ण होने वाले इस व्रत को 'चांद्रायण' के नाम से जाना जाता है, जो किसी भी माह की शुक्ल प्रतिपदा से प्रारंभ किया जा सकता है। इसे पापों की निवृत्ति, चंद्रलोक की प्राप्ति या चंद्रमा की प्रसन्नता पाने के लिए करने का विधान है।

**तिथि व्रत** : एकादशी, अमावस्या, चतुर्थी आदि 'तिथि व्रत' कहलाते हैं।

**मास व्रत** : माघ, कार्तिक, वैशाख आदि के व्रत 'मास व्रत' कहलाते हैं।

**पाक्षिक व्रत** : शुक्ल पक्ष और कृष्ण पक्ष के व्रत 'पाक्षिक व्रत' कहलाते हैं।

**नक्षत्र व्रत** : रोहिणी, श्रवण और अनुराधा आदि के व्रत 'नक्षत्र व्रत' कहलाते हैं।

**देव व्रत** : गणेश, शिव, विष्णु आदि के लिए रखे जाने वाले व्रत 'देव व्रत' कहलाते हैं।

**वारों के व्रत** : सोम, मंगल, बुध आदि वारों के दिन रखे जाने वाले व्रत 'वार व्रत' कहलाते हैं।

**प्रदोष व्रत** : प्रत्येक मास की त्रयोदशी/तेरस के दिन किए जाने वाले व्रत 'प्रदोष व्रत' कहलाते हैं।

**व्रत के देवता :** अधिकांश व्रतों का संबंध किसी-न-किसी देवता से अवश्य होता है। यही वजह है कि व्रती अपनी मनोकामनाओं की पूर्ति के लिए देवता की शरण लेता है, उसके सामने मनौतियां मानकर उसकी पूजा करता है, आराधना करता है, व्रत रखता है, उसका गुणगान करता और सुनता है। भगवान्/देवता भी भक्तों के मनोरथ तभी पूर्ण करते हैं, जब उनके प्रति भक्त के मन में पूर्ण विश्वास, श्रद्धा और भक्ति की भावना हो। भक्त द्वारा किए गए व्रत में ये गुण सम्मिलित हों और व्रत पूर्ण विधि-विधान से किया

जाए, तभी इच्छित लाभ मिलता है, अन्यथा दिखावे के रूप में किए गए व्रत से देवता कभी प्रसन्न नहीं होते।

व्रत करने वाला सुयोग्य पुरुष देवता से प्रार्थना किस प्रकार करता है, इसका उल्लेख यजुर्वेद में इस प्रकार मिलता है—

अग्ने! व्रतपते व्रतं चरिष्यामि तच्छकेयं तन्मे राध्यताम्।
इदमहमनृतात्सत्यमुपैमि॥

—यजुर्वेद 1/5

अर्थात हे व्रतों के पालक! सबसे बड़े परमात्मन्! मैं व्रत करूंगा, ऐसी मेरी इच्छा है। मैं उस व्रत को पूरा कर सकूं, ऐसी मुझे शक्ति दीजिए। व्रत के पूरा करने से मेरा कल्याण होगा, इस भावना से प्रेरित होकर उसकी सफलता के लिए मैं परमात्मा से प्रार्थना करता हूं।

अया वयमादित्य व्रते तवानागसो अदितये स्याम।

—ऋग्वेद 1/24/15

अर्थात हे प्रकाशमान परमात्मन्! हम सब आस्तिक जन सब धर्मानुष्ठानों के आरंभ में आपकी प्रसन्नता के लिए व्रत धारण करते हुए ज्ञात-अज्ञात अपराधों से उन्मुक्त होकर, जन्म-मरण के बंधन से मुक्त होने के अधिकारी हो जाएं।

श्रीमद्वाल्मीकीयरामायण में वर्णित है कि भगवान् अपने भक्तों के लिए जो व्रत करते हैं, वह इस प्रकार है—

सकृदेव प्रपन्नाय तवास्मीति च याचते। अभयं सर्वभूतेभ्यो ददाम्येतद् व्रतं मम॥

—श्रीमद्वाल्मीकीयरामायण युद्धकांड 18/33

अर्थात जो प्राणी मेरे सम्मुख आकर एक बार भी मुझसे याचना करता है कि प्रभो! मैं आपका ही सेवक हूं, आपकी शरण में आया हूं, आप कृपा करके अपने कमलवत् चरणों में जगह दीजिए, फिर तो मैं (भगवान् श्रीविष्णु) उसे सर्वथा अपनाकर समस्त बंधनों से छुटकारा देकर अभय प्रदान करता हूं। यह मेरा दृढ़ संकल्प है, वह चाहे जिस किसी प्रकार का प्राणी क्यों न हो।

**व्रत की तैयारी :** सबसे पहले यह जान लेना जरूरी है कि व्रत करने का अधिकारी कौन है? तत्पश्चात् ही उसे व्रत की तैयारी करनी चाहिए। इस संबंध में **स्कंद पुराण** में बताया गया है—

निजवर्णाश्रमाचारनिरतः शुद्धमानसः।
अलुब्ध सत्यवादी च सर्वभूतहिते रतः॥

अर्थात जो पुरुष अपने वर्ण और आश्रम के आचार-विचार के अनुसार रहता हो, मन से शुद्ध हो, लालची न हो, सत्यवादी हो, सभी प्राणियों का कल्याण चाहने वाला हो, उसका ही व्रतों में अधिकार है।

मदनरत्न ग्रंथ में महर्षि देवल ने लिखा है कि सभी वर्ण के लोग व्रत, उपवास, नियम और तपों के करने से पापों से छूट जाते हैं। अतः व्रतादि को करने का अधिकार चारों ही वर्णों को है। स्त्रियों में व्रत करने के गुण विद्यमान हों, तो वे भी पुरुषों की तरह ही व्रत करने की अधिकारिणी हैं। लेकिन बिना पति की आज्ञा के विवाहित स्त्रियों को व्रतादि करने का अधिकार नहीं है। मदनरत्न ग्रंथ में मार्कण्डेय पुराण से उद्धृत करके इस संबंध में लिखा है—

या नारी ह्यननुज्ञाता भर्त्रा पिता सुतेन वा। निष्फलं तु भवेत्तस्या यत्करोति व्रतादिकम्। यतु कश्चित् नास्ति स्त्रीणां पृथग्योन यतं नाप्युपोषणम्। भर्तुः शुश्रूषयैवैतांल्लोकानिष्टान् व्रजन्ति तत्र। यद्देवेभ्योच्च पित्रादिकेभ्यः कुर्याद्भर्तभ्यर्चनं सत्कियां च। तस्य ह्यर्द्धम् सा फलं नान्यविता नारी भुंक्ते भर्तृशुश्रूषयैव॥

अर्थात जिस स्त्री को पति, पिता और पुत्र से व्रत करने की आज्ञा नहीं मिली हो, फिर भी यदि वह व्रतादि करेगी तो वे फलदायक नहीं होंगे। चूंकि स्त्री को पति की सेवा से ही स्वर्गादि अभीष्ट लोकों की प्राप्ति हो जाती है और पति के किए हुए देवपूजन, पितृपूजन आदि सत्कर्मों में से वह आधा फल पा लेती है, अतः स्त्रियों को पति से पृथक् यज्ञ, व्रत आदि करने की आवश्यकता नहीं है।

## व्रत प्रारंभ करने से पूर्व आवश्यक जानकारी :

- व्रत की तैयारी में सबसे पहले शारीरिक सफाई करें और साफ-सुथरे वस्त्र धारण करें। बिना स्नान किए, पहले से पहने हुए गंदे वस्त्र धारण कर व्रत, पूजा के लिए तैयार न हों।

- सोम, बुध, बृहस्पति या शुक्रवार से शुरू किए गए व्रत सफलतादायक सिद्ध होने के कारण इन दिनों में ही व्रत शुरू करें। इसके अलावा पुष्य, हस्त, अश्विनी, मृगशिरा, तीनों उत्तरा, रेवती और अनुराधा नक्षत्र एवं शुभ, शोभन, प्रीति, सिद्धि, आयुष्मान और साध्य योग में शुरू किए गए व्रत सुखदायी और शुभफलदायक होते हैं। शास्त्रों में व्रत की शुरुआत मलमास, भद्रा आदि योग में, बृहस्पति और शुक्र के अस्त एवं अस्त होने के तीन दिन पूर्व के वृद्धत्व तथा उदय होने के बाद के तीन दिन बालत्व के कारण करना निषेध किया गया है। इसलिए व्रतों की शुरुआत श्रेष्ठ समय देखकर ही करें।

- मदनरत्न ग्रंथ में देवल ने कहा है कि निराहार रहकर, स्नानादि से निवृत्त होकर, एकाग्रचित्त मन से भगवान् को नमस्कार कर, प्रातःकाल व्रत का संकल्प करके उसे ग्रहण करना चाहिए। व्रत संकल्प की विधि जो महाभारत में लिखी है, उसके मतानुसार हाथ में शुद्ध जल से भरा तांबे का पात्र लेकर उत्तर दिशा की ओर मुख कर संकल्प करके उपवास को ग्रहण करें। जब कभी रात को कोई व्रत उपवास करना हो, तो उसमें भी यही प्रक्रिया अपनाएं। तांबे के बर्तन की अनुपलब्धता पर अंजलि में ही जल लेकर संकल्प करें। मतलब यह कि अपनी कामना को कहकर संकल्प लें।

- मार्कण्डेय पुराण में कहा गया है कि जिन कामनाओं को लेकर व्रत करना चाहते हो, उसका संकल्प कहकर ही स्नान, दान और व्रत करना चाहिए।

- गौड़ निबंध ग्रंथ में लिखा है कि विद्वान् को प्रातःकाल की संध्या करके ही व्रत का संकल्प करना चाहिए।

विधि-विधानानुसार व्रत के देवता के पूजन की तैयारी के लिए आवश्यक सामग्री पहले से ही खरीदकर आवश्यक इंतजाम करना चाहिए। देवता की मूर्ति, दीपक, सुपारी, घंटी, शंख, घी, चंदन, रोली, तांबूल, पुष्प, अगरबत्ती, धूप, अक्षत, कुंकुम, कलश, नारियल, हलदी, गुड़, चीनी, शहद, दही, कपूर, कुशा, तिल, जौ (यव), कलावा, दूध, ताम्रपात्र, आसन, फल (ऋतु अनुसार), प्रसाद, तुलसीदल आदि की आवश्यकता प्रमुखता से पड़ती है।

**व्रत की पूजन सामग्री :** प्रत्येक व्रत या अनुष्ठान की फल प्राप्ति के निमित्त अलग-अलग देवों के लिए अलग-अलग पूजन सामग्री का प्रयोग किया जाता है। इनका ध्यानपूर्वक व विधि-विधान से पूजन करने पर व्रत, गृह पूजन या शांतिप्रदायक यज्ञ-अनुष्ठानादि अत्यंत फलदायी होते हैं।

आमतौर पर प्रयोग में लाई जाने वाली पूजन सामग्री में चंदन, जनेऊ, जल, पान और सुपारी, रोली, बेलपत्र, तुलसीदल, घी, हलदी, चावल, गेहूं, जौ, सभी प्रकार की दालें, मौसमी फल, मेवा, गंगाजल, चूड़ी, कुंकुम, कंघी, शीशा, मेहंदी, बिंदी, सिंदूर की डिब्बी, काले मोती की माला, चुनरी, लाल, सफेद, हरा, पीला कपड़ा, केसर, कलावा, सिक्का (दक्षिणा), कपूर, काजल, दूध, दही, घी, बताशे, गुड़, चीनी, दूब, कुशा, शहद, अगरबत्ती, मिष्ठान, लौंग, तिल, गोमूत्र, आम तथा केले के पत्ते, ईख, लवण, सफेद सरसों, मोरपंख, सप्त धातुएं, कलश, दीया, नारियल, शंख आदि प्रमुख हैं।

पुष्पों के बिना पूजन सामग्री अधूरी ही समझी जाएगी। देवताओं को पुष्प अर्पित करना हमारी प्राचीन परंपरा रही है। पुष्प के संबंध में 'कुलार्णव तंत्र' में कहा गया है कि पुण्य को बढ़ाने, पापों को मिटाने और श्रेष्ठ फल को प्रदान करने के कारण यह पुष्प कहा जाता है। 'शारदा तिलक' में लिखा है कि देवता का मस्तक सदैव पुष्प से सुशोभित रहना चाहिए। 'विष्णु नारदीय' व 'धर्मोत्तर पुराण' में उल्लिखित है कि

देवता रत्न, सुवर्ण, भूरि द्रव्य, व्रत, तपस्या एवं अन्य किसी भी साधनों से उतना प्रसन्न नहीं होते, जितना कि वे पुष्प प्रदान करने से होते हैं।

भगवान् को जो पुष्पों की मालाएं चढ़ाई जाती हैं, उनमें कमल अथवा पुंडरीक की माला को सर्वश्रेष्ठ कहा गया है। अलग-अलग देवताओं को विशिष्ट प्रकार के पुष्प प्रिय होते हैं। कुछ ऐसे भी पत्र-पुष्प हैं, जो सभी देवों पर चढ़ाए नहीं जाते। आमतौर पर चढ़ाए जाने वाले पुष्पों में गेंदा, चमेली, चंपा, कनेर, गुड़हल, पलास, आक, अशोक, धतूरा, कमल, कुमुद, मदार, गुलाब, जवा कुसुम, मौलसिरी, नागकेसर, निर्गुंडी, मालती, सदाबहार आदि की गिनती होती है।

पद्मपुराण 5/84 में भगवान् की पूजा के पुष्प का उल्लेख इस प्रकार मिलता है—'अहिंसा प्रथम पुष्प, इंद्रिय निग्रह दूसरा पुष्प, प्राणियों पर दया तीसरा पुष्प, क्षमा चौथा पुष्प, शांति पांचवां पुष्प, दम (मन का निग्रह) छठा पुष्प, ध्यान सातवां पुष्प, सत्य आठवां पुष्प है।' बाहरी (गुलाब आदि) और भी पुष्प हैं, लेकिन भगवान् तो भीतरी (अहिंसा आदि) पुष्पों से ही अधिक प्रसन्न होते हैं।

पद्म पुराण के हरिपूजा विधि वर्णन, श्लोक 105 में लिखा है कि भगवान् के लिए जो भक्त चंदन और अगरु से सुवासित धूप निवेदित करता है, उसका मनोवांछित फल बहुत ही शीघ्र सिद्ध हो जाया करता है। श्लोक 109 व 110 में आगे कहा गया है कि जो कर्पूर से सुवासित तांबूल (पान) का बीड़ा चक्रपाणि भगवान् को निवेदित करता है, उसकी मुक्ति अवश्य ही हो जाया करती है। जो खदिर (कत्था) से संयुक्त तांबूल की भेंट भगवान् को किया करता है, वह यहां पर समस्त प्रकार के सुखों का उपभोग करके अंतकाल में सीधा श्रीहरि के धाम बैकुंठ को प्राप्त करता है।

**व्रत की पूजन विधि :** आमतौर पर पूजा की सामान्य विधि में भगवान् को स्नान कराना, चंदन, हल्दी, कुंकुम लगाना और अक्षत, पुष्प चढ़ाना, अगरबत्ती, दीपक जलाना, प्रसाद चढ़ाकर आरती उतारना, हाथ जोड़ना या माथा टेकना भर माना जाता है। इतना-सा कर्मकांड कर लेने मात्र से हम समझते हैं कि देवता प्रसन्न होकर हमारी मनोकामनाएं पूरी कर देंगे। जब इस प्रकार की पूजा-अर्चना से इच्छाएं पूरी नहीं होतीं, तो शास्त्रों में वर्णित व्रतादि कर्मकांडों की सत्यता पर संदेह होना स्वाभाविक है।

वास्तविकता तो यह है कि देवता, ईश्वर की पूजन विधि साधने में उनके प्रति भाव जागरण की एक मनोवैज्ञानिक पद्धति है। सामान्य रूप से भगवान् को अर्पित की गई वस्तुएं इस बात का प्रतीक हैं कि वह किस प्रकार के भावों को, भाव संपन्न साधकों को स्वीकार करते हैं। भगवान् वस्तु के नहीं, प्रेम के भूखे हैं।

श्रीमद्भगवद्गीता में भगवान् श्रीकृष्ण कहते हैं—

पत्रं पुष्पं फलं तोयं यो मे भक्त्या प्रयच्छति।<br>
तदहं भक्त्युपहृतमश्नामि प्रयतात्मनः॥

—श्रीमद्भगवद्गीता 9/26

अर्थात् जो कोई भक्त मेरे लिए प्रेम से पत्ता, पुष्प, फल, जल, जो भी अर्पण करता है, उस प्रयत्नशील, निष्काम प्रेमी भक्त का प्रेमपूर्वक अर्पित किया हुआ यह सब मैं प्रीति पूर्वक खाता हूं, यानी ग्रहण/स्वीकार करता हूं।

जो भगवान् से प्रेम करते हैं, जो भगवान् में श्रद्धा रखते हैं, उनके पास जो होगा, वे भगवान् को अर्पित करेंगे ही। श्रद्धा नहीं, तो वह आपसे कुछ नहीं लेना चाहते। जितना आप देंगे, उससे अधिक ही आपको मिल जाएगा। पूजा पद्धति केवल क्रिया ही नहीं है, उसका संबंध भाव, संवेदनाओं और श्रेष्ठताओं से जुड़ा होता है। यदि इसका जीवन में समावेश न किया जाए और मानवीय करुणा, दया, सहानुभूति, सहदयता, सहयोग और आत्मीयता का विकास न हुआ हो तो मनुष्य की उपासना मात्र एक निष्प्राण क्रिया बनकर रह जाएगी। देवता हमारे सच्चे मन, वचन और कर्म से किए सत्कर्मों को परिश्रम से करने को सच्ची पूजा मानते हैं और उसी से प्रसन्न होकर मनोवांछित फल प्रदान करते हैं। अतः यह बात समझ लें कि देवता को प्रसन्न करने के लिए मात्र धार्मिक कर्मकांड की पूजा-पत्री ही पर्याप्त नहीं होती। भगवान् की सच्ची पूजा तो उनके चरणों में तन, मन, बुद्धि और अहं को अर्पित करना है। अपने साथ के सभी प्राणियों के साथ प्रेम करना और दीन-दुखियों की हर तरह से सहायता करना ही परमेश्वर की सच्ची पूजा है।

यूं तो शास्त्रों में पूजन की सोलह क्रियाएं बताई गई हैं, जिसे 'षोडशोपचार' कहा जाता है, इसके अलावा 'दशोपचार' एवं 'पंचोपचार' पूजन का विधान भी प्रचलित है।

**षोडशोपचार पूजन क्रियाएं :** 1. देव आह्वान, 2. आसन, 3. अर्घ्य, 4. आचमन, 5. स्नान, 6. वस्त्र, 7. यज्ञोपवीत, 8. गंध, 9. पुष्प, 10. धूप, 11. दीप, 12. नैवेद्य, 13. तांबूल, 14. दक्षिणा, 15. आरती या कर्पूर निराजन और 16. पुष्पांजलि, इन सोलह प्रकार से किया गया पूजन षोडशोपचार पूजन के नाम से जाना जाता है।

पूजन विधि प्रारंभ करने के पहले प्रयोग में लिए जाने वाले सारे पात्रों और वस्तुओं को उचित क्रम से पूजा स्थल पर रखें। फिर पूर्व दिशा की ओर मुंह करके आसन पर बैठकर तीन बार आचमन करते हुए **'ॐ केशवाय नमः, ॐ नारायणाय नमः, ॐ माधवाय नमः'** कहें, तत्पश्चात् हाथ धोएं और बोलें **'ॐ गोविंदाय नमः'**। जल को बाएं हाथ में लेकर दाहिने हाथ से अपने ऊपर तथा पूजन सामग्री पर छिड़कते हुए मंत्र का उच्चारण करें–

ॐ अपवित्रः पवित्रो वा सर्वावस्थां गतोऽपि वा।
यः स्मरेत् पुंडरीकाक्षं स बाह्याभ्यन्तरः शुचिः॥

फिर किसी पात्र में अष्टदल कमल स्थापित करके हाथ में अक्षत व पुष्प लेकर स्वस्तिवाचन करें। अक्षत और पुष्प को सुपारी पर अर्पित कर दें। संकल्प पढ़ने के लिए दाहिने हाथ में अक्षत, जल और दक्षिणा लेकर पढ़ें। पूजन यदि किसी कामना पूर्ति के लिए किया जा रहा हो, तो अपनी कामना को बोलें। मंत्र बोलते हुए दाहिने हाथ से निर्दिष्ट अंगों का स्पर्श कर न्यास करें। इस प्रकार पुण्याहवाचन, श्री गणेश, कलश एवं नवग्रह आदि का पूजन कर व्रत के मुख्य देवी या देवता की पूजा करें। अंत में अनजाने में हुई पूजन की त्रुटि के लिए क्षमा-याचना करें। फिर आरती करें। इस प्रकार से एक आम गृहस्थ के द्वारा सामान्य पूजन किया जाता है।

पंडितों द्वारा की गई व्यवस्थित व्रत की सामान्य पूजन विधि में सबसे पहले 'ऊँ **सहस्रशीर्षा पुरुषः**' मंत्र बोलकर इष्ट देव का आह्वान किया जाता है, ताकि भगवान् पूजा ग्रहण करने के लिए आ जाएं। फिर 'ऊँ **पुरुष एवेदम्**' मंत्र बोलकर उन्हें आसन (सिंहासन) ग्रहण करने को कहा जाता है। 'ऊँ **एतावानस्य महिमातो**' मंत्र कहकर पाद्य अर्पण किया जाता है। 'ऊँ **त्रिपादूर्ध्व उदेत्पुरुषः**' मंत्र बोलकर अर्घ्य दिया जाता है। 'ऊँ **ततो विराडजायत**' मंत्र से आचमन किया जाता है। 'ऊँ **तस्माद्यज्ञात् सर्वहुतः**' मंत्र से स्नान कराया जाता है। 'ऊँ **तस्माद्यज्ञात सर्वहुत ऋचः**' मंत्र से वस्त्र समर्पण किया जाता है। 'ऊँ **तस्मादश्वा अजायन्त**' मंत्र द्वारा यज्ञोपवीत (जनेऊ) दिया जाता है। 'ऊँ **यत्पुरुषं व्यदधुः कतिधा**' मंत्र से पुष्प अर्पित किए जाते हैं। 'ऊँ **ब्राह्मणोऽस्य मुखमासीद्**' मंत्र से धूप अर्पित की जाती है। 'ऊँ **चन्द्रमा मनसो जातश्चक्षोः**' मंत्र से दीप प्रदान किया जाता है। 'ऊँ **नाभ्या आसीदन्तरिक्षम्**' मंत्र से विभिन्न रसों से युक्त नैवेद्य ग्रहण कराया जाता है। 'ऊँ **इदं फलं मया देव**' मंत्र से फल अर्पित किए जाते हैं। 'ऊँ **यत्पुरुषेण हविषा**' मंत्र से ताम्बूल प्रदान किया जाता है। 'ऊँ **हिरण्यगर्भः समवर्तताग्रे**' मंत्र से दक्षिणा समर्पित कराए जाती है। 'ऊँ **इदं हविः प्रजननं मे**' मंत्र से आरती कराई जाती है। 'ऊँ **यज्ञेन यज्ञमयजन्त**' मंत्र से पुष्पांजलि दी जाती है। 'ऊँ **यानि कानि च पापानि**' मंत्र से प्रदक्षिणा कराई जाती है। फिर '**नमः** **सर्वहितार्थाय**' मंत्र से भगवान् को साष्टांग प्रणाम किया जाता है।

उल्लिखित है कि मास, पक्ष, तिथि, वार और नक्षत्रादि में जो व्रत हो; उसका अधिष्ठाता ही व्रत का देवता कहलाता है। इसलिए प्रतिपदा, द्वितीया, तृतीया आदि के अधिष्ठाता, क्रमशः अग्नि, ब्रह्मा, गौरी आदि और अश्विनी, भरणी, कृत्तिका आदि के अश्विनीकुमार, यम एवं अग्नि आदि तथा वारों के सूर्य, सोम, मंगल आदि हैं। अतः व्रत के देवता का पूजन किया जाता है।

आरती करने का आशय देवता के पूजन के पश्चात्, दीप प्रज्वलित कर उनके सम्मुख खड़े होकर दीपक घुमाने से होता है। 'छांदोग्य उपनिषद्' के मतानुसार सृष्टि प्रक्रिया में आत्मा से आकाश, आकाश से वायु,

वायु से अग्नि, अग्नि से जल और जल से पृथ्वी क्रमशः उत्पन्न हुए हैं। इन्हीं पांचों तत्त्वों का प्रदर्शन आरती में किया जाता है।

आरती का शास्त्रीय स्वरूप पांच क्रियाओं के समावेश से होता है। आकाश के प्रतीक शंख को फुंकारा जाता है, वायु का प्रतीक चंवर दुलता है, अग्नि अर्थात धूप-दीप से आरती होती है, जल का प्रदर्शन कुंभारती के रूप में होता है और पृथ्वी का प्रदर्शन उंगली आदि द्वारा प्रणाम की मुद्रा में होता है।

व्रत के देवता के नाम का बीज मंत्र व स्वस्तिक चिह्न आरती की थाली में बनाकर, अक्षत, पुष्प से सुसज्जित करके, घी का दीपक या कपूर को जलाकर, घंटनाद करते हुए खड़े होकर, आरती उतारना आम प्रक्रिया है। बीज मंत्र का ज्ञान न होने की स्थिति में सर्वप्रथम चरणों में चार बार, नाभि में दो बार, मुख में एक बार आरती करने के बाद फिर सभी अंगों की सात बार आरती घुमाने का विधान है। इसके पश्चात् दीपक या कपूर की प्रज्वलित ज्योति पर भक्तों द्वारा दोनों हाथ घुमाकर अपने मुखादि अंगों का स्पर्श करने का प्रचलन है। आरती की ज्योति जिस भक्त के गात्र को स्पर्श करती है, उसे हजारों यज्ञ करने के बाद किए स्नानों का फल प्राप्त होता है। इस विश्वास का उल्लेख 'रणवीर भक्ति रत्नाकर' में किया गया है।

**पूजन विधि-विधान में प्रयुक्त शब्दों के अर्थ की व्याख्या :** व्रतों, पर्वों, त्योहारों अथवा उत्सवों में अकसर देवी या देवता के पूजन या अनुष्ठान करने का विधि-विधान रहता है। इनमें जिन शब्दों को उपयोग में लिया जाता है, उनके अर्थ की समझ आम लोगों में नहीं होती। इस कारण उन्हें पूजा के विधि-विधान पूर्ण करने में बार-बार पूछना या समझना पड़ता है और क्रिया-कलापों में व्यवधान पैदा होता है। इसलिए इनका ज्ञान व्रतधारियों, भक्तों के लिए आवश्यक हो जाता है। यहां ऐसे ही शब्दों के अर्थ की व्याख्या दी जा रही है–

**संकल्प** : श्रद्धा, विश्वास पूर्वक शुभ कार्य करने को प्रेरित अनुष्ठान को संकल्प कहते हैं। उसके बिना किसी कार्य का शुभारंभ नहीं होता। व्रत, उपवास और संध्या समस्त धर्मानुष्ठान संकल्पजनित होते हैं।

**आसन** : बिना आसन के भक्त को अपने धार्मिक कृत्यों-अनुष्ठानों में सिद्धि नहीं मिलती, क्योंकि इसके बिछाने से आध्यात्मिक शक्ति-पुंज का संचय होता है।

**शुचि** : धार्मिक दृष्टिकोण से पवित्र वस्तु को शुचि कहते हैं।

**अशुचि** : धार्मिक दृष्टिकोण से अपवित्र वस्तु को अशुचि कहते हैं।

**नवग्रह** : सूर्य, चंद्र, मंगल, बुध, गुरु, शुक्र, शनि, राहु और केतु का प्रभाव मानव जीवन पर शुभ या अशुभ प्रकार से पड़ता है, इसलिए शुभा-शुभ कर्म में नवग्रह पूजन किया जाता है।

**आह्वान** : बुलाना, निमंत्रित करना। जैसे यज्ञमंडप के छोटे से कुंड में ग्रह व नक्षत्र का आह्वान करने पर आना।

**यज्ञ** : अग्नि में घी, तिल, यव आदि की आहुतियों के द्वारा सूक्ष्म रूप में परिणित करने की प्रक्रिया को यज्ञ कहते हैं।

**आहुति** : यज्ञ में चढ़ाई गई सामग्री को आहुति देना कहते हैं।

| | | |
|---|---|---|
| यज्ञोपवीत | : | इसे जनेऊ भी कहते हैं, जिसको धारण करने से सर्वविध यज्ञ करने का अधिकार प्राप्त होता है। बिना इसके वेदपाठ या गायत्री जप का अधिकार नहीं मिलता। |
| दक्षिणा | : | धर्मशास्त्रों में दक्षिणा रहित यज्ञ को सर्वथा निष्फल बताया गया है। ऋग्वेदानुसार दक्षिणा देने वाले को अमरत्व प्राप्त होता है और दीर्घायु मिलती है। दक्षिणा/दान लेने का अधिकारी ब्राह्मण ही होता है। |
| स्वस्तिक | : | यह चिह्न धार्मिक, सौभाग्य, श्रेष्ठ, मंगल, कल्याण, सुख, सौहार्द, संपन्नता का प्रतीक है। इसमें **'वसुधैव कुटुम्बकम्'** एवं **'सर्वबंधुत्व'** की भावना व्याप्त है। इसे गणपति, शिव, विष्णु, लक्ष्मी का प्रतीक भी माना जाता है। |
| त्रिवृत्त | : | धार्मिक क्रियाओं में उपयोगी त्रिवृत्त दूध, दही और घी की समान मात्रा मिलाकर बनाया जाता है। |
| अभिषेक | : | भगवान् की मूर्ति का विधि पूर्वक मंत्रोच्चारण सहित प्रक्षालन (जल से स्नान) कराना। |
| विधि-विधान | : | भगवान् की पूजा विशेष प्रक्रिया के द्वारा करने की विधि। |
| वेदी | : | भगवान् की मूर्ति के विराजमान करने का स्थान वेदी कहलाता है। |
| अक्षत | : | साबूत (जो टूटा हुआ न हो) चावलों को कहते हैं। |
| पंचामृत | : | दूध, दही, चीनी, शहद और घी इन पांचों को मिलाने से तैयार होता है। |
| पंचदेव | : | विष्णु, शिव, गणेश, सूर्य और दुर्गा (शक्ति) कहलाते हैं। |
| पंचगव्य | : | गाय के पांच उत्पाद; जैसे— दूध, दही, मक्खन, गोमूत्र और गोबर को कहते हैं। |
| पंचतत्त्व | : | पृथ्वी, जल, अग्नि, वायु और आकाश कहलाते हैं। |
| पंचोपचार | : | पूजा की संक्षिप्त विधि जिसमें गंध, पुष्प, धूप, दीप और नैवेद्य अर्पण किया जाता है। |
| पंचरत्न | : | हीरा, सोना, मोती, पद्मराग और नीलमणि को कहते हैं। |
| पंचपुष्प | : | कमल, कनेर, चमेली, शमी और आम के पुष्प होते हैं। |
| पंचपल्लव | : | आम, वट, पीपल, अशोक और गूलर के पत्तों को कहते हैं। |
| पंचनदी | : | नर्मदा, गंगा, यमुना, सरस्वती और गोदावरी कहलाती हैं। |
| षट्कर्म | : | नित्य करने योग्य छह कर्म— स्नान, संध्या, तप, होम, पठन-पाठन, देवार्चन व अतिथि सत्कार। |
| षडंग | : | सिर, कमर, दोनों हाथ और दोनों पैर। कहीं-कहीं छह अंगों में मस्तक, हृदय, शिखा, दोनों नेत्र, दोनों हाथ और दोनों पैरों को भी षडंग मानने का उल्लेख किया गया है। |
| सप्तलोक | : | भूलोक, भुवलोक, स्वर्गलोक, महलोक, जनलोक, तपलोक व सत्यलोक। |
| सप्तर्षि | : | वसिष्ठ, विश्वामित्र, अत्रि, कश्यप, गौतम, जमदग्नि और भरद्वाज। |
| सप्तधातु | : | सोना, चांदी, तांबा, पीतल, लोहा, टिन और सीसा। |
| सप्तधान्य | : | गेहूं, जौ, तिल, धान (ब्रीहि), कंगु, श्यामक और चीनक। |
| अष्टांग अर्घ्य | : | दूध, पानी, कुश का अग्र भाग, दही, चावल, जौ, सफेद सरसों और तिल कहलाते हैं। |

| | |
|---|---|
| सौभाग्याष्टक | : कुंकुम, लवण, कुसुम, दही, ईख, तृणराज, निष्पाक, धान्य और जीरा को कहा गया है। |
| वर्ण | : चार वर्ण– ब्राह्मण, क्षत्रिय, वैश्य और शूद्र माने गए हैं। |
| नवरत्न | : हीरा, मोती, माणिक, पुखराज, मूंगा, गोमेद, नीलम, पन्ना, लहसुनिया। |
| नवधाभक्ति | : श्रवण, कीर्तन, स्मरण, पादसेवन, अर्चन, वंदन, दास्य, सख्य, आत्मनिवेदन कहलाती है। |
| सर्वगंध | : कपूर, चंदन, दर्प, कुंकुम चारों को बराबर लेना देवताओं का भूषण कहलाता है। |

**व्रत का विधान :** गार्ग्य ने 'हेमाद्रि' में लिखा है कि जब बृहस्पति और शुक्र के तारे अस्त हों, यदि उदित भी हों तो इनका बाल्यकाल या वृद्धकाल हो, तो ऐसे समय में तथा मलमास में न तो किसी व्रत का प्रारंभ करना चाहिए और न कोई उद्यापन ही करना चाहिए।

'विश्वामित्र स्मृति' के प्रारंभ में कहा गया है कि स्नान, संध्या आदि नित्य नैमित्तिक तथा काम्य, जो भी कर्म धर्मशास्त्रों में बताए गए हैं, उन्हें पूरा करने का जो समय नियत किया गया है, वे कर्म उसी नियत समय पर करने से फलीभूत होते हैं, अन्यथा निष्फल हो जाते हैं–

नित्यनैमित्तिके काम्ये कृत्ये काले तु सत्फलम् ॥
कालातीतं न कर्तव्यं कर्तव्यं कालसंयुतम्।
तस्मात् सर्वप्रयत्नेन काले कर्म समाचरेत् ॥

–विश्वामित्र स्मृति 1/4,7

- पद्म पुराण, हरिपूजा का विधि वर्णन श्लोक 70 में बताया गया है कि पूजन करने के समय में कभी भी दक्षिण दिशा की ओर मुख करके बैठना नहीं चाहिए, क्योंकि इसका शास्त्र में बड़ा दोष बताया गया है।
- पद्म पुराण, विभिन्न महीनों में नाना पुष्पादि से हरिपूजा श्लोक 51 के अनुसार श्रीहरि का पूजन पूर्वाह्न में ही करना चाहिए। इसका फल यह होता है कि वह पूजक, भक्त केशव प्रभु की कृपा से समस्त कामनाओं को प्राप्त कर लिया करता है।
- उपरोक्त संदर्भित ग्रंथ के श्लोक 57 में कहा गया है कि मस्तक पर तिलक न लगाकर जो कुछ भी पुण्यकर्म किया जाता है, वह सभी कर्मानुष्ठान भस्मीभूत हो जाया करता है।
- हेमाद्रि में भविष्य को लेकर कहा है कि क्षमा, सत्य, दान, दया, शौच, इंद्रिय निग्रह, देव पूजन, अग्नि हवन, संतोष, अस्तेय। यह दस तरह का सामान्य धर्म सभी व्रतों में करना चाहिए।
- हरित मुनि कहते हैं कि पतित, पाखंडी और नास्तिकों से बोलना, झूठी बातें बनाना एवं गंदी बातें करना ये सब काम व्रतादि कामों में नहीं करने चाहिए।
- व्रत के समय बार-बार जल का सेवन करने, दिन में सोने, तंबाकू चबाने और स्त्री सहवास करने से व्रत बिगड़ जाता है, जिसका उल्लेख विष्णु पुराण में किया गया है–

असकृज्जलपानाच्च सकृत्ताम्बूलभक्षणात्।
उपवासः प्रणश्येतु दिवास्वापच्च मैथुनात् ॥

☙ धर्म सिन्धु का वचन है–**'प्राणसंकटेत्वसकृज्जलपाने दोषनास्ति।'** अर्थात शरीर व्याधि, पीड़ा काल में बार-बार जल का सेवन करने से व्रत भंग नहीं होता।

महाभारत की विदुरनीति में कहा गया है–

अष्टौ तान्यव्रतघ्नानि आपो मूलं फलं पयः।
हविर्ब्राह्मणकाम्या च गुरोर्वचनमौषधम्॥

–अग्नि पुराण 175/43

☙ व्रत के दौरान जल, मूल, फल, दूध, घी, ब्राह्मण की इच्छापूर्ति, गुरु का वचन और औषधि का सेवन व्रत के नाशक नहीं होते।

☙ अग्नि पुराण में कहा गया है कि शालि (धान), सांठी चावल, मूंग, पानी, दूध, श्यामाक, नीवार और गेहूं आदि व्रत के दूसरे दिन के प्रथम भोजन में हितकारी हैं। बैंगन, पेठा या काशीफल, घीया, पालक के शाक का त्याग करना चाहिए। रात के व्रतादि में मीठा दधि, घृत, सामा, शालि, चावल, नीवार, शाक, यावक ये सब हविष्यान्न कहे गए हैं।

☙ विष्णु पुराण में लिखा है कि व्रत के दिन अन्न का स्मरण, दर्शन, गंधों का आस्वादन, वर्णन और ग्रासों की चाह इन सबका त्याग करना चाहिए।

☙ स्कंद और गरुड़ पुराण में कहा गया है कि व्रत प्रारंभ करने के बाद आलस्यवश, लोभ, क्रोध या मोह में व्रत भंग हो जाए, तो तीन दिन अन्न का त्याग कर उसे फिर से शुरू करना चाहिए।

☙ व्रती व्यक्ति को शरीर पर उबटन, सिर पर तेल लगाना, पान चबाना, सुगंधित द्रव्यों को लगाना, बल और राग उत्पन्न करने वाली वस्तुओं का सेवन नहीं करना चाहिए।

☙ आलस्यवश बिना आचमन किए व्रत प्रारंभ न करें अन्यथा वह फलदायी नहीं होता। अशुद्ध होने पर पुनः आचमन करना न भूलें। जल के अभाव में दाहिने कान को छूकर आचमन करें।

☙ ब्रह्मवैवर्त पुराण और पद्म पुराण के अनुसार प्रतिपदा (पक्ष का पहला दिन) को पेठा खाने से धन हानि होने की संभावना रहती है। द्वितीया को छोटा बैंगन खाना वर्जित किया गया है। तृतीया को परवल खाने से शत्रुओं की वृद्धि होती है। चतुर्थी को मूली खाने से आर्थिक हानि होने की संभावना रहती है। पंचमी को बेल खाने से आरोप लगता है। षष्ठी को नीम मुंह में डालना ठीक नहीं मानते हैं। सप्तमी को ताड़ का फल खाना हानिकारक होता है। अष्टमी को नारियल का फल खाना बुद्धि के लिए हानिप्रद है। नवमी को लौकी खाना उचित नहीं माना जाता। दशमी को डंठल वाली सब्जी न खाएं। एकादशी को सेम नहीं खाना चाहिए। द्वादशी को पाई न खाएं। त्रयोदशी को बैंगन खाना संतान के लिए नुकसानदेह होता है। चतुर्दशी, अमावस्या, पूर्णिमा, अष्टमी, रविवार, व्रत व श्राद्ध के दिन तिल का तेल, लाल रंग की सब्जी व कांसे के बर्तन में भोजन करना वर्जित माना गया है। शुक्रवार, रविवार, प्रतिपदा, षष्ठी, सप्तमी, नवमी, अमावस्या और संक्रांति के दिन आंवला नहीं खाना चाहिए। कार्तिक माह में बैंगन और माघ माह में मूली खाना वर्जित किया गया है।

- स्त्री के रजस्वला हो जाने की स्थिति में लंबी अवधि तक चलने वाले व्रत को बीच में न रोकें।
- जब तक पूर्व निधारित व्रत पूर्ण न हो जाए, तब तक नया व्रत शुरू न करें।
- व्रत के दौरान ऊंट, बैल, गधे, घोड़े की सवारी न करें।
- परिवार, रिश्तेदारी में जन्म एवं मृत्यु के कारण लगने वाला सूतक पहले से संकल्पित लंबी अवधि तक चलने वाले व्रत को प्रभावित नहीं करता। इस प्रकार देखें तो व्रत विधानों का मुख्य रहस्य, उद्देश्य और वैज्ञानिक आधार उपवास द्वारा शरीर को सम्हालना और इष्ट पूजन के द्वारा मन को सम्हालना ही है।

**व्रत का समापन :** अनेक प्रकार के व्रतों के समापन पर व्रत के देवता की आरती के बाद भगवान् को भोग लगाए प्रसाद, पंचामृत, चरणामृत का वितरण सभी में किया जाता है। भोग लगा प्रसाद भगवद् कृपा से दिव्य बन जाता है, इसलिए भक्त को अल्प मात्रा में प्राप्त प्रसाद में जितना रस मिलता है, उतना भरपेट खाए जाने वाले भोज्य पदार्थों से भी नहीं मिलता। भगवान् की कृपा को प्रसाद कहा जाता है और भक्त भगवान् के प्रसाद का ही अभिलाषी होता है।

व्रत के विधानानुसार इसकी समाप्ति पर ब्राह्मणों को भोजन कराने और दान-दक्षिणा का विधान है। ब्राह्मणों को ही भोजन, दान-दक्षिणा क्यों दें, इसके संबंध में शास्त्रकार ने कहा है कि यह सारा जगत अनेक देवों के अधीन है। देवता मंत्रों के अधीन हैं। उन मंत्रों के प्रयोग, उच्चारण व रहस्य विप्र अच्छी तरह से जानते हैं। अतः ब्राह्मण स्वयं देवतातुल्य होते हैं।

महाभारत शांतिपर्व 11/11 में कहा गया है कि चौपायों में गौ उत्तम है, धातुओं में सोना उत्तम है। शब्दों में वेद मंत्र उत्तम हैं और दो पायों में ब्राह्मण उत्तम है। इसी ग्रंथ में आगे 72/6 में लिखा है कि ब्राह्मण जन्म से पृथ्वी का स्वामी होता है और प्राणिमात्र के धर्मकोश की रक्षा करने में समर्थ होता है।

अथर्ववेद 31/11 में कहा गया है– '**ब्राह्मणोऽस्य मुखमासीत्**' अर्थात ब्राह्मण मनुष्य के मुख के समान होता है, जो उत्तम ज्ञान को प्राप्त करके मुख से वाणी द्वारा उसका प्रचार करता है। वह अपने पास न रखकर आगे बढ़ाता है।

ब्राह्मण में केवल सत्त्वगुण की प्रधानता होती है, इसीलिए उसमें सत्कर्मों को करने की स्वाभाविक प्रवृत्ति होती है। अनेक सद्गुणों व कर्मों की श्रेष्ठता के कारण ही ब्राह्मण से पूजा-पाठ कराने का विधान धार्मिक शास्त्रों में बनाया गया है। इसके अलावा ब्राह्मण संस्कारगत पूजा-पाठ, उपासना, प्रार्थना, धर्मानुष्ठान, धर्मोपदेश में निरंतर लिप्त रहने और धर्मशास्त्र, कर्मकांड के ज्ञाता और अधिकारी विद्वान् होने के कारण व ईश्वर के अत्यन्त निकट होने से उनका महत्त्व काफी बढ़ जाता है। ऐसे व्यक्ति पर यजमान की श्रद्धा और विश्वास आसानी से स्थापित हो जाता है, जो किसी भी कर्मकांड कराने के लिए आवश्यक होता है।

मनुस्मृति 10/76 में मनु ने कहा है कि षट्कर्मों में– पढ़ाना, यज्ञ कराना और विशुद्ध द्विजातियों से दान ग्रहण करना, ये तीनों ब्राह्मण की जीविका के कर्म हैं। मनुस्मृति 1/88 में यह भी कहा गया है कि ब्राह्मण आजीविका के लिए यज्ञ करे, दान ले और विद्या पढ़ाए। चूंकि ब्राह्मण दान को धारण करने यानी पचाने की शक्ति रखते हैं, अतः दान लेने के अधिकारी कहे गए हैं। अतएव किसी ब्राह्मण से पूजा-पाठ,

हवन, यज्ञ, तर्पण, पिंडदान आदि कर्मकांड कराने के बाद उसे पर्याप्त दान-दक्षिणा प्रदान करने की परंपरा आज भी कायम है।

महाभारत शांतिपर्व 313/84 में दक्षिणा के संबंध में कहा गया है कि दक्षिणा विहीन यज्ञ नहीं होते। ऋग्वेद में लिखा है कि दक्षिणा प्रदान करने वालों के ही आकाश में तारे के रूप में चमकीले चित्र हैं, दक्षिणा देने वाले को अमरत्व और दीर्घायु जीवन मिलता है। धर्मशास्त्रों में व्रत पूर्ण होने के पश्चात् दान देने का विशेष महत्त्व बताया गया है। सुपात्र को सात्विक भाव से श्रद्धा के साथ किए गए दान का फल अकसर जन्मांतर में ही मिलता है।

मनुस्मृति, अध्याय 4, श्लोक 229 से 234 के मध्य दान के संबंध में कहा गया है कि भूखे को अन्न दान करने वाला सुख लाभ पाता है, तिल दान करने वाला अभिलषित संतान और दीप दान करने वाला उत्तम नेत्र प्राप्त करता है। भूमि दान देने वाला भूमि, स्वर्णदान देने वाला दीर्घ आयु, चांदी दान करने वाला सुंदर रूप पाता है। जिस-जिस भाव से जिस फल की इच्छा कर जो दान करता है, जन्मांतर में सम्मानित होकर वह उन वस्तुओं को उसी भाव से पाता है।

**व्रत का फल :** नित्य, नैमित्तिक, काम्य आदि सभी व्रतानुष्ठान विधि-विधान पूर्वक करने से शरीर, मन, बुद्धि तीनों का यानी आधिभौतिक, आधिदैविक, आध्यात्मिक त्रिविध कल्याण होता है।

पुराणों में इस बात का उल्लेख मिलता है कि हमारे ऋषि-मुनि व्रत-उपवास के द्वारा ही शरीर, मन एवं आत्मा की शुद्धि करते हुए अलौकिक शक्ति प्राप्त करते थे। व्रत पालन करने से जहां आत्मविश्वास बढ़ता है, वहीं संयम की वृत्ति का भी विकास होता है। आत्मविश्वास हमारी शक्तियों को बढ़ाता है और संयम से शक्तियों का व्यर्थ व्यय घटता है। इस प्रकार व्रत से आत्मशोधन और शक्ति प्राप्त होती है।

चिकित्सकों के मतानुसार व्रत और उपवास रखने से जहां अनेक शारीरिक बीमारियां दूर होती हैं, वहीं मानसिक बीमारियों में भी लाभ मिलता है। सप्ताह में एक दिन का व्रत रखने से हमारे आंतरिक अंगों को विश्राम करने और सफाई करने का मौका मिलता है, जिससे शारीरिक और मानसिक स्वास्थ्य सुधरकर आयु एवं शक्ति में वृद्धि होती है।

भारतीय महर्षियों ने सारे आध्यात्मिक अनुष्ठानों में उपवास रखने की परंपरा इसलिए कायम की, क्योंकि अन्न की मादकता के कारण भोजन करने के बाद शरीर में आलस्य का अनुभव होने लगता है। जिसके परिणामस्वरूप पूजा-उपासना से उत्पन्न आध्यात्मिक शक्ति नष्ट होने लगती है। हमारे शरीर की इंद्रियों, विषय-वासना और मन पर काबू पाने के लिए व्रत उपवास एक अचूक साधन माना गया है—

विषया विनिवर्तन्ते निराहारस्य देहिनः।

—श्रीमद्भगवद्गीता 2/59

व्रतों में ही हमें देवी-देवताओं की विभूति प्रदानकारी अनेक तपों का विधान अपनाने का मौका मिलता है। जिससे विद्या, उत्तम खान-पान, सुंदर वस्त्र, अधिकार, अलंकार आदि की प्राप्ति होती है। व्रतों के कारण ही संयम, ब्रह्मचर्य, यम-नियम, सदाचार, सात्विक आहार-विहार जैसे गुणों की उपलब्धियां मिल पाती हैं।

इष्ट देवता की प्रसन्नता से धन, सुख, मनोकामनाओं की पूर्ति होती है, विपत्तियों से रक्षा होती है। स्त्री सौभाग्यवती होती है, निंदित कार्यों से छुटकारा मिल जाता है, पति की रक्षा होती है। बैकुंठ की प्राप्ति होती है, पाप नष्ट होते हैं और पुण्य की प्राप्ति होती है। शत्रुओं पर विजय प्राप्त होती है और भय से मुक्ति मिलती है। दीर्घायु होकर मोक्ष की प्राप्ति होती है। मान, सम्मान, यश, पद तथा पुत्र-पौत्र का लाभ मिलता है। मानसिक अशांति दूर होती है, दुखों का नाश होता है।

व्रतों की पौराणिक कथाओं के पढ़ने और सुनने का काफी धार्मिक महत्त्व बताया गया है। वीतराग शुकदेवजी के मुंह से राजा परीक्षित ने भागवत पुराण की कथा सुनकर मुक्ति प्राप्त की और स्वर्ग चले गए। शुकदेव ने परमार्थ भाव से कथा कही थी और परीक्षित ने उसे आत्म-कल्याण के लिए पूर्ण श्रद्धाभाव से सुना एवं आत्मसात किया। इसलिए उन्हें मोक्ष मिला।

जहां धर्म कथाएं सुनाने वाले व्यक्ति का मन सदा पवित्र वातावरण में निवास करता है, वहीं उसका मन और शरीर ईश्वरीय चैतन्यशक्ति के अनेक वृत्तांत सुनकर दिव्य तेजमय होता चला जाता है। इसी तरह कथा सुनने से पाप कट जाते हैं और प्रभु सुलभ हो जाते हैं। श्रीमद्भागवत के 2/8/5-6 में कहा गया है कि नियमित कथा श्रवण से भगवान् अपने भक्तों के हृदय में विराजते हैं एवं उनके अंतःकरण के समस्त दोषों को वैसे ही स्वच्छ कर देते हैं, जैसे शरद् ऋतु के आगमन से समस्त जलाशयों का जल स्वच्छ हो जाता है।

पद्म पुराण/क्रिया योगसार पीठिका वर्णन/27 के मतानुसार जिन लोगों के समुदाय वैष्णवी कथा का श्रवण किया करते हैं, वह उनके संपूर्ण पापों और विषयों का नाश कर डालती है। नारायण की कथा जहां पर प्रतिदिन हुआ करती है, वहां पाप नहीं रहते हैं।

भारतीय व्रत कथाओं में सुसंस्कारित आचरण करने की शिक्षा दी जाती है। उनमें सत्य, न्याय, त्याग, प्रेम और श्रेष्ठता की ही प्रतिष्ठा को मनोवैज्ञानिक तरीकों से बताया गया है। दुष्ट प्रवृत्तियों की हमेशा हार दिखाकर उन्हें छोड़ने की प्रेरणा दी गई है। इस प्रकार ये कथाएं हमें पाप बुद्धि से छुड़ाती हैं। हमारी नैतिक बुद्धि को जगाती हैं, जिससे मनुष्य सभ्य, सुसंस्कृत और पवित्र बने। किसी को पीड़ा या हानि पहुंचाना महापाप इसलिए बताया गया है, क्योंकि इसके दुष्परिणाम स्वरूप दुख होता है और उसका दंड अवश्य भोगना पड़ता है। अतः अपना जीवन क्रम बदल कर पापों का क्षय तथा पुण्यों की वृद्धि की जा सकती है। व्यक्ति अपने भव-बंधनों को तोड़ने में सफल हो जाता है, मुक्ति का अधिकारी बन जाता है। इसके अलावा जीवन की कुंठाओं, समस्याओं, विडंबनाओं का समाधान भी कथाएं सुनने से मिल जाता है। भय, विपत्ति, रोग, दरिद्रता में सांत्वना, उत्साह और प्रेरणा की प्राप्ति होती है। विपत्ति में धैर्य, आवेश में विवेक, संयम के नेत्र खुलना व कल्याण चिंतन में सहायता मिलती है। इसीलिए व्रत की कथाओं को भव-भेषज, सांसारिक कष्ट, पीड़ाओं और पतन से मुक्ति दिलाने वाली औषधि कहा जाता है।

**व्रत का उद्यापन :** बहुत से व्रत ऐसे होते हैं, जिनका उद्यापन नहीं किया जाता; जैसे— श्रीकृष्ण-जन्माष्टमी, रामनवमी आदि। कुछ व्रत ऐसे होते हैं जो किसी अभीष्ट सिद्धि के लिए किए जाते हैं, जैसे सोलह सोमवार व्रत। इसमें अभीष्ट सिद्धि के बाद उद्यापन करके व्रत का समापन करने का विधान है। कुछ व्रत ऐसे भी

होते हैं, जो निर्जल रहकर किए जाते हैं या जो कष्ट साध्य होते हैं। ऐसे व्रत में जब शरीर अस्वस्थ हो जाए अथवा कोई अपरिहार्य कारण आ जाए और नियम-विधान पालन करने में कठिनाई हो, तो उस स्थिति में उद्यापन करने का विधान है।

उद्यापन किए बिना व्रत फल निष्फल हो जाने के विश्वास के कारण व्रत की अवधि पूर्ण होने पर सामर्थ्यानुसार विधिवत् उसका उद्यापन करना परमावश्यक माना जाता है। नित्य व्रत का निश्चित अवधि तक निर्वाह करने के बाद उसका उद्यापन भी करने का विधान बनाया गया है। जैसे शिवरात्रि व्रत का 14 वर्ष, प्रदोष व्रत का 13 वर्ष, एकादशी व्रत का 11 वर्ष करने के उपरांत उद्यापन होता है। उसके पश्चात् व्रत का विधान वैकल्पिक हो जाता है।

गार्ग्य ने हेमाद्रि में कहा है कि जब बृहस्पति और शुक्र के तारे अस्त हो गए हों, उदित भी हों तो इनका बाल्यकाल अथवा वृद्धकाल हो, ऐसे समय में तथा अधिमास में कोई उद्यापन नहीं करना चाहिए।

दैनिक क्रियाओं, स्नानादि से निपट कर अंजलि में जल लेकर यह संकल्प बोलें कि आज की अमुक पुण्य तिथि में, अमुक महीने के अमुक पक्ष में, अमुक संवत्सर में अमुक देवता को प्रसन्न करने के लिए अमुक लक्ष्य सिद्धि के लिए कि यह पूरा हो जाए, उसके लिए मैं इसका उद्यापन करता हूं। फिर गणपति पूजन कर पुण्याहवाचन (मंगल कामना) करना चाहिए। पुण्याहवाचन में देवादि कर्म में मंगल के निमित्त 'पुण्याह' शब्द का तीन बार उच्चारण आता है। 'कर्म के अंगभूत देवता प्रसन्न हो जाओ', ऐसा निवेदन किया जाता है। फिर यजमान आचार्य से इस प्रकार प्रार्थना करता है कि जैसे स्वर्ग में इंद्रादि के आचार्य बृहस्पति हैं, वैसे ही आप इस कर्म में मेरे आचार्य बनो। आचार्य का पूजन यजमान द्वारा किया जाता है। फिर आचार्य द्वारा मंत्रोच्चारण करके व्रत के पूर्ण उद्यापन को विधि-विधानानुसार कराएं।

## नव संवत्सर : प्रतिपदा
(नया वर्ष शुभ बीते, इस उद्देश्य के लिए)

नया विक्रमी संवत् का प्रारंभिक दिवस यानी पहला दिन। इसे चैत्र मास के शुक्ल पक्ष की प्रतिपदा 'वर्ष प्रतिपदा' भी कहते हैं, अर्थात इस दिन से नववर्ष का आरंभ होता है। हमारे समस्त धार्मिक संस्कारों एवं त्योहारों में सर्वमान्य संवत् विक्रमी संवत् है। पुराणों में बताया गया है–

*चैत्रमासि जगद्ब्रह्मा ससर्ज प्रथमेऽहनि।*
*शुक्लपक्षे समग्रे तु तदा सूर्योदये सति॥*

श्रीब्रह्म पुराण के अनुसार ब्रह्माजी ने इस तिथि को प्रवरा (सर्वोत्तम) मानकर इसी दिन सृष्टि की रचना की थी। इस तरह के और भी उल्लेख अथर्ववेद एवं शतपथ ब्राह्मण में मिलते हैं। शाक्त संप्रदाय के अनुसार देवी भगवती की आराधना हेतु वासंतिक नवरात्र का आरंभ भी इसी दिन से होता है, जिसका समापन श्रीरामनवमी के साथ होता है। **सर्वप्रिये चारुत्तर वसन्ते** में नववर्ष का आरंभ जन-मन के उल्लास, उमंग एवं आनंद को दोगुना कर देता है।

वसंत संपूर्ण धरणी को पुष्पों से सुशोभित कर, हृदय में कोमल प्रवृत्तियों को जगाकर चित्त में नवजीवन, नव उत्साह, मस्ती, मादकता एवं आनंद प्रदान कर समस्त सृष्टि को नवयौवन की अनुभूति कराता है। कानन में टेसू के फूल, बागों में आमों पर बौर, आम्र-मंजरी पर मंडराते भौंरे और कोयल की कूक मन को उद्वेलित करती है, वातावरण को मादक बनाती है।

भारतीय ज्योतिष शास्त्र के अनुसार हमारे यहां काल गणना की अनेक विधियां प्रचलित रही हैं। इनमें चंद्र गणना पर आधारित पद्धति प्रमुख है। विक्रमी संवत् की गणना भी इसी आधार पर की जाती है। इसमें चंद्रमा की 16 कलाओं के आधार पर दो पक्ष (कृष्णपक्ष एवं शुक्लपक्ष) का एक मास होता है। प्रथम पक्ष अमांत एवं द्वितीय पक्ष पूर्णिमांत कहलाता है। दक्षिण भारत में अमांत एवं पूर्णिमांत का ही प्रचलन है। कृष्णपक्ष प्रतिपदा से पूर्णिमा तक प्रत्येक चंद्रमास में साढ़े 29 दिन होते हैं। इस प्रकार एक वर्ष 354 दिन का होता है। पृथ्वी द्वारा सूर्य के परिभ्रमण में 365 दिन व 6 घंटे लगते हैं। इस तरह प्रत्येक वर्ष में 11 दिन 3 घड़ी और लगभग 48 पल का अंतर पड़ जाता है और यह अंतर तीन वर्षों में बढ़ते-बढ़ते लगभग एक मास हो जाता है। इन शेष दिनों के समायोजन के लिए तथा कालगणना के अंतर को पूर्ण करने के लिए 3 वर्ष में एक अधिमास की व्यवस्था है, जो बहुत ही वैज्ञानिक है। प्रत्येक तीसरे वर्ष चंद्रमासों में एक मास की वृद्धि हो जाती है, जिसे अधिमास, मलमास, अधिकमास अथवा पुरुषोत्तम मास कहते हैं। चंद्रमास के अनुसार यह तेरहवां मास हो जाता है। जिस प्रकार अधिक मास होता है, उसी प्रकार क्षयमास भी होता है। कालगणना में जो थोड़ा-बहुत सूक्ष्म भेद रह जाता है, वह क्षयमास से पूरा हो जाता है। क्षयमास वर्ष में चंद्रमास कुल 11 होते हैं। क्षयमास बहुत कम पड़ता है। यह लगभग 140 या 190 वर्ष में एक बार आता है। इसके अतिरिक्त सौर-संक्रांति पर आधारित भी एक कालगणना है। इस सौर वर्ष में 365 दिनों का एक वर्ष होता है। इसमें वर्ष मेष संक्रांति (13 अप्रैल) से आरंभ होता है। सूर्य का एक राशि

से दूसरी राशि में प्रवेश 'संक्रांति' कहलाता है। प्रत्येक मास सूर्य एक राशि से दूसरी राशि में प्रवेश करता है। इस प्रकार वर्ष भर में सूर्य 12 राशियों में प्रवेश करता है और प्रत्येक मास में एक संक्रांति काल होता है। इस गणना में संक्रांति से ही नया मास आरंभ होता है। विक्रमी नववर्ष में समग्र राष्ट्रीय पर्व एवं व्रत-त्योहारों के दर्शन होते हैं।

एक तरफ यह आनंद का उत्सव है तो दूसरी ओर विजय और परिवर्तन के आरंभ का प्रतीक भी। नई फसल के तैयार होकर घर में प्रवेश करने से यह दिन भारतीय कृषकों के लिए विशेष महत्त्व रखता है। आंध्र प्रदेश में इस दिन को उगादि (युगादि) तिथि अर्थात 'युग का आरंभ' के रूप में मनाया जाता है। सिंधी समाज में यह दिन भगवान् झूलेलाल के जन्मदिवस तथा 'चेटी चंड' अर्थात 'चैत्र का चन्द्र' के रूप में मनाया जाता है। इस दिन कश्मीर में सप्तर्षि संवत् के अनुसार 'नवरेह' नाम से नववर्ष का उत्सव मनाया जाता है। कश्मीरियों का यह प्रमुख त्योहार है। महाराष्ट्र में 'गुड़ी पड़वा' के रूप में यह उत्सव मनाया जाता है। असम में वर्ष में तीन बार बिहू मनाया जाता है। नेपाल में राजकीय एवं जनजीवन के दैनिक कार्य में विक्रमी संवत् का ही प्रयोग किया जाता है। ऐतिहासिक दृष्टि से इसी दिन सम्राट चंद्रगुप्त विक्रमादित्य ने शकों पर विजय प्राप्त की थी, अतः उसी दिन से यह विक्रम संवत् के नाम से प्रसिद्ध हो गया।

**पूजन विधि-विधान :** नव संवत्सर-प्रतिपदा के दिन प्रातःकाल स्नान करके हाथ में गंध, अक्षत, पुष्प और जल लेकर संकल्प इस प्रकार करना चाहिए— **मम सकुटुम्बस्य सपरिवारस्य स्वजन परिजनसहितस्य वा आयुरारोग्यैश्वर्या-दिसकलशुभफलोत्तरोत्तरावृद्ध्यर्थ ब्रह्मादिसंवत्सरदेवानां पूजनमहं करिष्ये।** फिर नई बनी हुई चौकी

अथवा बालु की वेदी पर स्वच्छ श्वेत वस्त्र बिछाकर उस पर हलदी अथवा केसर में रंगे हुए अक्षत का अष्टदल कमल बनाना चाहिए। अष्टदल कमल पर सोने की मूर्ति स्थापित कर गौरी गणेश के पूजनोपरांत ॐ **ब्रह्मणे**

**नमः** से ब्रह्मा का आह्वान कर पुष्प, धूप- दीप, नैवेद्य से षोडशोपचार से उनका पूजन करना चाहिए। पूजा के अंत में ब्रह्मा से अपने लिए संपूर्ण वर्ष कल्याणकारी होने की प्रार्थना करनी चाहिए। इस दिन नए वस्त्र धारण करने, घर को ध्वजा, पताका और तोरण से सजाने, नीम के कोमल पत्तों को खाने, प्याऊ की स्थापना करने तथा ब्राह्मणों को भोजन कराने का भी विधान है। इस दिन योग्य ब्राह्मण के यहां जाकर या अपने यहां बुलाकर पंचांग से वर्ष फल तथा अपनी राशिफल सुननी चाहिए। चाहें तो इस दिन ब्राह्मण को पंचांग दान में दे सकते हैं। इसका अपार पुण्यफल प्राप्त होता है।

## गणगौर / गौरी तृतीया व्रत
### (स्त्रियों का व्रत : अखंड सौभाग्य पाने के लिए)

**माहात्म्य :** भारत के अन्य प्रदेशों की अपेक्षा इस व्रत का प्रचलन राजस्थान में काफी अधिक है। महिलाएं इस व्रत को एक पर्व के रूप में मनाती हैं, क्योंकि इसके करने से सुहागिनों का सुहाग अखंड रहता है। यह गौरपूजा सौभाग्यवती स्त्रियों और कन्याओं का विशेष त्योहार है। इस दिन भगवान् शिव ने पार्वतीजी को और पार्वतीजी ने समस्त स्त्रियों को सौभाग्य का वरदान दिया था। यह सौभाग्य तृतीया के रूप में भी प्रसिद्ध है।

**पूजन विधि-विधान :** गणगौर का व्रत चैत्र शुक्ल प्रतिपदा से आरंभ होकर तृतीया तक मनाया जाता है। परंतु आजकल अनेक स्थानों पर तीन दिन के बजाय अंतिम तिथि तृतीया को ही मनाने का रिवाज बन गया है। इस दिन सौभाग्यवती महिलाएं दोपहर तक व्रत रखती हैं। व्रत धारण कर पूजन के पहले रेणुका गौर की स्थापना की जाती है। फिर उस पर सौभाग्य संबंधी चीजें; जैसे– सिंदूर, कांच की चूड़ियां, मेहंदी, महावर, काजल, बिंदी, टीका, शीशा, कंघी आदि से शृंगार किया जाता है। इसके पश्चात् चंदन, अक्षत,

धूप, दीप, पुष्प, नैवेद्यादि से विधिवत पूजन करके भोग लगाया जाता है, फिर गौरीजी की कथा का वाचन किया जाता है। कथा की समाप्ति के बाद व्रत रखने वाली सौभाग्यवती स्त्रियां गौरीजी पर चढ़ाए हुए सिंदूर से अपनी-अपनी मांग भरती हैं। शाम को एक बार भोजन कर व्रत तोड़ा जाता है। इस व्रत का प्रसार पुरुषों के लिए नहीं होता, इसलिए केवल महिलाएं ही सेवन करती हैं।

**पौराणिक कथा :** इस व्रत की कथा का उल्लेख श्रीस्कंद पुराण काशीखंड उत्तरार्ध के 80वें अध्याय में किया गया है–

एक बार भगवान् शंकर, पार्वती और नारद चैत्र शुक्ल की तृतीया को भ्रमण करते हुए एक गांव में पहुंचे, तो उनके स्वागत के लिए साधारण कुल की स्त्रियां तुरंत ही थाली में हलदी, अक्षत (चावल), कुंकुम, जल, पत्र-पुष्प लेकर उनके पूजन के लिए पहुंची। पार्वतीजी ने उन स्त्रियों द्वारा की गई पूजा तथा भक्ति-भाव को स्वीकारा और उन पर सारा सुहाग छिड़का, तब उन्होंने माँ गौरी से मंगल कामना व आशीर्वाद की याचना की। अखंड सौभाग्य का वरदान पाकर वे स्त्रियां वापस लौट गईं। इसके बाद उच्च कुल की स्त्रियां श्रृंगार कर सोने-चांदी की थालियों में विभिन्न प्रकार के व्यंजन लेकर पहुंचीं, तो शिवजी ने पार्वती से कहा–'गौरी! तुमने सारा सुहाग साधारण स्त्रियों में बांट दिया तो अब इन्हें क्या दोगी?' पार्वती ने कहा–'इसकी चिंता आप न करें। मैंने ऊपरी पदार्थों से बना सुहाग रस ही उन्हें दिया था, इन उच्च कुल की स्त्रियों को तो मैं अपनी उंगली चीरकर, रक्त का सुहाग रस दूंगी। इससे वे मेरी तरह ही सौभाग्यशाली हो जाएंगी।' जब कुलीन स्त्रियां पार्वती का पूजन कर चुकीं, तब पार्वती ने अपनी उंगली चीरकर उन पर रक्त छिड़क दिया। इस प्रकार उन सभी ने अखंड सौभाग्य पाया।

फिर भगवान् शंकर की आज्ञा से नदी में जाकर पार्वती ने स्नान किया और बालू (रेत) के महादेव बनाकर उनका पूजन किया। बालू के पकवान बनाकर भोग लगाया और परिक्रमा की। बालू के दो कणों का प्रसाद खाकर अपने मस्तक पर टीका लगाया। इस बालू की मूर्ति से शिवजी ने वहां प्रकट होकर पार्वती को वरदान दिया–'जो स्त्री आज के दिन से मेरा पूजन और तुम्हारा व्रत करेगी उसके पति चिरंजीव रहेंगे और अंत में मोक्ष पाएंगे।'

महर्षि नारद ने माता पार्वती और उनके पातिव्रत्य से प्रभावित होकर कहा–'माता! आप पतिव्रताओं में आदि शक्ति हैं, सर्वश्रेष्ठ हैं, इसलिए संसार की विवाहित स्त्रियां आपके नाम को याद करने मात्र से अटल सौभाग्य प्राप्त कर सकेंगी। जो स्त्रियां इस व्रत को करके गुप्त रूप से पति का पूजन करके मंगल कामना करेंगी, उन्हें महादेवजी की कृपा से दीर्घायु पति मिलेंगे और उनकी समस्त मनोकामनाएं पूर्ण होंगी।' यही कारण है कि प्राचीनकाल से स्त्रियां गणगौर का व्रत करती आ रही हैं।

## अरुन्धती व्रत

(सुहागिनों का व्रत : बाल वैधव्य दूर करने के लिए)

**माहात्म्य :** यद्यपि इस व्रत का प्रचलन कुछ प्रदेशों तक ही सीमित रह गया है, फिर भी दक्षिण भारत में इसका अधिक प्रचलन है। महर्षि कर्दम की पुत्री तथा ऋषि वसिष्ठ की पत्नी अरुन्धती के नाम से इस व्रत का नामकरण हुआ। यह व्रत जन्म-जन्मान्तरों के बाल-वैधव्य दोष को दूर करता है, अटल सौभाग्य प्रदान करता है, आदर्श प्रेरणाएं प्रदान कर स्त्रीचरित्र के उत्थान में सहायक होता है। इसके अलावा पुत्र, रूप और समृद्धि प्राप्ति के लिए भी इसे किया जाता है। इसीलिए सौभाग्यवती महिलाओं के लिए इस व्रत का अत्यधिक महत्त्व माना गया है।

**पूजन विधि-विधान :** इस व्रत को करने का अधिकार केवल स्त्रियों को ही है। स्कंद पुराणानुसार यह व्रत चैत्र शुक्ल की प्रतिपदा से प्रारंभ होकर तृतीया तक यानी तीन दिन चलता है। व्रत की शुरुआत प्रतिपदा को करें व स्नान कर यह संकल्प करें–'हे माता! मुझे इस जन्म में तथा दूसरे जन्म में बाल-वैधव्य होने का दुख न हो, मेरा सौभाग्य अखंड बना रहे। पुत्र, रूप और समृद्धि मिले, इस कारण मैं आपका 'अरुन्धती व्रत' करती हूं।' फिर यह व्रत निर्विघ्न संपन्न हो जाए, उसके लिए गणपतिजी का पूजन करें। दूसरे दिन द्वितीया को ध्रुव, वसिष्ठ और अरुन्धती की सोने से निर्मित मूर्तियों को स्थापित करने के लिए धान का

ढेर बनाएं और उस पर कलश रखकर उसके ऊपर ये तीनों मूर्तियां स्थापित करें। पहले अरुन्धती का आह्वान करके षोडशोपचार पूजन करें और प्रार्थना करें कि 'हे माता! वसिष्ठजी से प्रिय बोलने वाली देवी! आप

मुझे अखंड सौभाग्य, धन-धान्य और पुत्र प्रदान करें।' फिर वसिष्ठ और ध्रुव का पूजन विधि-विधान से करें। अगले दिन तृतीया को शिव-पार्वती का पूजन कर व्रत तोड़ें। ब्राह्मणों को भोजन कराकर सुयोग्य पुरोहित को मूर्तियों का दान कर दें।

**पौराणिक कथा :** इस कथा का उल्लेख श्रीस्कंद पुराण में इस प्रकार आता है—

पुराने जमाने में सब शास्त्रों का ज्ञाता एक ब्राह्मण था। उसकी एक अति सुंदर कन्या थी। दुर्भाग्य से वह बाल-विधवा हो गई। मायके में रहते हुए उसने वैधव्य धर्म का पालन किया। यमुना नदी के किनारे वह तपस्या कर रही थी कि उधर से भगवान् शंकर और पार्वती घूमते हुए निकले। पार्वती ने शिवजी से इसके बाल-विधवा होने का कारण जानना चाहा, तो शिवजी ने कहा—'पहले जन्म में यह एक कुलीन ब्राह्मण था। एक सुंदर कन्या से विवाह करके यह परदेश चला गया। वहां एक दूसरी स्त्री से इसे प्रेम हो गया। अपनी पहली पत्नी का जीवन व्यर्थ करने और दूसरी से संबंध जोड़ने के पाप के कारण वह ब्राह्मण इस जन्म में स्त्रीत्व को प्राप्त हुआ और वैधव्य भोग रहा है। जो स्त्री मन, वाणी या अंतःकरण से एकांत में छिपकर व्यभिचार करती है अथवा दूसरा पुरुष कर लेती है या फिर मद से प्रमदा हुई भोगों को भोगती है, वह इन दुष्कर्मों के कारण बाल-विधवा हो जाती है। जो पुरुष कुलीन, सदाचारिणी, अनुकूला स्वपत्नी को छोड़कर दूसरी से रमण करता है, वह पापी दूसरे जन्म में स्त्रीविहीन यानी विधुर होता है।'

शिवजी के ऐसे वचन सुनकर पार्वती ने उनसे इस पाप से छूटने का उपाय पूछा। यह सुनकर शिवजी बोले—"मैं बाल-वैधव्य का नाश करने वाले और सौभाग्य प्रदान करने वाले एक व्रत के बारे में तुम्हें बताता हूं, इस व्रत का नाम है—अरुन्धती व्रत। इसको करने और सुनने से बाल-वैधव्य के पाप से मुक्ति मिल जाती है।" इस व्रत की जानकारी पाकर पार्वती ने उस स्त्री से यह व्रत करवाया। इसके पुण्य से वह स्त्री वैधव्य से छूट गई और स्वर्ग में चली गई। तभी से अरुन्धती व्रत का विधान चल पड़ा।

## कामदा एकादशी
### (पापक्षय के लिए)

**माहात्म्य :** पुराणों में कहा गया है कि चर और अचर सहित इस संसार में कामदा एकादशी से अधिक उत्तम और कोई दूसरी एकादशी नहीं है। यह वर्ष की पहली एकादशी मानी जाती है। वैसे तो एकादशी व्रत का प्रादुर्भाव 'उत्पन्ना एकादशी' से ही माना है। इसका व्रत रखने से भक्तों की समस्त कामनाएं पूर्ण होती हैं तथा बैकुण्ठ धाम की प्राप्ति होती है। सब तरह के पापों का नाश होता है। यहां तक कि ब्रह्महत्या जैसे पापों से भी छुटकारा मिल जाता है, पिशाचत्व दूर होता है। इस व्रत की कथा पढ़ने और सुनने से वाजपेय यज्ञ का फल मिलता है।

**पूजन विधि-विधान :** यह व्रत चैत्र मास की शुक्ल पक्ष की एकादशी को रखा जाता है। कहा जाता है कि **एकादश्यां न भुञ्जीत पक्षयोरुभयोरपि** अर्थात दोनों पक्षों की एकादशी में भोजन नहीं करना चाहिए। दशमी को यानी व्रत के पहले दिन जौ, गेहूं, मूंग में बने पदार्थ दोपहर के भोजन में एक बार सेवन करने का विधान है। एकादशी के दिन प्रातः जल्दी उठकर स्नानादि से निवृत्त होकर स्वच्छ वस्त्र पहनें। दिन भर उपवास रखें। व्रत का संकल्प **ममाखिल पापक्षयपूर्वक प्रीतिकामनया कामदैकादशी व्रतं करिष्ये** कहकर रात्रि में भगवान् को झूले में बैठाएं, फिर धूप-दीप, पुष्प, माला चढ़ाकर पूजन करें। कथा वाचन के पश्चात् मिष्ठान का भोग लगाकर सबको प्रसाद दें। रात्रि में भजन, कीर्तन कर जागरण करें और दूसरे दिन पारण करें। उपवास में केवल फलाहार लें। अन्न का सेवन पूर्णतया त्याग दें।

**पौराणिक कथा :** इस कथा का उल्लेख श्रीपद्म पुराण में राजा दिलीप ने मुनि वसिष्ठजी से इस प्रकार सुनी थी—

प्राचीन काल में नाग लोक के भोगिपुर नाम के नगर में पुंडरीक नाम का नाग राज करता था। उनकी सेवा में गंधर्व, किन्नर और अप्सराएं लगी रहती थीं। उसी नगर में ललिता नाम की अप्सरा और ललित नामक गंधर्व पति-पत्नी के रूप में निवास करते थे। वे दोनों सदा एक-दूसरे के प्रेम में खोए रहते थे। एक दिन किसी सभा में ललित अपनी पत्नी ललिता के बिना गायन कर रहा था। गायन के बीच अपनी प्यारी पत्नी का स्मरण आ जाने से ललित की जीभ लड़खड़ा जाने से पदभंग होने लगा, तो नागों में श्रेष्ठ कर्कोटक नामक नाग ने उसके मन की बात ताड़कर उसके पदभंग और असंगत संगीत की चर्चा पुंडरीक राजा के सामने कर दी। राजा ने क्रोध में आकर उसको शाप दे दिया और कहा—"तू राक्षस होगा। मांस और मनुष्य का भक्षण करेगा, क्योंकि तू मेरे आगे गाता हुआ कामांध हुआ है।"

राजा के वचन से वह गंधर्व भयंकर राक्षस बन गया। ललिता ने जब अपने पति को इस रूप में देखा तो वह बड़ी चिंतित हुई। वह भी अपने पति के साथ वन में भ्रमण करने लगी। पाप और नरभक्षण करने से उस राक्षस को न दिन में और न रात में चैन मिलता था। पति की हालत देखकर ललिता दुखी रहने

लगी। एक बार जब वह भटकती हुई विंध्याचल के शिखर पर पहुंची, तो वहां ऋष्यशृंग मुनि का आश्रम मिला। मुनिराज को ललिता ने अपना पूर्ण परिचय देते हुए अपना दुखड़ा सुनाया। अपने पति की राक्षसगति से मुक्ति का उपाय जब ललिता ने ऋषि से पूछा तो ऋषि बोले–'इस समय चैत्र मास की शुक्ल एकादशी का दिन है। सब इच्छाओं को पूर्ण करने के कारण इसका नाम 'कामदा' है। तुम इस व्रत को मेरी बताई विधि से पूर्ण कर उनका पुण्य अपने पति को अर्पण कर दो। इससे उसका शाप दोष दूर हो जाएगा।' ललिता ने प्रसन्नता पूर्वक इस एकादशी का व्रत किया और द्वादशी के दिन भगवान् वासुदेव और ब्राह्मण के निकट बैठकर भगवान् से प्रार्थना की–"मैंने जो यह व्रत, उपवास किया है वह पति के उद्धार के लिए किया है। उसके पुण्यप्रभाव से मेरे पति का शाप दोष दूर करें।" ऐसा बोलते ही उसका पति राक्षस का रूप त्याग कर फिर से दिव्य रूप धारण करके गंधर्व बन गया। फिर उन दोनों पति-पत्नी ने पूर्व की भांति वैवाहिक आनन्द उठाया। इस प्रकार वे कामदा एकादशी व्रत के प्रभाव से बड़े सुखी हो गए। तभी से समस्त मनोकामनाएं पूर्ण करने के लिए यह व्रत किया जाता है।

## संकष्ट श्रीगणेश चतुर्थी व्रत
### (संकट टालने के लिए)

**माहात्म्य :** भविष्य पुराण में ऐसा कहा गया है कि जब-जब मनुष्यों को बड़ा भारी कष्ट प्राप्त हो, संकटों और मुसीबतों से घिरा महसूस करें या निकट भविष्य में किसी अनिष्ट की आशंका हो, तो उस समय संकष्टी चतुर्थी का व्रत करना चाहिए। इससे इस लोक और परलोक दोनों में सुख मिलता है, व्रती के सब कष्ट दूर हो जाते हैं। धर्म, अर्थ, काम और मोक्ष की प्राप्ति होती है। मनुष्य वांछित फल पाकर अंत में गणपति को पा जाता है। यहां तक कि इस व्रत के करने से विद्यार्थी को विद्या, धनार्थी को धन, पुत्रार्थी को पुत्र और रोगी को आरोग्य की प्राप्ति होती है। महाराज युधिष्ठिर ने इस व्रत के प्रभाव से युद्ध में वैरियों को मारकर अपना राज्य पा लिया था। जब रावण को बालि ने बांध लिया था, तब उसने इसी व्रत को करके भगवान् गणेशजी की कृपा से अपना राज्य फिर पा लिया था। इसी व्रत के प्रभाव से हनुमान ने सीता का पता लगाया था। त्रिपुर को मारने के लिए शिवजी ने इस व्रत को किया था। दमयंती ने इसी व्रत को करके अपने पति राजा नल का पता पाया था। तीनों लोकों की विभूति चाहने वाले इंद्र ने इसी व्रत को अपनाया था। पार्वती ने शिवजी को पति रूप में इसी व्रत के प्रभाव से पाया।

**पूजन विधि-विधान :** यूं तो संकष्टी श्रीगणेश चतुर्थी व्रत प्रत्येक मास के कृष्ण पक्ष की चतुर्थी को किया जाता है, लेकिन माघ, श्रावण, मार्गशीर्ष और भाद्रपद में इस व्रत के करने का विशेष माहात्म्य है। व्रती

इस दिन स्नानादि नित्य कर्मों से निवृत्त होकर स्वच्छ वस्त्र धारण करके दाहिने हाथ में पुष्प, अक्षत, गंध और जल लेकर संकल्प करें कि अमुक मास, अमुक पक्ष और अमुक तिथि में विद्या, धन, पुत्र, पौत्र प्राप्ति, समस्त रोगों से मुक्ति और समस्त संकटों से छुटकारे के लिए श्रीगणेशजी की प्रसन्नता के लिए मैं संकष्ट चतुर्थी का व्रत करता हूं। इसको पढ़ें— **मम वर्तमानागामि-सकल संकट-निवारणपूर्वक सकल अभीष्ट सिद्ध्यै संकट चतुर्थी व्रतमहं करिष्ये।** इस संकल्प के बाद दिन भर मौन अथवा उपवास रखकर व्रती रहें। फिर सामर्थ्यानुसार गणेशजी की मूर्ति को कोरे कलश में जल भरकर, मुंह बांधकर स्थापित करें। गजानन भगवान् का चिंतन करते हुए उनका आह्वान करें। फिर गणेशजी का धूप-दीप, गंध, पुष्प, अक्षत, रोली आदि से षोडशोपचार पूजन सायंकाल में करें। पूजा के अंत में 21 लड्डुओं का भोग लगाएं। इसमें से 5 गणपति के सम्मुख भेंट कर शेष ब्राह्मणों और भक्तों में बांट दें। साथ में दक्षिणा भी दे दें और बोलें—

श्रीविप्राय नमस्तुभ्यं साक्षाद्देवस्वरूपिणे।
गणेशप्रीतये तुभ्यं मोदकान् वै ददाम्यहम्॥

रात में चंद्रोदय होने पर यथाविधि चंद्रमा का पूजन कर क्षीरसागर आदि मंत्रों से अर्घ्यदान करें। तत्पश्चात् गणपति को अर्घ्य देते हुए नमस्कार करें और कहें कि हे देव! सब संकटों का हरण करें तथा मेरे अर्घ्यदान को स्वीकार करें। अब आप फूल और दक्षिणा समेत पांच मोदकों को मेरी आपत्तियां दूर करने के लिए स्वीकारें। वस्त्र से ढका पूजित कलश, दक्षिणा और गणेशजी की प्रतिमा आचार्य को समर्पित कर दें। फिर भोजन ग्रहण करें। उल्लेखनीय है कि भादों मास की शुक्ल चतुर्थी को चंद्रदर्शन निषेध किया गया है, क्योंकि लोक विश्वास है कि ऐसे चौथ के चांद देखने से झूठा कलंक लगता है। इस व्रत के उद्यापन करने का भी विधान है।

**पौराणिक कथा :** इस कथा का उल्लेख श्रीस्कंद पुराण में आया है—

भगवान् श्रीकृष्ण से जब अर्जुन ने अपना खोया हुआ राजपाट पुनः प्राप्त करने का उपाय पूछा, तो उन्होंने संकष्ट चतुर्थी व्रत रखने की सलाह दी और कहा कि इस व्रत की बड़ी अमित महिमा है। इसके प्रभाव से राजा नल ने अपना खोया राज्य प्राप्त कर लिया था। तुम्हें भी इस व्रत के करने से अपना राज्य फिर से मिल जाएगा।

सत्युग में नल नामक एक राजा था, जिसकी दमयन्ती नामक रूपवती पत्नी थी। जब राजा नल पर विकट समय आया तो उसके घर को आग ने जलाकर राख कर दिया। चोर उसके घोड़े, हाथी, खजाने का धन चुरा कर ले गए, बचा धन राजा जुए में हार गया, मंत्रीगण धोखा दे गए। अंत में उसे अपनी पत्नी के साथ वन में भटकना पड़ा, जहां उसे भारी कष्ट सहने पड़े। कलियुग के प्रकोप से उसे अपनी सती-साध्वी पत्नी से भी अलग होना पड़ा। एक समय ऐसा भी आया कि उसे पेट की आग बुझाने के लिए अलग-अलग जगह नौकरी भी करनी पड़ी। अनेक बीमारियों से ग्रस्त होकर येन-केन-प्रकारेण वह अपने दिन गुजारने लगा।

एक दिन दमयन्ती शरभंग ऋषि की कुटिया में पहुंच कर प्रणाम करके अपना दुखड़ा सुनाने लगी— 'हे मुनि श्रेष्ठ! मैं समय के कुचक्र के कारण अपने पति और पुत्र से अलग हो गई हूं। मेरे पति का छिना हुआ राज्य, पति और पुत्र की प्राप्ति फिर से कैसे हो, उसका उपाय बतलाने की कृपा करें।'

महामुनि शरभंग ने कहा—'हे दमयन्ती! मैं तुम्हें एक ऐसा व्रत बतलाता हूं, जिसके करने से समस्त संकट दूर होकर मनोकामनाएं पूर्ण होती हैं। 'संकष्ट चतुर्थी' के नाम से जाना जाने वाला इस व्रत को भाद्रपद मास की कृष्ण चतुर्थी को जो कोई भी विधि पूर्वक गणेशजी का पूजन करता है, उसकी समस्त मनोकामनाएं पूर्ण हो जाती हैं। इस व्रत के करने से तुम्हें निश्चित रूप से अपने इच्छित मनोरथ प्राप्त होंगे।

रानी दमयन्ती ने भाद्रपद मास की कृष्ण चतुर्थी से इस व्रत को आरंभ करके लगातार सात माह तक गणेश पूजन किया, तो उसे अपना पति, पुत्र और खोया हुआ राज्य फिर से प्राप्त हो गया। तभी से इस व्रत की परिपाटी चली आ रही है।

## पापमोचनी एकादशी
### (ब्रह्महत्या जैसे दोषों के शमन के लिए)

**माहात्म्य :** जो मनुष्य इस व्रत को करते हैं, उसके सब पाप क्षीण होकर नष्ट हो जाते हैं। यहां तक कि ब्रह्महत्या, सुवर्ण चोरी, मद्यपान, गुरुपत्नी या पर स्त्री के साथ किए व्यभिचार तक के पाप भी दूर हो जाते हैं। यानी समस्त पापों से मुक्ति मिलती है। मन स्वच्छ भावनाओं से भर जाने के कारण आत्मशांति मिलती है। ऐसा कहा जाता है कि इस व्रत की कथा को पढ़ने या सुनने मात्र से एक हजार गोदान का पुण्यफल प्राप्त होता है। यह व्रत पिशाचगति को भी नष्ट करता है। इसका अनुष्ठान करने से असीम पुण्य का फल प्राप्त होता है।

**पूजन विधि-विधान :** पापमोचनी एकादशी व्रत चैत्र मास कृष्ण पक्ष की एकादशी के दिन किया जाता है। इस दिन स्नानादि से निवृत्त होकर श्रीहरि विष्णुजी का पूजन विधि-विधानानुसार धूप-दीप, नैवेद्य से करके भोग चढ़ाएं। प्रसाद सब में बांटकर अपनी श्रद्धानुसार ब्राह्मणों को भोजन कराएं। सामर्थ्यानुसार दान-दक्षिणा दें। उपवास में अन्न और नमक का सेवन न करें।

**पौराणिक कथा :** इस कथा का उल्लेख श्रीपद्म पुराण में इस प्रकार मिलता है—

प्राचीन काल में चैत्ररथ नामक एक वन में देवराज इंद्र देवताओं और अप्सराओं के साथ वसंत ऋतु का आनंद ले रहे थे। इस सुंदर अद्वितीय वन में मुनिगण तप करते थे। एक मेधावी नाम के मुनिराज की तपस्या को भंग करने का बीड़ा विख्यात अप्सरा मंजुघोषा ने उठाया, तो उसके अलौकिक सौंदर्य पर वह मोहित हो गया। जब मंजुघोषा कामविभोर होकर मेधावी के शरीर से लिपट गई, तो उन्होंने उसके साथ रमण किया। फिर वे मंजुघोषा के सुंदर शरीर के मोह में ऐसे फंसे कि शिवतत्त्व को भूलकर कामतत्त्व के चक्कर में पड़ गए। भोग-विलास में न दिन का ज्ञान रहता और न रात का। इस प्रकार मेधावी मुनि का बहुत-सा समय यूं ही बीत गया।

एक दिन मंजुघोषा ने मेधावी से देवलोक जाने की आज्ञा मांगी, तो उसने कहा कि अभी संध्याकाल में तो तुम आई हो, सुबह चली जाना। इस तरह मुनि ने 57 वर्ष से अधिक समय तक रमण करते हुए बिताए, फिर भी उनकी पिपासा शांत नहीं हुई। मंजुघोषा के बार-बार देवलोक जाने की बात से मुनि ने क्रोधित होकर कहा, "तूने रूपजाल में फंसाकर मेरा सारा तप नष्ट कर दिया, इसलिए मैं तुझे शाप देता हूं कि तू पिशाचिनी हो जा।" इस पर मंजुघोषा ने मुनि से नम्रतापूर्वक कहा—"आप क्रोध त्यागकर शाप से निवृत्त करने के उपाय बताएं।" मुनि ने तब उसे चैत्र मास की कृष्ण पक्ष वाली पापमोचनी एकादशी को व्रत करने को कहा। मुनि ने बताया कि पापमोचनी एकादशी का व्रत करने से तुम्हारे सारे पापों का नाश होगा और तुम्हारी पिशाचयोनि का क्षय होगा। ऐसा कहकर मुनि अपने पिता च्यवन ऋषि के आश्रम में चले गए। वहां उन्होंने अपने पाप कर्म बताए, तो च्यवन ऋषि ने उन्हें यही व्रत करने को कहा। पिता के वचन सुनकर मुनि ने व्रत किया, जिससे उनके सारे पाप नष्ट हो गए। उस अप्सरा मंजुघोषा ने भी इस व्रत को किया, जिसके प्रभाव से वह भी पिशाचयोनि से मुक्त होकर दिव्य रूप धारण कर स्वर्ग चली गई।

## वरुथिनी एकादशी
(इहलोक तथा परलोक सुधारने के लिए)

**माहात्म्य :** इस व्रत के प्रभाव से सम्राट् मान्धाता सुख, सौभाग्य प्राप्त कर स्वर्ग में गए थे। इसी प्रकार धुंधुमार, प्रभृति आदि राजागण को स्वर्ग में स्थान मिला था। भगवान् शंकर ब्रह्मकपाल से मुक्त हुए। इस व्रत का फल कुरुक्षेत्र में सूर्य ग्रहण के समय सुवर्ण दान देने, कन्यादान करने, विद्यादान और हजारों वर्षों तक ध्यानमग्न तपस्या करने से मिलने वाले फल के बराबर होता है। यह व्रत इस लोक और परलोक में सुख-सौभाग्य प्रदान कर इच्छाओं को पूर्ण करने वाला होता है। इस व्रत को करने से सभी प्रकार के पाप नष्ट होते हैं। रात्रि जागरण कर जो इस दिन भगवान् की पूजा करता है, वह अपने सब पाप धोकर परम गति को प्राप्त करता है। इस व्रत की कथा का माहात्म्य पढ़ने और सुनने से सहस्र गोदान करने के समान पुण्य मिलता है।

**पूजन विधि-विधान :** वरुथिनी एकादशी का व्रत वैशाख कृष्ण पक्ष की एकादशी के दिन रखा जाता है। इस दिन व्रती को उपवास करना चाहिए। उपवास में केवल फलाहार करना चाहिए। व्रत के एक दिन पूर्व यानी दशमी के दिन से व्रती को मांस, मसूर, शहद, चना, शाक, कद्दू, तामसी भोजन और मैथुन (पत्नी सहवास) का त्याग कर देना चाहिए। एकादशी व्रत के दिन क्रोध, निंदा, चुगली, चोरी, हिंसा, जुआ खेलना, देर तक सोना, झूठ बोलना, पान खाना, दंत-मंजन आदि वर्जित कर्म न करें। द्वादशी यानी व्रत के दूसरे दिन वर्जित चीजें छोड़ने के अलावा व्यायाम, परिश्रम, तेल मालिश, हजामत, दुबारा भोजन, दूसरे के अन्न का भी त्याग कर दें। ब्रह्ममुहूर्त में उठकर घर की सफाई करने के बाद स्नानादि से निवृत्त होकर पूजन की तैयारी करें। फिर धूप-दीप जलाकर रोली, चावल से भगवान् की मूर्ति को तिलक लगाएं और पूजन करें। पूजन के पश्चात् कथा पाठ करें। मिष्ठान का भोग लगाकर उस प्रसाद का वितरण भक्तों में करें।

**पौराणिक कथा :** इस व्रत की कथा का उल्लेख श्रीपद्म पुराण में मिलता है। कथा इस प्रकार है—

प्राचीन समय में मान्धाता नामक एक परम तेजस्वी राजा नर्मदा नदी के तट पर रहता था। वह दानी और तपस्वी था। एक दिन वह तपस्या में लीन था, तो उस दौरान एक जंगली भालू आकर उसका पैर चबाने लगा, लेकिन मान्धाता को न तो कोई घबराहट हुई और न ही उस पर क्रोध आया। बस मन-ही-मन वह भगवान् विष्णु से प्रार्थना करने लगा। भक्त की विनती सुनकर श्रीहरि प्रकट हुए और अपने सुदर्शन चक्र से उस भालू का सिर काट डाला। चूंकि भालू ने राजा का एक पैर चबाकर नष्ट कर दिया था, अतः वह अपनी अपंग अवस्था को देखकर बहुत दुखी हुआ। उसका दुख समझकर भगवान् विष्णु ने कहा—"राजन्! तुम मथुरा जाकर मेरे वाराह अवतार वाले रूप की उपासना वरुथिनी एकादशी व्रत सहित पूर्ण कर लोगे, तो तुम्हारा पैर फिर से मिल जाएगा।

मथुरा पहुंचकर राजा मान्धाता ने भगवान् विष्णु के बताए अनुसार भगवान् वाराह के मूर्ति की पूजा, व्रत एवं उपवास सहित की। उनकी कृपा से उसे अपना पैर वापस मिल गया और वह संपूर्ण अंगों वाला बन गया।

# मोहिनी एकादशी

(शुभ-सौभाग्य प्राप्ति, पापों के विनाश और दुखों के निवारण हेतु)

**माहात्म्य :** अयोध्या में रहते हुए एक बार श्रीराम ने महर्षि वसिष्ठ से कहा कि मैं सब व्रतों में श्रेष्ठ व्रत को सुनना चाहता हूं। जिससे सब पाप नष्ट हो जाते हों और वह सब दुखों को काटता भी हो। तब वसिष्ठ ने कहा कि मोहिनी एकादशी सब पापों का विनाश करती है। इस व्रत के प्रभाव से मनुष्य मोहजाल और पापों के समूह से अवश्य मुक्त हो जाता है। इसलिए आप इस पापनाशिनी और दुखहारिणी एकादशी का व्रत अवश्य करें। इस व्रत की कथा को एकाग्रचित्त होकर सुनने से मनुष्य के पाप धुल जाते हैं। कथा वाचन और श्रवण करने से सहस्र गोदान का फल मिलता है। यह सब जानकर भगवान् श्रीराम ने सीताजी की खोज करते समय इस व्रत को किया था। श्रीकृष्ण भगवान् के कहने पर युधिष्ठिर ने और मुनि कौण्डिन्य के कहने पर धृष्टबुद्धि ने भी इसे किया था। इस प्रकार इस व्रत को करने से व्रती की समस्त मनोकामनाएं तो पूरी होती ही हैं, मन को शांति पहुंचाने और निंदित कर्मों को छोड़कर सत्कर्म करने की शक्ति भी प्राप्त होती है। तीर्थ दान तथा यज्ञ आदि से भी बढ़कर इसका माहात्म्य शास्त्रों में वर्णित है।

**पूजन विधि-विधान :** मोहिनी एकादशी का व्रत वैशाख शुक्ल पक्ष की एकादशी को रखा जाता है। इस दिन मर्यादा पुरुषोत्तम भगवान् श्रीराम की पूजा-अर्चना करने का विधान है। व्रती को स्नानादि से निवृत्त

होकर भगवान् श्रीराम की प्रतिमा को दूध, जल से स्नान कराकर, श्वेत वस्त्र पहनाना चाहिए। फिर उच्चासन पर बैठाकर रोली व चंदन से तिलक लगाकर श्वेत पुष्पों की माला पहनाएं। धूप-दीप जलाकर आरती उतारें।

तत्पश्चात् पंचमेवा एवं मीठे फलों का भोग लगाकर उसको भक्तों में बांटें। यथाशक्ति 5 या 11 ब्राह्मणों को भोजन कराकर उन्हें श्वेत वस्त्रों का दान करें। रात्रि में भक्तों के साथ मिलकर भगवान् श्रीराम का भजन-कीर्तन कर प्रसाद वितरित करें।

**पौराणिक कथा :** इस व्रत की कथा का उल्लेख श्रीपद्म पुराण में इस प्रकार मिलता है—

प्राचीन काल में सरस्वती नदी के तट पर भद्रावती नाम की एक सुंदर नगरी बसी हुई थी। जहां द्युतिमान् नाम का एक राजा राज करता था। इसी जगह धनपाल नामक एक संपन्न पुण्यात्मा सेठ भी रहता था। वह सदा शुभ कर्मों को करने और धार्मिक स्थलों का निर्माण कराने में लगा रहता था। उसके पांच लड़कों में धृष्टबुद्धि नामक पुत्र महापापी था। वह सदा ही दुष्कर्मों यानी व्यभिचार, वेश्याओं के पास रहना, जुआ खेलना, बदमाशों की संगति करना आदि में लिप्त रहता था। वह कभी भी किसी देव अथवा देवी की पूजा नहीं करता था। पिता की संपत्ति नष्ट करना, मांस, मदिरा का सेवन करना उसका शौक था। वेश्याओं की संगति में रहने के कारण उसके पिता और बंधुओं ने उसे घर से निकाल दिया। निर्धन होने पर वेश्याओं ने भी उसका साथ छोड़ दिया। वह नंगा, भूखा, चिंता में पड़ गया कि अब क्या करूं और कहां जाऊं? अंत में जीवन यापन के लिए वह चोरी और निकृष्ट कार्य करने लगा। वह बार-बार पकड़ा जाता, जेल होती, मार पड़ती, लेकिन वह अपनी गंदी आदतें नहीं छोड़ता था। परेशान होकर जब उसे देश से निकाल दिया गया, तो वह वन में जाकर रहने लगा। वहां वह मांस खाकर दिन गुजारने लगा। इस प्रकार वह पाप के कीचड़ में फंस गया। एक दिन संयोगवश किसी पुण्य के प्रताप से वह कौण्डिन्य ऋषि के आश्रम में जा पहुंचा। वहां ऋषि के गंगा-स्नान से भीगे हुए वस्त्रों की एक बूंद धृष्टबुद्धि पर पड़ी, तो वह पापी शुद्ध हो गया। उसने ऋषि से अपने सारे पापों को बिना धन के प्रायश्चित करने का उपाय पूछा, तो उन्होंने उसे मोहिनी एकादशी का व्रत करने की सलाह दी और बताया कि इसके करने से सुमेरु पर्वत के समान भी बड़े-से-बड़े पाप नष्ट हो जाते हैं। कौण्डिन्य ऋषि के कहे अनुसार विधि पूर्वक इस व्रत को करने से धृष्टबुद्धि के पाप नष्ट हो गए और वह शुद्ध होकर दिव्य देह धारण करके भगवान् विष्णु के धाम पहुंच गया। यही कारण है कि प्राचीन काल से आस्थावान लोग इस व्रत को करते चले आ रहे हैं।

## अक्षय तृतीया व्रत
(पितरों की आत्मशांति, अक्षय यश एवं कीर्ति हेतु)

**माहात्म्य :** पुराणों के अनुसार इसी दिन से सत्युग और त्रेतायुग का आरंभ हुआ था। विष्णु धर्मोत्तर पुराण में कहा गया है कि जो व्यक्ति एक भी अक्षय तृतीया का व्रत कर लेता है, वह सब तीर्थों का फल पा जाता है। भगवान् श्रीकृष्ण का कथन है कि अक्षय तृतीया के दिन स्नान, जप, तप, होम, स्वाध्याय, पितृतर्पण और दान, जो कुछ भी किया जाता है, वह सब अक्षय हो जाता है। इसीलिए इस तिथि को '**अक्षय तृतीया**' के नाम से जाना जाता है। भविष्य पुराण में कहा गया है कि जो व्यक्ति इस दिन जल से भरा कलश, पंखा, खड़ाऊं, जूता, छाता, गौ, भूमि, सोना, गंधोदक, तिल, अन्न, सत्तू आदि भगवान् की प्यारी वस्तुएं ब्राह्मणों को दान करता है, उसे बहुत पुण्य मिलता है और वह स्वर्गलोक को प्राप्त करता है। इस दिन मृत पितरों को तिल एवं जल से तर्पण और पिंडदान भी इसी विश्वास के साथ किया जाता है कि उसका फल अक्षय होगा। शास्त्रों के अनुसार बहुत से शुभ व पूजनीय कार्य इसी दिन आरंभ किए जाते हैं, जिनसे सुख, समृद्धि और सफलता की प्राप्ति होती है। इसीलिए नए व्यवसाय, भूमि का क्रय, भवन, संस्था का उद्घाटन, विवाह, हवन आदि इस तिथि को किए जाते हैं। जो मनुष्य इस दिन गंगास्नान करता है, वह सब पापों से मुक्त हो जाता है। भगवान् परशुराम का अवतरण भी इसी दिन होने के कारण उनकी जयंती भी इसी दिन मनाई जाती है। यदि यह व्रत सोमवार, रोहिणी, कृत्तिका नक्षत्र से युक्त हो, तो अधिक फलदायक माना जाता है। भगवान् बदरीनाथ के पट (द्वार) भी इसी दिन खुलते हैं।

शिव पुराण के अनुसार अक्षय तृतीया के दिन आलस्य त्यागकर जो कोई व्यक्ति इस जगदंबा के व्रत को करता है और मालती, मल्लिका, जवा, चंपा एवं कमल के कुसुमों से शिव सहित भगवती पार्वती की अर्चना करता है, वह मनुष्य करोड़ों जन्म के लिए हुए मन, वचन और शरीर के महापापों को नष्ट कर धर्म, अर्थ, काम और मोक्ष, इन चारों पुरुषार्थों का लाभ प्राप्त करता है।

**पूजन विधि-विधान :** यह व्रत वैशाख मास के शुक्ल पक्ष की तृतीया को रखा जाता है। इस दिन उपवास करके भगवान् विष्णु, लक्ष्मी, श्रीकृष्ण (वासुदेव) का पूजन किया जाता है। व्रती को इस दिन प्रातःकालीन कर्मों से निवृत्त होकर स्नान करना चाहिए। विधि-विधानानुसार भगवान् का पूजन तुलसीदल चढ़ाकर धूप-दीप, अक्षत, पुष्प आदि से करने के पश्चात् भीगे हुए चने की दाल का भोग लगाएं। इसमें मिश्री और तुलसीदल भी मिला लें। फिर भक्तों में प्रसाद वितरित करें। भगवान् की प्यारी वस्तुओं का, जिसका उल्लेख माहात्म्य में किया गया है, दान करें। इस दिन जौ के दान का विशेष माहात्म्य बताया गया है, क्योंकि सभी धान्यों का राजा जौ को माना जाता है। व्रत के दिन चीनी या गुड़ के साथ सत्तू के दान और सेवन का भी विधान है।

**पौराणिक कथा :** इस व्रत की कथा का वर्णन भविष्य पुराण में निम्न प्रकार है—

प्राचीन काल में किसी नगर में महोदय नामक एक बनिया (वैश्य) रहता था। जो सत्यवादी, देव व ब्राह्मणों का पूजक तथा सदाचारी था। वह प्रायः दुखी और चिंतित रहा करता था, क्योंकि उसका परिवार बहुत बड़ा था और आमदनी कम थी। एक दिन उसने रोहिणी नक्षत्र में वैशाख शुक्ल तृतीया का माहात्म्य सुना कि इस तिथि को जो कुछ भी दान किया जाता है, उसका फल अक्षय होता है। यह जानकर उसने गंगा-स्नान

किया और पितृ एवं देवताओं का तर्पण किया। फिर घर आकर देवी-देवताओं का विधिपूर्वक पूजन किया। ब्राह्मणों को दान-दक्षिणा के रूप में जौ, गेहूं, सत्तू, दूध, दही, गुड़, घड़ा, पंखा, सोना शक्ति अनुसार शुद्ध मन से प्रदान किए। यद्यपि उसकी पत्नी ने दान का विरोध भी किया, लेकिन वह धर्म-कर्म से विमुख न हुआ। परिणाम यह हुआ कि वह दूसरे जन्म में कुशावतीपुरी नामक नगर का राजा बना और धन संपन्न हुआ। उसने संपन्नता के बल पर बड़े-बड़े यज्ञ पूरे किए, गोदान, स्वर्ण दान दिए। अपनी इच्छानुसार भोगों को भोगा। अनेक दीन-दुखियों को धन देकर संतुष्ट किया, फिर भी उसका धन कभी समाप्त नहीं हुआ, क्योंकि उसके पास का धन अक्षय भंडार था। अक्षय तृतीया को श्रद्धापूर्वक दान का ही यह सब फल था। इसीलिए हिंदुओं में इस व्रत का बड़ा माहात्म्य है।

## अपरा एकादशी

(पाप कर्म से मुक्ति और कायरता त्यागने के लिए)

**माहात्म्य :** जो मनुष्य अपरा एकादशी का व्रत करता है, वह भ्रूणहत्या, ब्रह्महत्या, व्यभिचार, विभिन्न पाप कर्म जैसे झूठ बोलना, परनिंदा, धोखा देना, झूठी गवाही देना, वेदों की निंदा करना, ज्योतिष विद्या से लोगों को छलना, कम सामान तोलना, गुरु निंदा करना, क्षत्रिय होकर भी क्षात्र-धर्म को छोड़कर युद्ध से भागना, पीपल के वृक्ष को काटना आदि दोषों से मुक्त हो जाता है। उसे बुरे कर्मों से मुक्ति मिलती है, क्योंकि यह व्रत पापरूपी वृक्ष को काटने वाली कुल्हाड़ी है। पापरूपी अंधकार के लिए सूर्य के समान है। पापरूपी लकड़ी के लिए आग के समान है। अतः व्रती मोक्ष को प्राप्त कर स्वर्गलोक को जाता है। इस प्रकार वह सद्गति को पाता है। इसके अलावा पुत्र, धन, संपदा के साथ उसकी समस्त मनोकामनाएं भी व्रत करने से पूरी होती हैं। यही वजह है कि इसे बहुत पुण्य देने वाला व्रत माना गया है।

जिस प्रकार मकर संक्रांति पर, माघ मास में प्रयाग में, कार्तिक की पूर्णिमा पर तीनों पुष्कर स्नान करने से, काशी में शिवरात्रि के उपवास से, कुंभ में श्रीकेदारनाथ के दर्शन से, यज्ञ में स्वर्ण दान से एवं गया में पितरों के पिंडदान देने से जो पुण्यफल प्राप्त होता है, वह सब अपरा एकादशी व्रत करने से मिलता है। इसीलिए इसे अपार फल देने वाली एकादशी कहा जाता है।

**पूजन विधि-विधान :** ज्येष्ठ मास के कृष्ण पक्ष की एकादशी को अपरा एकादशी का व्रत रखा जाता है। इस दिन प्रातःकाल दैनिक कार्यों से निवृत्त होकर स्वच्छ जल से स्नान करें और उपवास रखकर भगवान् विष्णु की प्रतिमा को शुद्ध जल से स्नान कराकर स्वच्छ वस्त्र अर्पण करें, फिर चंदन का तिलक लगाएं। प्रतिमा के पास धूप-दीप जलाकर तुलसीदल, पुष्पादि चढ़ाकर विधि-विधान से पूजन, आरती करके आराधना करें। उपवास में फलाहार लें। ब्राह्मणों को भोजन कराकर यथाशक्ति दान-दक्षिणा दें और आशीर्वाद प्राप्त करें। रात्रि में भजन-कीर्तन का आयोजन करें।

**पौराणिक कथा :** इस व्रत की कथा का उल्लेख श्रीब्रह्मांड पुराण में इस प्रकार किया गया है—

प्राचीन काल में महीध्वज नाम का एक राजा था। जिसका व्रतध्वज नामक छोटा भाई बड़ा ही अधर्मी, अन्यायी और क्रूर था। वह अपने बड़े भाई से ईर्ष्या-द्वेष रखकर उसे हानि पहुंचाने का अवसर ढूंढ़ता रहता था। एक दिन बड़े भाई महीध्वज को अकेला पाकर उसने उनकी हत्या करके उसे एक पीपल के वृक्ष के नीचे गाड़ दिया। वह राजा उस वृक्ष पर प्रेत योनि में रहकर अनेक प्रकार के उत्पात मचाने लगा। एक दिन उस वृक्ष के पास से धौम्य ऋषि गुजरे, तो उन्होंने अपने तपोबल से प्रेत के कारनामे और उसकी कथा जानी।

धौम्य ऋषि ने राजा महीध्वज (प्रेत) को नीचे बुलाकर कहा कि तुम्हारे पूर्वजन्मों के पाप कर्मों के कारण तुम्हारी हत्या हुई और प्रेत योनि मिली है। यदि तुम इससे मुक्ति चाहते हो तो ज्येष्ठ मास के कृष्ण पक्ष की अपरा एकादशी का व्रत रखो। महीध्वज (प्रेत) ने वैसा ही किया। व्रत और उपवास करने से उसे प्रेत योनि से छुटकारा मिला और वह फिर से दिव्य शरीर पाकर अंत में मोक्ष को प्राप्त हुआ।

## वट सावित्री व्रत

(पति की मंगल कामना एवं अखंड सौभाग्य प्राप्ति हेतु)

**माहात्म्य :** यह व्रत स्त्रियों का एक महत्त्वपूर्ण पर्व है, क्योंकि इसके करने से उनका सुहाग अचल होता है। इसीलिए सुहागिन स्त्रियां अखंड सौभाग्यवती बनी रहने की मंगलकामना से इसे करती हैं। सत्यवान और सावित्री की कथा का इस पर्व से गहरा संबंध है, क्योंकि सावित्री ने वट वृक्ष का पूजन और व्रत करके ही अपने सतीत्व और तप के बल से अपने मृत पति सत्यवान को धर्मराज से जीतकर पुनः जीवित कर लिया था। यही कारण है कि इस व्रत का नाम 'वट सावित्री' पड़ा। शास्त्रों में कहा गया है कि वट (बड़/बरगद) वृक्ष के मूल में ब्रह्मा, मध्य में जनार्दन और अग्र भाग में भगवान् शिव निवास करते हैं।

**पूजन विधि-विधान :** इस व्रत को ज्येष्ठ मास के कृष्ण पक्ष की त्रयोदशी से अमावस्या अथवा पूर्णिमा तक करने का विधान है, लेकिन ज्यादातर लोग इसे अमावस्या को ही करते हैं। विधानानुसार यह व्रत केवल स्त्रियों द्वारा ही किया जाता है। यूं तो इस व्रत को सौभाग्यवती स्त्रियों के लिए ही बताया गया है, लेकिन कुमारी, विधवा, पुत्रवती, अपुत्रवती स्त्रियां भी इस व्रत को करती हैं। इस दिन वट वृक्ष का पूजन किया जाता है। साथ ही सत्यवान, सावित्री और यमराज की भी पूजा की जाती है।

व्रती को प्रतिदिन प्रातःकाल नित्य कर्मों से निवृत्त हो, स्नान करके, पवित्र होकर, स्वच्छ वस्त्र धारण करने चाहिए। फिर जल से भरा पात्र (घड़ा/कलश) लेकर वट वृक्ष के पास जाकर संकल्प बोलें ''मैं अपने पति और पुत्रों की आयु, आरोग्य प्राप्ति एवं जन्म-जन्मांतर सौभाग्य की प्राप्ति के लिए सावित्री व्रत का

संकल्प करती हूं। हे वट! अमृत के समान इस जल से मैं तुमको सींचती हूं।'' ऐसा कहकर पात्र का जल जड़ों में डाल दें। वट के तने पर रोली, चंदन का टीका लगाकर चावल, चना, गुड़ आदि चढ़ा दें। विधिवत् पूजन करें। मिट्टी से बने सत्यवान, सावित्री और यमराज की प्रतिमाओं पर रोली, चंदन लगाएं एवं अगरबत्ती, दीपक दिखाएं, फूल से पूजन करें। इसके पश्चात् वृक्ष के तने के चारों ओर कच्चे सफेद सूत के धागों को हलदी में रंग कर सात बार परिक्रमा करते हुए लपेट दें। पूजा व व्रत के समापन के बाद ब्राह्मणों को घर बुलाकर भोजन कराएं तथा दान दक्षिणा दें। यदि भोजन न करा सकें तो ब्राह्मण को बांस की बनी टोकरी में अन्न, फल, वस्त्र आदि रखकर दान देने का विधान है। अंत में सत्यवान-सावित्री की कथा सुनें।

**पौराणिक कथा :** इस व्रत की कथा का उल्लेख स्कंद पुराण में इस प्रकार वर्णित है—

प्राचीनकाल में मद्र देश में अश्वपति नाम का एक राजा था, जो निःसंतान था। उसने अपनी पत्नी के साथ सावित्री देवी का पूजन, व्रत करके सर्वगुण संपन्न कन्या सावित्री को पाया। उसके युवा होने पर अश्वपति ने महाराजा घुमत्सेन के एकमात्र पुत्र सत्यवान से उसका विवाह संबंध जोड़ने की बात नारदमुनि से पूछी, तो उन्होंने बताया कि यद्यपि सत्यवान गुणवान और धर्मात्मा है, लेकिन उसकी आयु मात्र एक वर्ष की ही शेष रह गई है। अतः सावित्री का विवाह किसी अन्य युवक से करने को कहा। इस पर सावित्री ने कहा—''मैंने मन, कर्म और वचन से सत्यवान का पति रूप में वरण कर लिया है। अन्य व्यक्ति को अपने वर के रूप में नहीं स्वीकारूंगी।'' अतः सावित्री का विवाह सत्यवान के साथ संपन्न हो गया।

जब सत्यवान की मृत्यु का समय करीब आने लगा, तो सावित्री का अधीर होना स्वाभाविक था। वैसे उसने पहले से ही 'वट-सावित्री' व्रत का नियम बना लिया था। पति के मरने के तीन दिन पूर्व से ही सावित्री ने उपवास करना शुरू कर दिया। पितृ एवं देवताओं का तर्पण किया, सास-ससुर के चरण स्पर्श कर आशीर्वाद लिया। सास-ससुर से आज्ञा लेकर सावित्री सत्यवान के साथ मृत्यु के दिन वन की ओर चल पड़ी। वहां लकड़ी काटकर बनाए गट्ठर को उठाते समय अचानक सत्यवान के सिर में भयंकर पीड़ा होने लगी। वह सावित्री की गोद में सिर रखकर लेट गया। थोड़ी देर में ही वहां यमराज उपस्थित हो गए। उन्होंने सत्यवान के शरीर से उसके प्राण खींचे और वापस चल दिए। यह देखकर सावित्री भी उनके पीछे-पीछे चलने लगी। उसकी पति-निष्ठा देखकर यमराज ने उससे दो वर मांगने को कहा—

सावित्री ने पहले वर में अपने अंधे सास-ससुर को नेत्र-ज्योति प्रदान करने तथा दूसरे वर में उनका खोया हुआ राज्य प्राप्त करने की इच्छा प्रकट की। यमराज ने उसे दोनों वर दे दिए। दोनों वर प्राप्त करने के बाद भी सावित्री ने यमराज का पीछा न छोड़ा, तो यमराज ने उसे एक और वर मांगने को कहा। इस पर सावित्री ने कहा—''मुझसे सौ पुत्र हों।'' यमराज तत्काल 'तथास्तु' कहकर आगे बढ़ने लगे, तो सावित्री ने फिर कहा—''हे देव! मेरे पति को तो आप लिए जा रहे हैं, फिर मेरे सौ पुत्र कैसे होंगे?'' यमराज अपने द्वारा दिए गए वचन के चक्कर में फंस गए और उन्हें सत्यवान के प्राण छोड़ने पड़े। वह सावित्री को अचल सुहाग का वरदान देकर वापस चले गए। वट वृक्ष के नीचे पड़े सत्यवान के शव में जीवन का संचार होते ही वह उठ बैठा। सावित्री सत्यवान को जीवित पाकर अत्यंत प्रसन्न हुई। दोनों खुशी-खुशी माता-पिता के पास लौट आए। यमराज के वरदान से सत्यवान को अपना खोया हुआ राज्य भी मिल गया और उसके माता-पिता को नेत्र ज्योति भी प्राप्त हो गई। इसी व्रत के माहात्म्य से सत्यवान-सावित्री ने सौ पुत्र पैदा किए। इस प्रकार सौभाग्य की रक्षा के लिए यह व्रत प्रचलित हुआ।

## गंगा दशहरा
### (मन के विकार नष्ट करने एवं कालसर्प योग से मुक्ति के लिए)

**माहात्म्य :** पुराणों में ऐसा कहा गया है कि ज्येष्ठ मास के शुक्ल पक्ष की दशमी को बुधवार के दिन हस्त नक्षत्र में पावन गंगाजी का स्वर्गलोक से इस भूतल पर अवतरण राजा भगीरथ की तपस्या से ब्रह्मा तथा शिव के दिए वरदान से हुआ। तभी से गंगा निरंतर प्रवाहशील होकर समुद्र में जाकर मिल जाती हैं। यदि गंगा दशहरा के दिन आज भी हस्त नक्षत्र तथा बुधवार संयोगवश आ जाए, तो गंगा में स्नान करने का अनंत फल प्राप्त होता है। जीवन में किए हुए मनुष्य के सब पाप धुल जाते हैं। यूं भी गंगास्नान का काफी माहात्म्य शास्त्रों में बताया गया है, क्योंकि इसका जल सर्वदा विकार रहित, विकारनाशक तथा परम पावन माना गया है। गंगा को माता की पदवी दी गई है। इसका जल अमृत के समान गुणकारी माना जाता है।

भविष्य पुराण में लिखा है कि जो मनुष्य इस पर्व के दिन गंगा के पानी में खड़ा होकर दस बार 'गंगा-स्तोत्र' पढ़ता है, वह चाहे गरीब हो या अमीर, सामर्थ्यवान हो या असमर्थ, वह गंगा को पूजकर उस फल को पाता है। जो कोई गंगा-स्तोत्र को श्रद्धा और विश्वास के साथ पढ़ता या सुनता है, वह शरीर, वाणी और चित्त से होने वाले दस तरह के पापों से मुक्त हो जाता है। इसीलिए इस तिथि को 'दश-हरा' कहते हैं। इन दस प्रकार के पापों में—जीव हिंसा, ताप-संताप, गो, गुरु और देवताओं का अपमान, कालसर्प, ग्रह योग, मातृ-पितृ दोष, अंतःकरण की मलिनता, मन-वचन-कर्मफल अपराध, भूत-प्रेत बाधा और विषाणु दुष्प्रभाव गिने जाते हैं। इसके अलावा किसी रोग से विपत्ति में पड़ा व्यक्ति, सांसारिक चक्र में फंसा व्यक्ति, भय एवं भव-बंधनों से मुक्त हो जाता है। हिंदुओं के अन्य पर्वों की तरह 'गंगा दशहरा' मुख्यतया स्नान पर्व के रूप में मनाया जाता है। भक्तगण 'हर हर गंगे' कहकर गंगा के जल में डुबकी लगाते हैं, जिसका मतलब होता है कि "गंगा मैया, हमारे दस दोषों, पापों का हरण कर।" ब्रह्मपुराण में लिखा है कि—

*ज्येष्ठे मासि सिते पक्षे दशमी हस्तसंयुता।*
*हरते दश पापानि तस्माद् दशहरा स्मृता॥*

**पूजन विधि-विधान :** यह पर्व ज्येष्ठ मास के शुक्ल पक्ष की दशमी को गंगाजल में स्नान करके मनाया जाता है। यदि किसी कारणवश गंगा के जल में स्नान करना संभव न हो, तो किसी भी नदी में स्नान करके इसकी कमी की पूर्ति की जा सकती है। आमतौर पर सामान्य भक्तगण अपने घर में ही स्नान करते समय गंगाजल की कुछ बूंदें डालकर उसे ही गंगाजल मानकर स्नान कर लेते हैं। स्नान के दौरान गंगाजी मंत्र— **ऊँ नमो भगवति हिलि हिलि मिलि मिलि गंगे मां पावय पावय स्वाहा।** से भक्तिपूर्वक मन में अर्चना करें। इस दिन गंगा का पूजन, गौरी के पूजन के समान ही करने का विधान है। दीप जलाकर गंगा के जल में प्रवाहित करना एक पुण्य परंपरा मानी जाती है। जब दीप मालाएं गंगाजल में बहती हैं, तो ऐसा लगता है कि मानो आकाश के तारे धरती पर उतर आए हैं। इस पर्व के अवसर पर श्रद्धालु तर्पण कर स्वयं तथा पूर्वजों के नाम पर जल में गोते लगाते हैं। स्नान कर दान देते हैं। इस कृत्य को परम पावन मोक्षदायी

माना जाता है। इस दिन शिवलिंग का पूजन करने व रात्रि जागरण करने का भी विधान है, जिसका अनंत फल प्राप्त होता है।

**पौराणिक कथा :** गंगावतरण की कथा का वर्णन वाल्मीकि रामायण, देवी भागवत, महाभारत तथा स्कंद पुराण में मिलता है–

पुरातन युग में अयोध्यापति महाराज सगर ने एक बार विशाल यज्ञ का आयोजन किया और उसकी सुरक्षा का भार उन्होंने अपने पौत्र अंशुमान को सौंपा। देवराज इंद्र ने राजा सगर के यज्ञीय अश्व का अपहरण कर लिया, तो यज्ञ के कार्य में रुकावट पैदा हो गई। इंद्र ने घोड़े का अपहरण कर उसे कपिल मुनि के आश्रम में बांध दिया। घोड़े को खोजते हुए राजा सगर के पुत्र जब कपिल मुनि के आश्रम में पहुंचे, तो कोलाहल सुनकर कपिल मुनि की समाधि टूट गई। परिणामस्वरूप वे क्रोधित हो गए और उनकी क्रोधाग्नि में जलकर राजा के हजारों पुत्र भस्म हो गए।

अंशुमान घोड़े की खोज में जब मुनि के आश्रम में पहुंचा, तो वहां महात्मा गरुड़ ने उसे सगर के हजारों पुत्रों के भस्म होने की जानकारी दी। उनकी मुक्ति का मार्ग उन्होंने स्वर्ग से गंगाजी को पृथ्वी पर लाना भी बताया। चूंकि पहले यज्ञ शुरू करवाना जरूरी था, अतः अंशुमान ने घोड़े को यज्ञ मंडप पहुंचाया और यज्ञ करवाया। फिर राजा सगर को पूरा वृत्तांत बताया। कुछ समय बाद राजा सगर का देहांत हो गया। जीवन पर्यन्त तपस्या करके गंगाजी को पृथ्वी पर लाने का बीड़ा अंशुमान और उसके पुत्र दिलीप ने उठाया, लेकिन उन्हें सफलता नहीं मिली।

दिलीप के पुत्र भगीरथ ने जब कई वर्षों तक कठोर तपस्या की, तब कहीं जाकर ब्रह्माजी प्रसन्न हुए और उन्होंने भगीरथ से वर मांगने को कहा। भगीरथ ने गंगाजी को पृथ्वी पर भेजने के लिए निवेदन किया।

ब्रह्मा ने कहा कि गंगा का भार व वेग संभालने की शक्ति केवल भगवान् शंकर में है, अतः तुम पहले उन्हें प्रसन्न कर गंगा मांग लो। भगीरथ ने फिर कठोर तपस्या की और शंकर भगवान् को अपनी जटा फैलाकर गंगाजी को धारण करने के लिए तैयार किया। जब ब्रह्माजी ने अपने कमंडलु से गंगा को छोड़ा, तो वह शंकरजी की जटाओं में ही उलझ कर रह गई। भगीरथ द्वारा बार-बार अनुनय-विनय करने पर शंकरजी ने गंगा को हिमालय में ब्रह्माजी द्वारा बनाए बिंदुसर में छोड़ा, जहां से उनकी अनेक धाराएं फूट पड़ीं।

जब गंगा का जल कपिल मुनि के आश्रम में पहुंचा, तो महाराज सगर के साठ हजार भस्म हुए पुत्र शाप मुक्त हो गए। ब्रह्माजी ने पुनः प्रकट होकर भगीरथ के कठिन तप से प्रभावित होकर घोषित किया कि अब से गंगाजी का एक नाम 'भागीरथी' होगा। इस प्रकार भगीरथ ने अपने पुण्य से पुत्रलाभ पाया।

# भीमसेनी निर्जला एकादशी
(पापों से मुक्ति के लिए)

**माहात्म्य :** इस एकादशी के व्रत को करने से समस्त तीर्थों का पुण्य, सभी 14 एकादशियों का फल एवं सब दानों का फल मिलता है। इसका उपवास धन-धान्य देने वाला, पुत्र प्रदायक, आरोग्यता को बढ़ाने वाला तथा दीर्घायु प्रदान करने वाला है। श्रद्धा और भक्ति से किया गया यह व्रत सब पापों को क्षण भर में नष्ट कर देता है। जो मनुष्य इस दिन स्नान, दान, जप और होम करता है, वह सब प्रकार से अक्षय हो जाता है, ऐसा भगवान् श्रीकृष्ण ने कहा है। जो फल सूर्यग्रहण के समय कुरुक्षेत्र में दान देने से होता है, वही फल इस व्रत के करने और इसकी कथा पढ़ने से भी प्राप्त होता है। व्रती की समस्त मनोकामनाएं पूर्ण होती हैं और वह इस जगत का संपूर्ण सुख भोगते हुए परमधाम जाकर मोक्ष प्राप्त करता है।

**पूजन विधि-विधान :** यह व्रत ज्येष्ठ मास के शुक्ल पक्ष की एकादशी को रखा जाता है। इस दिन ब्रह्ममुहूर्त में उठकर दैनिक कर्मों से निवृत्त होकर स्नान करके पवित्र हों। फिर स्वच्छ वस्त्र धारण कर भगवान् विष्णु की पूजा-आराधना व आरती, भक्ति भाव से विधि-विधानानुसार संपन्न करें। महिलाएं पूर्ण श्रृंगार कर मेहंदी आदि रचाकर पूर्ण श्रद्धा, भक्तिभाव से पूजन करने के पश्चात् कलश के जल से पीपल के वृक्ष को अर्घ्य दें। फिर व्रती प्रातःकाल सूर्योदय से आरंभ कर दूसरे दिन सूर्योदय तक जल और अन्न का सेवन न करें। चूंकि ज्येष्ठ मास के दिन लंबे और भीषण गर्मी वाले होते हैं, अतः प्यास लगना स्वाभाविक है। ऐसे में जल ग्रहण न करना सचमुच एक बड़ी साधना का काम है। बड़े कष्टों से गुजर कर ही यह व्रत पूरा होता है। इस एकादशी के दिन अन्न अथवा जल का सेवन करने से व्रत खंडित हो जाता है।

व्रत के दूसरे दिन यानी द्वादशी के दिन प्रातःकाल निर्मल जल से स्नान कर भगवान् विष्णु की प्रतिमा या पीपल के वृक्ष के नीचे जल, फूल, धूप, अगरबत्ती और दीपक जलाकर प्रार्थना करें, क्षमा याचना करें। तत्पश्चात् ब्राह्मणों को भोजन करावें एवं स्वयं भी भोजन करें। इसके पश्चात् यथाशक्ति ब्राह्मणों को दान-दक्षिणा में शीतल जल से भरा मिट्टी का घड़ा, अन्न, वस्त्र, छतरी, पंखा, गो, पान, शय्या, आसन, स्वर्ण, फल आदि दें। ऐसा माना जाता है कि जो भी व्यक्ति घटदान देते समय जल का नियम करता है, उसे एक प्रहर के अंदर कोटि-कोटि सुवर्ण दान का फल मिलता है। इस दिन घर आए याचक को खाली हाथ वापस करना बुरा समझा जाता है।

**पौराणिक कथा :** इस व्रत की कथा का उल्लेख महाभारत और श्रीपद्म पुराण में इस प्रकार से है—

एक दिन महर्षि वेदव्यास से भीमसेन ने पूछा—''पितामह! मेरे चारों भाई—युधिष्ठिर, अर्जुन, नकुल, सहदेव, माता कुंती और द्रुपद की पुत्री द्रौपदी सभी एकादशियों को भोजन न कर, उपवास रखते हैं। निर्जला एकादशी को तो जल तक ग्रहण नहीं करते। वे चाहते हैं कि मैं भी उनकी तरह विधि-विधान के अनुसार उपवास रखकर अन्न, जल ग्रहण न करूं। मैं तो एक समय भी बिना भोजन किए भूखा नहीं रह सकता। मेरे पेट में अग्नि का वास है, जिसकी शांति के लिए मुझे बहुत सा अन्न भोजन में ग्रहण करना पड़ता है। हां, मैं विधिवत् भक्तिभाव से भगवान् की पूजा और दान कर सकता हूं। क्या कोई ऐसा व्रत नहीं है, जिसमें मुझे कोई ज्यादा कष्ट न हो और एक ही दिन में सभी एकादशियों का फल प्राप्त हो जाए?''

तब महर्षि वेदव्यास बोले—''हे भीम! तुम ज्येष्ठ मास में शुक्ल पक्ष की एकादशी का व्रत करो। इस व्रत में स्नान और आचमन को छोड़कर जल का व्यवहार मत करना। इसके उपवास से तुम्हें सभी 14 एकादशियों के करने का पुण्य लाभ प्राप्त होगा।''

महर्षि वेदव्यास के सामने भीम ने प्रतिज्ञा कर इस एकमात्र एकादशी का व्रत पूरा किया, तभी से इसे 'भीमसेनी एकादशी' के नाम से भी जाना जाता है।

## योगिनी एकादशी
(गोहत्या/कुष्ठ रोग से मुक्ति के लिए)

**माहात्म्य :** इस सनातनी एकादशी का व्रत संसार रूपी समुद्र में डूबने वालों के लिए जहाज के समान और सब प्रकार के पापों का नाश कर मुक्ति दिलाने वाला है। इसके प्रभाव से गोहत्या तथा पीपल के पवित्र वृक्ष को काटने जैसे महापाप भी नष्ट हो जाते हैं। व्रती भक्त का भयंकर कुष्ठ रोग इसके पुण्य के प्रताप से दूर होता है। हजारों ब्राह्मणों को भोजन कराने से जो फल प्राप्त होता है, वही फल इस व्रत के करने से मिलता है। व्रती के सारे मनोरथ पूर्ण करने और मोक्ष प्राप्ति में भी यह व्रत फलदायी है।

**पूजन विधि-विधान :** यह व्रत आषाढ़ मास के कृष्ण पक्ष की एकादशी को रखा जाता है। इस दिन प्रातःकाल उठकर दैनिक कर्मों से निवृत्त होकर स्नान करके स्वच्छ वस्त्र धारण करें। फिर भगवान् विष्णु की प्रतिमा को गंगाजल से स्नान कराकर, चंदन, रोली, धूप, दीप, पुष्प से पूजन, आरती करें। इस व्रत में लाल चंदन और लाल गुलाब के फूलों की माला का उपयोग करने का अधिक महत्त्व माना गया है। मिष्ठान, फल, नैवेद्य में पांच मेवों का भोग लगाकर प्रसाद भक्तों में वितरित करें। पूजन के बाद याचकों एवं ब्राह्मणों को यथाशक्ति दान-दक्षिणा दें।

**पौराणिक कथा :** इस व्रत की कथा का उल्लेख श्रीपद्म पुराण में इस प्रकार किया गया है—

प्राचीन काल में यक्षों के स्वामी कुबेर की नगरी अलकापुरी में हेम नाम का एक माली रहता था। वह

माली अपने स्वामी कुबेर की आज्ञानुसार प्रतिदिन मानसरोवर से पुष्प लाता था, जिन्हें कुबेर भगवान् शंकर को प्रसन्न करने के लिए उनकी पूजा के निमित्त प्रयोग में लाते थे। माली हेम की विशालाक्षी नाम की अत्यंत सुंदर स्त्री थी। एक दिन वह मानसरोवर से पुष्प तो ले आया, किंतु कामासक्त होने के कारण पुष्पों को रखकर अपनी पत्नी के साथ रमण करने लगा और दोपहर तक कुबेर के पास न पहुंचा।

जब कुबेर को उसकी राह देखते-देखते दोपहर हो गई, तो उन्होंने क्रोधित होकर अपने सेवकों को आज्ञा दी कि तुम लोग जाकर माली का पता लगाओ कि वह अभी तक पूजा के लिए पुष्प क्यों नहीं लाया? सेवकों ने माली का पता लगाया और सारी बातें मालूम करके कुबेर को बताया कि ''हे स्वामी! वह माली अभी तक है तो अपने घर में ही, परंतु अपनी पत्नी के पास ऐसी हालत में है कि हमने हस्तक्षेप करना उचित नहीं समझा, इसलिए हम लौट आए हैं।'' इस पर कुबेर ने सेवकों को किसी भी हालत में माली को राजदरबार में लाने का आदेश दे दिया।

हेम माली भय से कांपता हुआ राजदरबार में पहुंचा, तो कुबेर उस पर बहुत क्रोधित हुए। उन्होंने हेम से कहा—''रे पापी! महानीच कामी! तूने मेरे परमपूजनीय ईश्वरों के भी ईश्वर भगवान् शिव का बहुत अनादर किया है। मैं तुझे शाप देता हूं कि तू स्त्री वियोग भोगेगा और मृत्युलोक में जाकर श्वेत कुष्ठ की बीमारी से पीड़ित रहेगा।''

शाप के कारण उसी समय से हेम का शरीर श्वेत कुष्ठ से गलने लगा। वह कोढ़ी हो गया और जगह-जगह भटकने लगा। भटकता-भटकता एक दिन वह महर्षि मार्कण्डेय के आश्रम में जा पहुंचा। उसकी ऐसी हालत देखकर महर्षि मार्कण्डेय उस पर द्रवित हो गए। हेम ने अपना दोष और कुबेर द्वारा उसे शाप दिए जाने की बात बताई, तो मार्कण्डेय को उस पर दया आ गई। उन्होंने कहा—''क्योंकि तूने मेरे सम्मुख सत्य बोला है, इसलिए मैं तेरे उद्धार के लिए एक व्रत बताता हूं। यदि तू आषाढ़ मास के कृष्ण पक्ष में 'योगिनी' नामक एकादशी का विधिपूर्वक व्रत करेगा, तो तेरे समस्त पाप नष्ट हो जाएंगे और तू पहले की भांति ही स्वरूपवान हो जाएगा।''

महर्षि मार्कण्डेय के ऐसे सुभाषित वचन सुनकर हेम माली ने योगिनी एकादशी का व्रत किया। व्रत का प्रभाव इतना प्रबल था कि वह अगले ही दिन दिव्य शरीर वाला बन गया। तभी से योगिनी एकादशी का व्रत रखने की परिपाटी चली आ रही है।

आषाढ़ मास के व्रत एवं त्योहार ✦ 59

# देवशयनी / हरिशयनी एकादशी
(मन चाहा फल एवं सुख-समृद्धि पाने के लिए)

**माहात्म्य :** हमारे शास्त्रों में ऐसा वर्णित है कि आषाढ़ मास के शुक्ल पक्ष की एकादशी के दिन भगवान् श्रीहरि चार माह के लिए क्षीर सागर की बजाय पाताल लोक में बलि के द्वार पर विश्राम/शयन करने के लिए निवास करते हैं। यही कारण है कि इस व्रत का नामकरण देवशयनी/हरिशयनी एकादशी पड़ा। जब वे कार्तिक मास की शुक्ल एकादशी को वहां से लौटते हैं, तो उसे देव उठनी/देवोत्थानी एकादशी के नाम से जाना जाता है। इस प्रकार आषाढ़ से कार्तिक के बीच के चार माहों में विष्णुजी के शयनकाल के दौरान किसी प्रकार का मांगलिक कार्य करना निषेध माना गया है। इसीलिए इस बीच विवाह, उपनयन, गृह प्रवेश आदि शुभ कर्म नहीं किए जाते हैं। इसके अलावा भ्रमण वर्जित होने के कारण साधु, संत, संन्यासी एक ही स्थान पर रहकर तपस्या करते हैं। इस व्रत के करने से सारे पाप नष्ट होते हैं, भगवान् प्रसन्न होते हैं, इच्छित वस्तुएं प्रदान करते हैं, यहां तक कि समस्त मनोकामनाएं पूर्ण हो जाती हैं। मनुष्य को भगवान् उत्तम गति प्रदान करते हैं। जो व्यक्ति प्रतिवर्ष हरि का स्मरण कर इस व्रत को करते हैं, वे अंत समय में बैकुंठ लोक जाकर महाप्रलय तक आनंद करते हैं। इस व्रत की कथा पढ़ने तथा सुनने मात्र से महापाप नष्ट हो जाते हैं।

**पूजन विधि-विधान :** भगवान् विष्णु को प्रसन्न करने के लिए आषाढ़ मास के शुक्ल पक्ष की एकादशी को यह व्रत रखा जाता है। इस दिन दैनिक कार्यों से निवृत्त होकर स्नान करके भगवान् सूर्य देव को अर्घ्य दें। सायं काल में श्रीहरि विष्णु की सोने, चांदी, पीतल, तांबे की मूर्ति लेकर पंचामृत से स्नान कराएं। फिर उन्हें श्वेत वस्त्र पहनाकर श्वेत वर्ण की शय्या पर शयन कराएं। षोडशोपचार विधि के अनुसार धूप, दीप, पुष्प आदि से भगवान् का पूजन, आरती करें और प्रार्थना करें कि मेरे समस्त मनोरथ पूर्ण हों। व्रत के दिन उपवास करें। पलंग पर सोना, पत्नी का संग करना, झूठ बोलना, अन्न, नमक ग्रहण करना त्याग दें। भगवान् को फलों का भोग लगाकर भक्तों में बांट दें। सायंकाल पूजन के बाद एक समय भोजन ग्रहण करें।

**पौराणिक कथा :** इस व्रत की कथा का उल्लेख श्रीपद्म पुराण में इस प्रकार है-

सत्युग में सूर्यवंश में उत्पन्न मान्धाता नाम के एक परम प्रतापी, सत्यप्रतिज्ञ, चक्रवर्ती सम्राट् हुए हैं, जिनकी कीर्ति उस समय चहुं दिशाओं में फैली हुई थी। उनके राज्य में प्रजा बहुत सुखी थी, इसलिए वहां के लोग आधि, व्याधि या दुर्भिक्ष से पूरी तरह अनभिज्ञ थे। राज्य में धन-धान्य की कोई कमी नहीं थी। संयोगवश एक बार उनके राज्य में लगातार तीन वर्ष तक वर्षा नहीं हुई, तो प्रजा भूख-प्यास से व्याकुल हो गई। अकाल के कारण चारों ओर हाहाकार मच गया। ऐसी स्थिति में राजा परेशान होकर इस कष्ट से मुक्ति पाने का उपाय खोजने के लिए सेना को लेकर जंगल की ओर निकल पड़े। रास्ते में उन्हें ब्रह्माजी के पुत्र अंगिरा ऋषि का आश्रम मिला, तो हाथ जोड़कर राजा ने उनको प्रणाम किया।

ऋषि ने राजा से जंगल में भटकने का कारण पूछा, तो मान्धाता ने विनम्रता से कहा—"ऋषिवर। धर्मविधि से प्रजा का पालन करते हुए भी मेरे राज्य में अकाल पड़ गया है। प्रजा असमय ही भूख-प्यास से मर रही है। इसका कारण मेरी समझ में नहीं आ रहा है। इस दुख को दूर करने का उपाय जानने के लिए ही मैं आपके पास आया हूं।"

ऋषि ने कहा—"हे राजन! अभी चारों युगों में श्रेष्ठ सत्युग चल रहा है, जो ब्राह्मण प्रधान युग है और धर्म अपने चारों चरणों पर खड़ा है। इस युग में केवल ब्राह्मण ही तप कर सकता है, परंतु आपके राज्य में एक शूद्र तप कर रहा है, जिसकी वजह से पूरा राज्य कष्ट उठाने को मजबूर है। तुम्हें उसका वध कर इस दोष को शांत करना होगा। अन्यथा जब तक वह जीवित रहेगा, प्रजा पर अनेक आपदाएं आती ही रहेंगी।"

राजा मान्धाता ने कहा—"मुनिवर! मैं उस तपस्वी शूद्र को बिना किसी अपराध के कैसे मारूं? कृपया मुझे धर्म का कोई दूसरा उचित रास्ता बताएं।"

इस पर ऋषि बोले—"हे राजन! इसके लिए आप आषाढ़ मास के शुक्ल पक्ष की एकादशी पद्मा (देवशयनी/हरिशयनी) का व्रत करें। उसके प्रभाव से आपके राज्य में अवश्य ही वर्षा होगी और सारी विपदाएं दूर होकर राज्य में अमन चैन लौट आएगा।

राजा मान्धाता ने मुनि के वचनों के अनुसार राज्य में लौटकर देवशयनी का व्रत न केवल स्वयं रखा, बल्कि प्रजा के चारों वर्णों से भी रखवाया। तत्पश्चात् राज्य में जोरदार वर्षा हुई और पृथ्वी संतृप्त हो गई। राज्य फिर से धन-धान्य से परिपूर्ण होकर खुशहाल बन गया। तभी से यह विश्वास और मान्यता लोगों में प्रचलित है कि जब वर्षा न होने से अकाल की स्थिति हो, तो इस व्रत को विशेष तौर पर विधि-विधानानुसार करने से वर्षा अवश्य होती है।

# गुरुपूर्णिमा / व्यासपूर्णिमा
(गुरु के प्रति सम्मान, श्रद्धा एवं आस्था प्रकट करने के लिए)

**माहात्म्य :** हिंदू धर्म में महर्षि वेदव्यास को आदि गुरु स्वीकार किया गया है। इसी पुण्य तिथि को उनका जन्म हुआ था, इसलिए इसे व्यास पूर्णिमा के नाम से भी जाना जाता है। भारतीय संस्कृति में गुरु का स्थान सर्वोत्कृष्ट माना गया है। गुरु पूर्णिमा के दिन अपने गुरु की पूजा करने से हृदय का अंधकार मिटता है, जीवन कल्याणमय बनता है, क्योंकि गुरु का अभिप्राय ही है; अंधेरे से उजाले की ओर ले जाने वाला। 'गु' यानी अंधेरा, 'रु' का अर्थ है मिटा देने वाला भाव। जो अज्ञानता के अंधकार को मिटा दे, वही होता है सच्चा और पूर्ण गुरु।

कबीर ने तो गुरु के माहात्म्य को व्यक्त करने के लिए यहां तक लिख दिया है कि भगवान् से भी अधिक बढ़कर गुरु का महत्त्व है, क्योंकि उससे प्राप्त हुए ज्ञान से ही व्यक्ति को अनवरत साधना के मार्ग पर चलने, ईश्वर का स्वरूप व रहस्य जानने का अवसर मिलता है। हमारे प्राचीन शास्त्रों में भी कहा गया है–गुरु ही ब्रह्मा, विष्णु और महेश स्वरूप है। इन सबसे बढ़कर गुरु ही साक्षात् परब्रह्म परमेश्वर का स्वरूप हुआ करता है। इसीलिए सबसे पहले अपने गुरु को नमस्कार करना चाहिए, क्योंकि आत्मा को परमात्मा से मिलाने की एक कड़ी है गुरु।

गुरु की महिमा से सारे धर्म-ग्रंथ भरे पड़े हैं, जिनमें कहा गया है कि जो गुरु के बिना अपनी मंजिल पाना चाहता है, उसे मंजिल नहीं मिलती। नारद को विष्णु की नगरी में प्रवेश इसलिए नहीं मिला, क्योंकि उन पर किसी गुरु का साया नहीं था। कबीर ने रामानंद को, स्वामी विवेकानंद ने रामकृष्ण परमहंस को, मर्यादा पुरुषोत्तम श्रीराम ने विश्वामित्र को अपना गुरु बनाया था। आदि काल से यह परंपरा चली आ रही है कि जब विद्यार्थी गुरुकुलों में निःशुल्क शिक्षा ग्रहण करते थे, तब प्रतिवर्ष गुरुपूर्णिमा के अवसर पर अपने गुरु का विशेष सम्मान कर उनकी पूजा करते थे और यथाशक्ति दान-दक्षिणा दिया करते थे।

गुरुपूर्णिमा के दिन महाभारत के रचयिता महर्षि वेदव्यास और आदि शंकराचार्य की कथा पढ़ने और सुनने से महान् पुण्य मिलता है। व्यक्ति के समस्त पाप नष्ट हो जाते हैं और उसे परमपद की प्राप्ति होती है।

**पूजन विधि-विधान :** यह व्रत व पूजन आषाढ़ मास के शुक्ल पक्ष की पूर्णिमा को किया जाता है। इस दिन प्रातः काल स्नानादि दैनिक कर्मों से निवृत्त होकर प्रभु पूजा गुरु की सेवा में उपस्थित होकर उन्हें उच्चासन पर बैठाकर पुष्पमाला अर्पित करें। फिर **गुरुपरंपरा-सिद्ध्यर्थं व्यास ऋषीणां पूजामहं करिष्ये** संकल्प करके षोडशोपचार से गुरु का पूजन करें, क्योंकि इस दिन गुरु की पूजा देवता के समान करने का विधान है। इस पर्व को श्रद्धा भाव से मनाकर गुरु को यथाशक्ति भेंट अर्पण करें। फिर उनसे आशीर्वाद प्राप्त करें, ताकि वह फलदायक हो। उसके अलावा शिष्य गुरु से विनम्रतापूर्वक जाने-अनजाने में किए गए दुर्व्यवहार, अहंकार, प्रमाद, हिंसा या अन्य कोई ऐसी भूल, जो अनजाने में ही उससे हो गई हो, उस भूल के लिए क्षमा मांगें। इनके पश्चात् ब्राह्मणों को भोजन कराकर यथाशक्ति दान-दक्षिणा देने का भी विधान है।

**पौराणिक कथा :** यह कथा महाभारत में उल्लिखित है—

हस्तिनापुर में गंगभट नाम का एक मल्लाह (मछुआरा/धीवर) रहता था। एक दिन उसे बड़ी भारी मछली नदी से मिली। उसे घर ले जाकर उसने चीरा, तो उसमें से एक सुंदर कन्या निकली। उस कन्या का नाम उसने सत्यवती रखा। मछली के पेट से जन्म लेने के कारण सत्यवती के शरीर से मछली की दुर्गंध निकलती रहती थी। सत्यवती जब युवती हो गई, तो एक दिन गंगभट उसे नाव के पास बैठाकर किसी आवश्यक कार्य से अपने घर चला गया। इस बीच वहां पाराशर नाम के एक ऋषि आए और सत्यवती से बोले—"मुझे नदी पार जाना है, तुम अपनी नाव में बैठाकर मुझे उस पार उतार दो।" सत्यवती नाव खेने लगी तो एकांत पाकर उसकी सुंदरता पर ऋषि पाराशर का तप डगमगा गया और कामवासना के वशीभूत होकर उन्होंने अपनी इच्छा सत्यवती पर प्रकट कर दी। मुनि के मुख से ऐसे वचन सुनकर सत्यवती लजा कर डर गई। बोली—"महाराज! मैं नीच जाति में उत्पन्न हुई हूं और मेरा शरीर भी दुर्गंधमय है। ऐसे में आपके योग्य

कैसे हो सकती हूं?" इस पर पाराशर मुनि ने अपने तपोबल से उसका शरीर सुगंधमय बना दिया। तब सत्यवती मुनि के साथ रमण करने को तैयार हो गई। ऋषि ने अपने योगबल से नाव के चारों तरफ धुंधला-सा कुहासा पैदा कर दिया ताकि कोई देख न सके, फिर संसर्ग किया। इसके परिणामस्वरूप सत्यवती की कोख से महर्षि वेदव्यास का जन्म हुआ। जन्म के समय उस बालक के सिर पर जटाएं थीं, वह यज्ञोपवीत पहने हुए था। उत्पन्न होते ही उसने अपने पिता को नमस्कार किया और हिमालय पर्वत पर चला गया, जहां हिमालय की गुफाओं और बदरीवन में उसने कठोर तप किया। बाद में बदरीवन में रहते हुए अध्ययन-अध्यापन किया, जिससे उसका नाम बादरायण के नाम से संसार में विख्यात हुआ। उन्होंने महाभारत के अलावा वेद, शास्त्र और पुराणों की भी रचना की। अपनी रचनाओं के माध्यम से वे पूरे विश्व के गुरु माने जाते हैं। गुरुपूर्णिमा को जन्मे महर्षि वेदव्यास के नामकरण पर ही इस तिथि को व्यासपूर्णिमा भी कहते हैं। चूंकि आदि शंकराचार्य को महर्षि व्यास का अवतार माना जाता है, इसलिए व्यासपूर्णिमा के दिन साधु-संन्यासियों द्वारा शंकराचार्य का पूजन किया जाता है।

# कोकिला व्रत

(स्त्रियों का व्रत : परिवार में सुख-समृद्धि,
सुंदर रूप एवं अच्छी संतान पाने के लिए)

**माहात्म्य :** ऐसा विश्वास किया जाता है कि कोकिला व्रत के करने से स्त्रियों को सात जन्मों तक सुख, सौभाग्य और संपत्ति मिलती है। व्रत के प्रभाव से नारी का सौभाग्य अचल रहता है, पति की रक्षा होती है, सौंदर्य, रूप, पुत्र, धन-धान्य की प्राप्ति होती है। यह भी मान्यता है कि स्त्री सधवा हो या विधवा, जो भी इस व्रत को करे, तो वह सौ जन्मों तक सौभाग्य पाती है। अंत में उसे देवलोक में स्थान मिलता है। इस व्रत का महत्त्व इतना बताया गया है कि सभी प्रकार के दान के बराबर यह अकेला व्रत ही पर्याप्त फल प्रदान करता है। धार्मिक ग्रंथों में ऐसा उल्लेख मिलता है कि अहिल्या ने अपने शाप की निवृत्ति के पहले इसी व्रत का पूजन किया था। सब काम और अर्थों की सिद्धि के लिए सीता माता ने दंडकारण्य की गोदावरी में स्नान करके विधि पूर्वक कोकिला व्रत की पूजा की थी। इसी प्रकार अरुंधती एवं रुक्मिणी ने भी कोकिला व्रत का पूजन किया था। इस व्रत के प्रभाव से रुक्मिणी को श्रीकृष्ण पति रूप में मिल गए। अपने पति राजा नल को ढूंढने के लिए दमयंती ने भी कोकिला व्रत का पूजन किया था। इस व्रत के प्रभाव से व्यक्ति समस्त पापों से मुक्त हो जाता है और मनोवांछित फल प्राप्त करता है।

**पूजन विधि-विधान :** यह व्रत आषाढ़ मास के शुक्ल पक्ष की पूर्णिमा से प्रारंभ करके श्रावण मास की पूर्णिमा तक किया जाता है। यह विशेष रूप से स्त्रियों का व्रत है। व्रत के दिन सायंकाल स्नानादि करके यह संकल्प लें कि मैं पवित्र रहकर कोकिला व्रत करूंगी। इसके दूसरे दिन यानी श्रावण मास की कृष्ण प्रतिपदा को किसी नदी, तालाब, झरने, बावड़ी या कुएं के पानी से स्नान कर यह संकल्प करें– **मम धन-धान्यादि सहित सौभाग्य प्राप्तये शिव तुष्टये च कोकिला व्रतमहं करिष्ये।** फिर आषाढ़ पूर्णिमा से श्रावण की पूर्णिमा तक प्रतिदिन दातुन करके, आंवले का तेल लगाकर उपरोक्त वर्णित स्थानों के जल से स्नान कर पूरे महीने सूर्य को अर्घ्य देकर श्रीगौरी जी का कोकिला के रूप में विधि-विधानानुसार पूजन, आरती करें। सायंकाल को एक समय हविष्यान्न का भोजन करके ब्रह्मचर्य का पालन करते हुए, सभी प्राणियों के प्रति दयाभाव रखते हुए जमीन पर सोएं। इस व्रत में पहले 8 दिन तक आंवले का और महीने के शेष दिनों में उबटन लगाने का विधान है। व्रत पूरा हो जाने पर इसका उद्यापन अवश्य करें।

**पौराणिक कथा :** इस व्रत की कथा का उल्लेख श्रीवाराह पुराण में इस प्रकार हुआ है–

जब दक्ष को प्रजापति की पदवी मिली, तब प्रसन्न होकर उन्होंने एक विशाल यज्ञ का आयोजन किया। जिसमें ब्रह्मा, विष्णु, इंद्र आदि सभी देवताओं एवं ऋषि-मुनियों को निमंत्रित किया गया। केवल भगवान् शिव को निमंत्रित नहीं किया गया। जब नारद मुनि यज्ञ स्थल पर पहुंचे, तो वहां शिव का खाली आसन देखकर उन्हें बहुत आश्चर्य हुआ। वह जल्दी से कैलास पर्वत पहुंचे और शिवजी को यह जानकारी दी।

इसे अपना अनादर समझकर भगवान् शिव कुपित हो उठे। तब माता पार्वती ने उन्हें समझाया कि आप शांत हो जाइए। तत्पश्चात् गणेशजी का हाथ पकड़कर नारद मुनि के साथ माता पार्वती यज्ञ स्थल पर यह सोचकर पहुंचीं कि उनके इस अनुचित कार्य के लिए उन्हें दंड दूंगी, लेकिन वहां राजा दक्ष के डर से उनसे कोई नहीं बोला। नारद ने पुनः कैलास आकर शिवजी को सारा हाल सुनाया। इस पर क्रोधित होकर उन्होंने अपनी जटाएं फटकारीं, जिससे लाल-लाल आंखों वाला वीरभद्र नामक एक भयानक गण प्रकट हुआ। शिवजी ने उसे दक्ष का यज्ञ विध्वंस करने की आज्ञा दी। उसने अनेक देवताओं को मारा और अंग-भंग कर दिया। उसने दक्ष का सिर भी काट डाला, जो उड़कर शिव की जटाओं में विलीन हो गया। वीरभद्र ने उन्हें यज्ञ विध्वंस करने की जानकारी दी, फिर भी शिवजी का क्रोध शांत न हुआ। जब ब्रह्मा, विष्णु, आदि देवता शिव के पास आकर प्रार्थना करने लगे, तब वे प्रसन्न हुए और सब मरे हुए देवताओं को पुनः जीवित कर दिया। जिनके अंग-भंग हुए थे, सब शिवजी की कृपा दृष्टि से ठीक हो गए। राजा दक्ष उठकर शिवजी के चरणों में गिर गए और अपने अपराध की क्षमा मांगने लगे। इस पर भगवान् शिव ने उन्हें अपने हाथों से ऊपर उठाया और समझाया कि त्रिदेवों में से अब कभी भी किसी का अपमान न करना।

यज्ञ विघ्नकारिणी महासती को शिव ने दक्ष के यज्ञ में विघ्न डालने के अपराध में 10,000 वर्ष तक कोयल बनकर वन में विचरण करने का शाप दिया। शापवश वह कई युग तक कोयल के रूप में पृथ्वी पर विचरण करती रहीं। शाप की समाप्ति पर उन्हें इसके बाद फिर से मानव शरीर मिला। पार्वती हिमाचल की पुत्री बनीं और तपस्या करके शिव को पुनः पा लिया। तभी से इस कोकिला व्रत का प्रचलन हुआ। इस व्रत को जो स्त्री करेगी, वह कभी दांपत्य-सुख से वंचित नहीं होगी, ऐसा शिवजी ने वरदान दिया।

## कामिका / पवित्र एकादशी

(ब्रह्महत्या, भ्रूणहत्या, पापों के निवारण एवं
नरक की यातनाओं से बचने के लिए)

**माहात्म्य :** इस व्रत के करने से प्राणी को ब्रह्महत्या और भ्रूणहत्या जैसे पापों से छुटकारा मिलता है। समस्त दुखों का नाश होता है। पुत्र की प्राप्ति होती है एवं उसकी अन्य मनोकामनाएं पूर्ण होती हैं। इस व्रत के करने से महापुण्य फल प्राप्त होता है। व्रती को बैकुंठ में स्थान मिलता है, उसे यमलोक की यातनाएं नहीं सहनी पड़तीं और न ही कभी वह किसी बुरी योनि में जन्म लेता है।

केदारनाथ और कुरुक्षेत्र में सूर्यग्रहण के समय दान करने का जो फल मिलता है, वह सभी इस व्रत के करने से प्राप्त होता है। इस व्रत की कथा सुनने से वाजपेय यज्ञ का फल मिलता है।

**पूजन विधि-विधान :** यह व्रत श्रावण मास के कृष्ण पक्ष की एकादशी को रखा जाता है। इस दिन प्रातः स्नानादि करके नित्य कर्मों से निवृत्त होकर पूर्व की ओर मुख करके श्रद्धा-भक्ति से बैठकर शंख चक्र गदाधारी भगवान् विष्णु को पंचामृत या घृत, दूध, दही, गंगाजल से स्नान कराएं। प्रतिमा को आसन पर रखकर चंदन तिलक लगाएं। फिर विधि-विधानानुसार गंध, पुष्प, दीप, नैवेद्य से षोडशोपचार विधि से भगवान् विष्णु का पूजन कर रोली, कपूर, दीपक से आरती उतारें। भोग में पंचमेवा या मिष्ठान रखें। भक्तों में प्रसाद बांटें। पांच ब्राह्मणों को भोजन कराकर दान-दक्षिणा दें। पूरा दिन सात्विक ढंग से भगवान् के चिंतन में बिताएं। दिन भर में एक बार फलाहार करें। रात भजन-कीर्तन करते हुए गुजारें। दूसरे दिन व्रत का पारण करें। इस दिन क्रोध, झगड़ा, चोरी, हिंसा से परहेज करें।

**पौराणिक कथा :** इस व्रत की कथा का उल्लेख श्रीब्रह्मवैवर्त पुराण में आया है। कथा के अनुसार–

एक बार सुदीप मुनि से धर्मराज युधिष्ठिर ने पूछा–'हे मुनिवर! सभी प्रकार के पापों, कष्टों, दुखों को दूर करने वाली और संसार के समस्त सुख, ऐश्वर्य, पुत्रादि की मनोकामनाएं पूर्ण करने वाली कामिका एकादशी की कथा बताएं।' तब मुनि सुदीप ने कहा–'हे धर्मराज! सभी प्रकार के पुण्य कार्य करने, दान करने का जो फल मिलता है, वही पुण्य, सुख-संपत्ति तथा मोक्ष की प्राप्ति 'कामिका एकादशी' का व्रत धारण करने और विधि-विधान व श्रद्धा से भगवान् विष्णु की पूजा तथा आरती करने से प्राप्त हो जाता है। मुनि ने आगे बताया–"हे धर्मराज! सोना और चांदी के दान करने से तथा रत्न, मुक्ता, मणियों से पूजा करने से भगवान् विष्णु इतने प्रसन्न नहीं होते, जितने तुलसी पत्र से प्रसन्न हुआ करते हैं। इस व्रत को करने से मन की समस्त इच्छाएं पूरी हो जाती हैं। जो भी स्त्री-पुरुष विधि-विधान से इसका व्रत करते हैं अथवा चित्त लगाकर इसकी कथा सुनते हैं– वे समस्त प्रकार के पाप और दुखों से रहित होकर इस लोक में समस्त सुखों का उपयोग करते हुए अंत में सद्गति को प्राप्त कर लिया करते हैं। इसका नाम कामिका अथवा पवित्रा इसलिए है कि यह पुत्रों सहित सब सुखों को प्रदान करने वाली, सब पापों को दूर करने वाली और सद्गति देनेवाली है। अतः इस एकादशी का व्रत अवश्य ही करना चाहिए।"

## नाग पंचमी
(नाग दंश से बचने के लिए)

**माहात्म्य :** ऐसा जन-विश्वास है कि नाग पंचमी के दिन नाग देवता के पूजन करने से वह प्रसन्न होते हैं और आशीर्वाद देकर भक्त की मनोकामनाएं पूर्ण करते हैं। इस कारण उनके कृपा पात्र बन जाने से हमारी सात पीढ़ी तक को सर्प-दंश का भय नहीं रहता। यूं तो अनादि काल से ही देवताओं के साथ नागों के अस्तित्व के संदर्भ मिलते हैं। पुराणों में भी नागों के संबंध में बहुतायत वर्णित सामग्री उपलब्ध है। यहां तक कि उसमें नागों के संसार को 'नागलोक' का नाम दिया गया है। पुराणों में वर्णित है कि समुद्र मंथन जैसे महान् कार्य में नागराज वासुकी ने अपना शरीर रस्सी के रूप में समर्पित कर दिया था। देवताओं की माता अदिति की सगी बहन कद्रू के पुत्र होने के रिश्ते से नाग देवताओं के छोटे भाई हैं। हमारी पृथ्वी का भार शेषनाग के फन के ऊपर धारण किया जाना शास्त्रों में वर्णित है। भगवान् विष्णु ने तो नागराज पर ही अपनी शय्या बनाकर विश्व कल्याण का कार्य पूरा किया है। भगवान् शंकर के गले में अनेक विषधर नाग सदा उनके शरीर की शोभा बढ़ाते रहते हैं, इसीलिए वे नागेंद्रहार कहलाते हैं।

नाग पंचमी के आरंभिक इतिहास के संबंध में 'श्रीवाराह पुराण' में लिखा है कि इस शुभ तिथि को सृजन शक्ति के अधिष्ठाता ब्रह्माजी ने अपने प्रसाद से शेषनाग को अलंकृत किया और पृथ्वी का भार धारण करने जैसी सेवा के लिए जनता ने उनकी प्रशंसा की थी। कहा जाता है कि तभी से इस त्योहार को नाग जाति के प्रति श्रद्धा प्रदर्शित करने का प्रतीक मान लिया गया है। यजुर्वेद में भी नागों के गुण, कीर्ति, प्रशंसा और पूजन का उल्लेख मिलता है। इस व्रत का माहात्म्य पढ़ने या सुनने मात्र से ही समस्त पाप नष्ट हो जाते हैं।

**पूजन विधि-विधान :** यह व्रत श्रावण मास के शुक्ल पक्ष की पंचमी को रखा जाता है। इस व्रत को करने के लिए एक दिन पूर्व यानी चतुर्थी को एक समय भोजन कर पंचमी को पूरे दिन भर का उपवास रखने का विधान है। गरुड़ पुराण के अनुसार व्रती अपने घर के दोनों ओर नागों को चित्रित करके उनकी विधि-विधानानुसार पूजा करें। कुछ स्थानों पर लोग रस्सी से सात गांठें लगाकर उसे सर्प का आकार प्रदान कर पूजते हैं। चूंकि ज्योतिष विद्या के मतानुसार पंचम तिथि का स्वामी नाग को माना जाता है, इसलिए भक्ति भाव के साथ गंध, पुष्प, धूप, कच्चा दूध, खीर, भीगे हुए बाजरे और घी से पूजन करें। सुगंधित पुष्प और दूध सर्पों को अति प्रिय होने के कारण इस दिन सपेरे नाग को दूध पिलाने के लिए कहते हैं और वस्त्र, अन्न और धन भेंट स्वरूप पाते हैं। फिर ब्राह्मणों को घी युक्त खीर और लड्डुओं का भोजन कराएं। दूध या दूध से बने पदार्थ भी खिलाएं। इस व्रत के दिन सूर्यास्त के बाद भूमि खोदना वर्जित किया गया है।

**पौराणिक कथा :** इस व्रत की कथा का उल्लेख 'हेमाद्रि ग्रंथ' के प्रभास खंड में इस प्रकार मिलता है–

किसी गांव में एक किसान परिवार अपने पुत्र एवं पुत्री के साथ आनंदपूर्वक रहता था। एक दिन जब वह अपना खेत जोत रहा था, तो एक सर्पिणी के तीन बच्चे हल के नीचे कुचल कर मर गए। सर्पिणी

ने बदला लेने के लिए किसान और उसके पुत्र को रात्रि में डस लिया। सुबह जब किसान की पुत्री ने देखा कि भाई और पिता को सर्पिणी ने डस लिया है, तो वह सर्पिणी के लिए दूध से भरा कटोरा लेकर आई और उस सर्पिणी से अपने पिता के अपराध की क्षमा मांगने लगी। इससे सर्पिणी का क्रोध प्रेम में बदल गया। उसने प्रसन्न होकर उसके पिता और भाई का जहर वापस खींचकर उन्हें जीवित कर दिया। उस दिन श्रावण मास शुक्ल पक्ष की पंचमी थी। बस, उसी दिन से नाग पूजा की परंपरा चल पड़ी।

## पुत्रदा एकादशी
(पुत्र प्राप्ति के लिए)

**माहात्म्य :** इस व्रत के करने से मनोवांछित फल प्राप्त होता है। व्रती की सभी मनोकामनाएं पूर्ण हो जाती हैं, जीवन सुखों से भर जाता है। मन में शांति, आत्मिक सुख और धार्मिक विचार उदय होते हैं। निःसंतान व्रती स्त्री को पुत्र रत्न की प्राप्ति होती है। मनुष्य के सब पाप नष्ट हो जाते हैं। इस व्रत की कथा पढ़ने व सुनने से वाजपेय यज्ञ का फल प्राप्त होता है। इसका माहात्म्य सुनने से मनुष्य पापों से मुक्त होकर इहलोक में सुख भोगता है और अंत में परमगति को प्राप्त करता है।

**पूजन विधि-विधान :** यह व्रत श्रावण मास के शुक्ल पक्ष की एकादशी को रखा जाता है। इस दिन भगवान् विष्णु के नाम पर व्रत रखकर पूजा-अर्चना की जाती है। व्रती प्रातःकाल उठकर स्नानादि दैनिक कार्यों से निवृत्त होकर श्रीहरि विष्णु भगवान् की प्रतिमा को दूध, दही और शुद्ध जल से स्नान कराकर रोली, चंदन, पुष्प, धूप, दीप आदि से पूजन करके कपूर, दीपक से भक्ति-भावना पूर्वक आरती करे। फिर मिष्ठान का

भोग लगाकर प्रसाद भक्तों में बांटे। पांच ब्राह्मणों को भोजन कराकर यथाशक्ति दान-दक्षिणा देकर विदा करे। उनका आशीर्वाद प्राप्त करे। व्रत का दिन भजन-कीर्तन में गुजारकर रात्रि में भगवान् की प्रतिमा के पास सोए।

**पौराणिक कथा :** इस व्रत की कथा का उल्लेख श्रीपद्म पुराण में इस प्रकार आया है–

द्वापर युग में महिष्मतीपुरी का राजा महीजित् एक शांतिप्रिय व धर्मात्मा व्यक्ति था। धर्मपूर्वक उचित रास्ते पर चलने वाला यह राजा पुत्र-विहीन था, इसलिए वह दुखी रहता था। क्योंकि पुत्र-विहीन व्यक्ति को इस लोक में और परलोक में सुख नहीं मिलते।

प्रजा के पुरोहित और ब्राह्मणों ने तीनों कालों के जानने वाले महामुनि लोमश के पास जाकर राजा की दशा का वर्णन किया, तो उन्होंने कहा–''यह राजा पूर्व जन्म में एक अत्याचारी, धनहीन वैश्य था, जो गांव-गांव घूमकर वाणिज्यवृत्ति किया करता था। इसी एकादशी के दिन दोपहर के समय वह प्यास से व्याकुल होकर एक जलाशय पर पहुंचा, तो वहां गर्मी से पीड़ित एक प्यासी गाय को जलाशय में पानी पीते देखकर इसने उसे पानी पीने से रोक दिया और स्वयं पानी पीने लगा। उसी दुष्कर्म के कारण यह राजा पुत्र-विहीन है और उन पुण्यों से, जो इसने अपने पुनर्जन्म में किए थे, इसे राजा का पद मिला है।''

''हे महामुनि! हमारे राजा का पाप दूर हो जाए और पुत्र भी उत्पन्न हो, कृपया ऐसा कोई उपाय बताने की कृपा करें।'' उपस्थित प्रजा के लोगों ने मुनि से कहा। तब लोमेश ने उन्हें बताया–''श्रावण शुक्ल पक्ष की पुत्रदा नाम की एकादशी तिथि इसके लिए सर्वथा उचित है। तुम सब लोग विधिपूर्वक शास्त्रोक्त रीति से जागरण के साथ इस व्रत को करो और उसका पुण्य राजा को दे दो, तो निश्चय ही राजा का पुत्र होगा।'' प्रजा के साथ-साथ जब राजा ने भी इस व्रत को रखा, तो उसके प्रताप से रानी गर्भवती हुई और उसने समय आने पर एक तेजस्वी पुत्र को जन्म दिया। तभी से इस एकादशी को 'पुत्रदा एकादशी' के नाम से जाना जाता है।

## रक्षाबंधन पर्व

*(भाई के प्रति बहन के पवित्र स्नेह एवं रक्षा करने के लिए)*

**माहात्म्य :** भारतीय त्योहारों में रक्षाबंधन का पर्व आध्यात्मिक, धार्मिक व ऐतिहासिक महत्त्व रखता है। रक्षाबंधन प्रतीक है भाई-बहन के पवित्र स्नेह और विश्वास का। यह ब्राह्मण जाति का सबसे बड़ा पर्व है। भविष्य पुराण में लिखा है–

> सर्वरोगोपशमनं सर्वाशुभ विनाशनम्।
> सकृत्कृतेनाब्दमेकं येन रक्षा कृता भवेत्॥

युधिष्ठिर ने श्रीकृष्ण से ऐसा रक्षा विधान पूछा, जिसके करने से मनुष्य भूत-प्रेत और पिशाचों से भयहीन हो जाए, तो उन्होंने बताया कि रक्षाबंधन पर्व सब रोगों का नाशक तथा सब अशुभों को नष्ट करने वाला है। इसे वर्ष में एक बार विधि पूर्वक कर लेने से वर्ष भर शत्रुओं से रक्षा रहती है। इसको देवराज इंद्र की जीत के लिए इंद्राणी ने अपनाया था, जिससे उसकी दोनों लोकों में विजय हुई। इस प्रकार रक्षाबंधन का यह त्योहार विजय, सुख, पुत्र, पौत्र, धन और आरोग्य देने वाला है। रक्षाबंधन का सामान्य अर्थ किसी को अपनी रक्षा के लिए बांध लेना ही समझा जाता है। भाई को राखी बांधते समय बहन यही अपेक्षा करती है कि वह सब प्रकार से उसकी रक्षा करेगा। आपातकालीन परिस्थिति में सुरक्षा का दायित्व संभालेगा।

**पूजन विधि-विधान :** यह पर्व प्रतिवर्ष श्रावण मास के शुक्ल पक्ष की पूर्णिमा के दिन मनाया जाता है। इस दिन प्रातःकाल सूर्योदय के समय श्रुति और स्मृतियों के विधानानुसार स्नान करें। साफ पानी से देवता और पितरों का तर्पण कर फूल, धूप, मौली, रोली, चावल, सरसों, नारियल आदि का चढ़ावा चढ़ाएं। घर को गोबर से लीपने से उसकी शुद्धि होती है, पाप एवं दुष्कर्मों का नाश होता है। जिस मंत्रोच्चारण से देव गुरु बृहस्पति ने रक्षा बंधन का विधान किया है, वह इस प्रकार है–

> येन बद्धो बली राजा दानवेन्द्रो महाबलः।
> तेन त्वामनुबध्नामि रक्षे माचल माचल॥

अर्थात जिस रक्षा से महाबली दानवेन्द्र बलि बांधा गया था, तुझे मैं उसी से बांधता हूं। रक्षे! तुम हर तरह अचल रहना। जो इस विधि से रक्षाबंधन धारण करता है, वह एक वर्ष तक निरापद एवं सुखी रहता है। रक्षाबंधन का निषिद्ध काल भद्रा बताया गया है, इसलिए इस काल में रक्षाबंधन नहीं करना चाहिए। भद्रा में रक्षाबंधन करने से राजा की मृत्यु होती है और होली गांव को जलाती है।

सामान्य परंपरा के अनुसार रक्षाबंधन के दिन बहन भाई को तिलक लगाकर हाथ में नारियल, रूमाल, दक्षिणा (मुद्रा) रखती है। फिर राखी बांधकर मिष्ठान खिलाकर मुख मीठा करती है। जो बहनें अपने भाई के पास नहीं होतीं, वे त्योहार से पहले ही डाक/कोरियर से राखी भेज देती हैं, ताकि उचित समय पर उसका भाई किसी अन्य कन्या या महिला जिसे उसने बहन के रूप में स्वीकार किया हुआ हो, अपनी कलाई पर राखी बंधवा सके।

**पौराणिक कथा :** इस पर्व की कथा का उल्लेख भविष्य पुराण में इस प्रकार किया गया है–

प्राचीन काल में एक बार देवताओं और दैत्यों के बीच युद्ध शुरू हुआ, तो वह बारह वर्षों तक चलता रहा। अंत में देवताओं की पराजय हुई तो वे सब अमरावती छोड़कर चले गए और विजेता दैत्यराज ने तीनों लोकों पर अपना अधिकार कर लिया। उसने सभी को यज्ञ कर्म न करने और अपनी पूजा करने का आदेश

दे दिया। धर्म का नाश होते ही जब देवताओं का बल घटने लगा, तो इंद्र घबराकर अपने गुरु बृहस्पति के पास पहुंचे और उनसे इस विपत्ति के शमन का उपाय पूछा। आचार्य बृहस्पति ने इंद्र से श्रावण पूर्णिमा को रक्षा विधान संपन्न कराया। इंद्राणी ने इस दिन द्विजों से स्वस्तिवाचन करवाकर रक्षा सूत्र लिया और इंद्र की दाहिनी कलाई में बांधकर उन्हें युद्ध के लिए भेज दिया। रक्षाबंधन के प्रभाव से इंद्र की जीत हुई।

रक्षाबंधन की दूसरी कथा के अनुसार एक बार भगवान् श्रीकृष्ण के हाथ में चोट लगने के कारण खून निकलने लगा। यह देखकर द्रौपदी ने तुरंत अपनी साड़ी फाड़कर कृष्ण के हाथ में बांध दी। बस, इसी बंधन के ऋणी श्रीकृष्ण ने दु:शासन-दुर्योधन द्वारा चीरहरण के समय द्रौपदी की लाज बचाई। द्रौपदी ने भगवान् श्रीकृष्ण को अपना भाई माना था, इसलिए उन्होंने जीवन भर द्रौपदी की रक्षा की।

## श्रीकृष्ण जन्माष्टमी

(भगवान् श्रीकृष्ण के प्रति श्रद्धा एवं
एवं सुख-समृद्धि हेतु)

**माहात्म्य :** संपूर्ण भारत में भाद्रपद मास में कृष्ण पक्ष की अष्टमी के दिन भगवान् श्रीकृष्ण का जन्म बड़ी श्रद्धा और धूमधाम से मनाया जाता है। उस दिन लोग उपवास रखते हैं। शास्त्रों में बताया गया है कि श्रीहरि के अवतरण काल में अन्न ग्रहण नहीं करना चाहिए। जन्माष्टमी के अवसर पर मंदिरों को विशेष रूप से सजाया जाता है और भगवान् श्रीकृष्ण से संबंधित झांकियां निकाली जाती हैं। उस दिन भगवान् श्रीकृष्ण की जन्मभूमि मथुरा में विशेष आयोजन होते हैं। महाराष्ट्र में संध्या के समय मटकी फोड़ने की प्रतियोगिता आयोजित कर जन्मोत्सव मनाने का प्रचलन काफी प्रसिद्ध है। इस दिन श्रीकृष्ण ने रोहिणी नक्षत्र में अर्धरात्रि को मथुरा में माता देवकी की कोख से जन्म धारण करके पापी कंस और उनके दुष्ट साथी असुरों का संहार किया और भक्तों की रक्षा कर उनका उद्धार किया था।

श्रीब्रह्मवैवर्त पुराण में सावित्री द्वारा पूछने पर धर्मराज ने बताया कि भारत वर्ष में रहने वाला जो भी प्राणी श्रीकृष्ण जन्माष्टमी का व्रत करता है, वह सौ जन्मों के पापों से मुक्त हो जाता है। वह दीर्घकाल तक बैकुंठ लोक में आनंद भोगता है, फिर उत्तम योनि में जन्म लेने पर उसे भगवान् श्रीकृष्ण के प्रति भक्ति उत्पन्न हो जाती है।

श्रीपद्म पुराण के अनुसार जो कोई भी मनुष्य इस व्रत को करता है, वह इस लोक में अतुल ऐश्वर्य की प्राप्ति करता है और इस जन्म में जो उसका अभीष्ट होता है, उसे भी प्राप्त कर लेता है।

'श्रीविष्णु रहस्य' में लिखा है कि भाद्रपद कृष्ण अष्टमी को रोहिणी नक्षत्र में व्रत करने से उसका महान् फल मिलता है। यदि उस दिन बुधवार हो, तो उसके विशेष फल का तो कहना ही क्या? यदि ऐसी अष्टमी नवमी के साथ संयुक्त हो, तो कोटि कुलों की मुक्ति देने वाली होती है।

भगवान् श्रीकृष्ण ने कहा है कि जो व्यक्ति जन्माष्टमी के व्रत को विधि-विधानानुसार करता है, उसके समस्त पाप स्वतः ही नष्ट हो जाते हैं और उसे मृत्यु के उपरांत बैकुंठ लोक में स्थान मिलता है। यही बात शास्त्रों में भी कही गई है।

**पूजन विधि-विधान :** यह व्रत भाद्रपद मास के कृष्ण पक्ष की अष्टमी को श्रीकृष्ण जन्माष्टमी के रूप में मनाया जाता है। इस दिन प्रातःकाल दैनिक नित्यकर्मों, स्नानादि से निवृत्त होकर व्रती को यह संकल्प लेना चाहिए कि मैं श्रीकृष्ण भगवान् की प्रीति के लिए और अपने समस्त पापों के शमन के लिए प्रसन्नता पूर्वक जन्माष्टमी के दिन उपवास रखकर व्रत को पूर्ण करूंगा। अर्धरात्रि में पूजन करने के पश्चात् दूसरे दिन भोजन करूंगा। व्रती को इस दिन यम नियमों का पालन करते हुए निर्जल व्रत रखना चाहिए। व्रत के दिन घरों और मंदिरों में भगवान् श्रीकृष्ण के भजन, कीर्तन उनकी लीलाओं के दर्शन होते रहते हैं। संध्या के समय भगवान् के लिए झूला बनाकर बालकृष्ण को उसमें झुलाया जाता है। आरती के बाद दही, माखन,

पंजीरी व उसमें मिले सूखे मेवे का मिला प्रसाद भोग लगाकर भक्तों में बांटा जाता है। दूसरे दिन ब्राह्मणों को प्रेम से भोजन करा कर स्वयं भी पारण करें। साथ में दान-दक्षिणा की रस्म पूरी करें, ताकि व्रत पूरा हो जाए।

**पौराणिक कथा :** इस व्रत की कथा का उल्लेख श्रीभविष्योत्तर पुराण में इस तरह से मिलता है—

बात द्वापर युग की है। मथुरा नगरी में राजा उग्रसेन का राज्य था। उनका पुत्र कंस परम प्रतापी होने के बावजूद अत्यंत निर्दयी स्वभाव का था। उसने भगवान् के स्थान पर स्वयं की पूजा करवाने के लिए प्रजा पर अनेक अत्याचार किए। यहां तक कि पिता को कारागार में बंद कर उनके राज्य की बागडोर स्वयं संभाल ली। उसके पापाचार और अत्याचारों से दुखी होकर पृथ्वी गाय का रूप धारण कर ब्रह्माजी के पास पहुंची, तो उन्होंने गाय और देवगणों को क्षीरसागर भेज दिया, जहां भगवान् विष्णु ने यह सब जानकर कहा—"मैं जल्द ही ब्रज में वसुदेव की पत्नी और कंस की बहन देवकी के गर्भ से जन्म लूंगा। तुम लोग भी ब्रज में जाकर यादव कुल में अपना शरीर धारण करो।"

जब वसुदेव और देवकी का विवाह हो चुका, तो विदाई के समय आकाशवाणी हुई—"अरे कंस! तेरी बहन का आठवां पुत्र ही तेरा काल होगा।" कंस यह सुनते ही क्रोधित होकर देवकी का वध करने पर उतारू हुआ। वसुदेव ने प्रार्थना करते हुए कहा कि वे अपनी सारी संतानें स्वतः ही उसे सौंप देंगे। इस पर कंस ने उनके वध करने का विचार त्याग कर उन्हें कारागार में डलवा दिया। देवकी को एक-एक करके सात संतानें हुईं, जिन्हें कंस ने मरवा डाला। भाद्रपद कृष्ण पक्ष की अष्टमी को रात्रि 12 बजे जब भगवान् विष्णु ने कृष्ण के रूप में जन्म लिया, तो चारों ओर दिव्य प्रकाश फैल गया और उसी वक्त आकाशवाणी हुई कि शिशु को गोकुल ग्राम में नंद बाबा के घर भेज कर उसकी कन्या को कंस को सौंपने की व्यवस्था

की जाए। वसुदेव ने बालक को जैसे ही उठाया, तो उनकी बेड़ियां खुल गईं। सभी पहरेदार सो गए और कारागार के सातों दरवाजे अपने आप खुल गए। मूसलाधार वर्षा होने के कारण यमुना में बाढ़ आई हुई थी, फिर भी वसुदेव के यमुना में पहुंचने पर रास्ता बन गया और नागराज ने वर्षा से बालक की रक्षा की। ब्रज में जाकर वसुदेव ने नंद गोप की पत्नी यशोदा, जो रात्रिकाल में सोई हुई थीं, के निकट श्रीकृष्ण को सुलाकर, माँ यशोदा की नवजात बालिका को वापस कारागार में ले आए। अंदर आते ही सारे दरवाजे अपने आप बंद हो गए। सब कुछ पहले जैसा ही हो गया। देवकी और वसुदेव के पैरों में बेड़ियां पड़ गईं और पहरेदार जाग गए।

कंस ने आठवीं संतान का समाचार सुना, तो वह कारागार में पहुंचा। देवकी की गोद से बालिका को छीनकर उसे मारने के लिए जैसे ही कंस ने उस कन्या को उठाया, तभी वह हाथ से छूटकर आकाश में उड़ गई। आकाश से कन्या ने कहा–'दुष्ट कंस! मुझे मारने से क्या लाभ? तेरा संहारकर्ता तो पैदा हो चुका है।' यह सुनकर कंस ने खोज-बीन कर पता लगा ही लिया कि मेरा शत्रु गोकुल में नंद गोप के यहां पल रहा है। उसका वध कराने के लिए कंस ने कई राक्षस और असुरों को भेजा, पर उन सबका संहार भगवान् कृष्ण ने कर दिया। बचपन में उनकी अलौकिक लीलाओं ने सबको चकित कर दिया था। बड़े होने पर कृष्ण ने कंस का वध करके प्रजा को भय और आतंक से मुक्ति दिलाई। अपने नाना उग्रसेन को फिर से राजगद्दी पर बैठाया तथा अपने माता-पिता को कारागार से छुड़ाया। भगवान् कृष्ण के इस दिव्य रूप को देखकर देवकी और वसुदेव उनके सामने नतमस्तक हो गए। भगवान् कृष्ण इस संसार में दिव्य रूप में आए और दिव्य रूप में ही उन्होंने प्रयाण किया।

## अजा एकादशी

(दैहिक कष्टों से मुक्ति एवं पुनर्जन्म से छुटकारा पाने के लिए)

**माहात्म्य :** इस एकादशी के व्रत को विधिपूर्वक करने से समस्त कष्ट समाप्त हो जाते हैं और इच्छित फल की प्राप्ति होती है। व्यक्ति को पुनर्जन्म के आवागमन से मुक्ति मिलती है, पूर्वजन्म की बाधाएं दूर होती हैं और अंत में परमधाम जाने का अवसर मिलता है।

भगवान् श्रीकृष्ण ने कहा है कि इस व्रत को सात्विक मानकर एवं विधिपूर्वक करने से प्राणी आवागमन के चक्र से मुक्त हो जाता है। इस एकादशी के व्रत का फल अद्भुत है। श्रीहरि विष्णु भगवान् की पूजा करके इस व्रत का माहात्म्य पढ़ने और सुनने से अश्वमेध यज्ञ का फल प्राप्त होता है।

**पूजन विधि-विधान :** यह व्रत भाद्रपद मास के कृष्ण पक्ष की एकादशी को रखा जाता है। इस दिन भगवान् विष्णु की पूजा करने का विधान है। व्रती प्रातः ब्रह्ममुहूर्त में उठकर दैनिक कार्यों से निवृत्त होकर स्नानादि करके लक्ष्मी माँ व विष्णु भगवान् की विधि-विधानानुसार पूजन व आरती करें। भोग लगाएं और प्रसाद भक्तों में बांटे। पूरे दिन के व्रत में अन्न का सेवन न करके केवल एक बार फलाहार ही करे तथा पूरी रात जागकर, भजन-कीर्तन कर बिताए।

**पौराणिक कथा :** इस व्रत की कथा का उल्लेख श्रीपद्म पुराण में इस प्रकार हुआ है–

पुराने समय में राजा हरिश्चंद्र ने स्वप्न में अपना सारा राज्य महर्षि विश्वामित्र को दान में दे दिया।

दिन में जब महर्षि विश्वामित्र दरबार में आए, तो सत्यवादी राजा हरिश्चंद्र ने स्वप्नानुसार अपना पूरा राज्य उन्हें सौंप दिया। उनके द्वारा दक्षिणा में पांच सौ स्वर्ण मुद्राएं मांगने पर उन्हें अपने पुत्र, पत्नी और स्वयं को बेचना पड़ा, तब कहीं जाकर दक्षिणा दे पाए।

जिस चांडाल ने राजा हरिश्चंद्र को खरीदा, उसने उन्हें शमशान में नियुक्त कर दिया, जहां उनका काम था कि वे शव जलाने के लिए आए हुए परिजनों से शमशान कर वसूल करें।

एक रात्रि की बात है। एक स्त्री अपने पुत्र का दाह-संस्कार कराने के लिए शमशान में आई। निर्धनता के कारण उसके पास कफन के लिए भी पैसे नहीं थे। शव को ढकने के लिए उसने अपनी धोती तक फाड़ ली थी। उससे भी राजा हरिश्चंद्र ने शमशान का कर मांगा। एक तो पुत्र की मृत्यु का शोक, ऊपर से उसका अंतिम संस्कार न कर पाने की विवशता के कारण शव की दुर्दशा की चिंता से वह बेचारी बिलख-बिलखकर रोने लगी। फिर भी सत्यवादी राजा ने उसे दाह संस्कार करने की आज्ञा प्रदान नहीं की। इस बीच बरसते पानी के दौरान बिजली चमकने से उत्पन्न प्रकाश में राजा ने अपनी पत्नी तारामती और मृतक पुत्र को देखा तो वह चौंक पड़े। अत्यधिक दुख की पीड़ा से उनकी आंखों से आंसू निकल पड़े। पूछने पर पता चला कि पुत्र को सांप ने काट लिया था। इस परीक्षा की घड़ी में अपने को संभालते हुए राजा ने कहा, "जिस सत्य की रक्षा के लिए मैंने अपना राज्य त्यागा, स्वयं को बेच डाला, उसी सत्य की रक्षा के लिए इस घड़ी में यदि मैं सत्य पर डटा न रहा, तो कर्तव्यच्युत हो जाऊंगा। अतः कर लिए बिना मैं अंतिम संस्कार की अनुमति नहीं दे पाऊंगा।"

तारामती ने संयम से काम लेकर अपनी आधी धोती को फाड़कर कर के रूप में देने के लिए उसे जैसे ही राजा की ओर बढ़ाया, तत्काल ही वहां श्रीहरि प्रकट हो गए और बोले—"राजा हरिश्चंद्र तुम्हारी कर्तव्यनिष्ठा धन्य है। तुमने सत्य को जीवन में धारण करके उच्चतम आदर्श स्थापित किया है। अतः तुम इतिहास में सदा याद किए जाते रहोगे।"

फिर भगवान् श्रीहरि ने आशीर्वाद देते हुए उसके पुत्र रोहिताश्व को पुनः जीवित कर दिया और राजा को उसका पूरा राजपाट लौटा दिया।

इस कथा के विषय में ऐसा वृत्तांत भी मिलता है कि राजा हरिश्चंद्र को दुखों से चिंतित देखकर गौतम ऋषि ने उन्हें भाद्रपद मास के कृष्ण पक्ष की एकादशी का व्रत विधि-विधानानुसार करने को कहा था। जब राजा ने इस एकादशी का व्रत पूर्ण किया, तो उसके प्रभाव से राजा अपने दुखों से छूट गया। पत्नी और पुत्र के साथ उसका पुनर्मिलन हुआ। राज्य की प्राप्ति हुई और वह सब पापों से मुक्त होकर अंत में स्वर्ग को गया।

# हरितालिका व्रत

(स्त्रियों का व्रत: सुयोग्य पति पाने एवं पति की दीर्घायु हेतु)

**माहात्म्य :** इस व्रत के द्वारा कुमारी कन्याएं अपने भावी सुंदर पति के लिए भगवान् से प्रार्थना करती हैं, ताकि उन्हें मनचाहा पति मिल जाए। सुहागिनें अपने स्वामी की लंबी आयु पाने और सौभाग्य की रक्षा हेतु इस व्रत का पालन बड़ी कठोरता से करती हैं। बहुत स्त्रियां तो निर्जला व्रत रहकर इसका पारण करती हैं।

ऐसा विश्वास किया जाता है कि इस व्रत को करने वाली सौभाग्यवती स्त्रियां पार्वती के समान सारे सांसारिक सुख भोगकर अंत में शिवलोक को जाती हैं। व्रत के प्रभाव से स्त्री के सब पाप नष्ट हो जाते हैं और उसे करोड़ों यज्ञ का फल मिलता है। व्रत की कथा सुनने मात्र से एक सहस्र अश्वमेध तथा एक सौ वाजपेय यज्ञों के बराबर फल मिलता है।

**पूजन विधि-विधान :** यह व्रत भाद्रपद मास के शुक्ल पक्ष की तृतीया को रखा जाता है। यदि तृतीया के दिन हस्त नक्षत्र हो तो इसका महत्व और अधिक बढ़ जाता है। इस व्रत को केवल स्त्रियां ही रखती हैं, फिर चाहे वह कुमारी हो या विवाहिता। शास्त्रों में सधवा-विधवा सभी को यह व्रत रखने का उल्लेख

मिलता है। तृतीया से एक दिन पूर्व स्त्रियां अपने हाथों में मेहंदी रचाती हैं, तिल के पत्तों से अपना सिर भिगोती हैं और सामूहिक रूप से एकत्रित होकर गीत गाती हुई बस्ती के निकट के किसी पवित्र सरोवर अथवा नदी में स्नान करने जाती हैं। इस कार्य के लिए शहरों में कुओं पर भीड़ इकट्ठी होती है।

तृतीया के दिन प्रातःकाल दैनिक क्रिया, स्नानादि से निपट कर स्वच्छ वस्त्र धारण कर निर्जल उपवास रखने का विधान है। स्त्रियां **उमा-महेश्वर सायुज्य सिद्धये हरितालिका व्रतमहं करिष्ये** संकल्प करके कहें कि सात जन्म तक राज्य और अखंड सौभाग्य वृद्धि के लिए, उमा महेश्वर की प्रीति के लिए मैं हरितालिका का व्रत करती हूं। फिर गणेश की पूजा करके गौरी सहित महेश्वर का पूजन करें।

घर को केले के पत्तों, स्तंभों से सजाकर, मंडप तोरण बनाएं। दिन का समय भजन, कीर्तन में गुजारें, फिर सायंकाल शिव-पार्वती की मूर्ति का पूजन, अर्चना विधि-विधानानुसार करके उनकी आरती उतारें। सुहाग की पिटारी में सुहाग की सारी वस्तुएं रखकर माँ पार्वतीजी को चढ़ाएं। इसके पश्चात् शिव-पार्वती से अपने पति की दीर्घायु की प्रार्थना करें। ब्राह्मण अथवा पुरोहित को भोजन कराकर दक्षिणा देकर उन्हें प्रसन्न करने का विधान है। अंत में पति के साथ कथा सुनें, फिर व्रत का पारण करें।

**पौराणिक कथा :** इस व्रत की कथा का उल्लेख श्रीभविष्योत्तर पुराण में इस प्रकार लिखा हुआ मिलता है—

एक समय देवर्षि नारद ने हिमालय से कहा—"गिरिराज! आपकी कन्या ने अनेक वर्षों तक कठोर तप किया है, उसी से प्रसन्न होकर भगवान् विष्णु आपकी सुपुत्री से विवाह करने की इच्छा रखते हैं। इसलिए मैं आपकी इच्छा जानने के लिए आया हूं।"

हिमालय ने मुदित होकर कहा—"देवर्षि! इसमें मुझे क्या आपत्ति हो सकती है।" इस पर नारद ने विष्णु जी को इस विवाह की स्वीकृति बता दी।

जब पार्वती को यह बात मालूम हुई, तो वह बहुत दुखी होकर प्राण त्यागने की सोचने लगीं। उन्हें दुखी देखकर उनकी एक सखी ने उन्हें घने जंगल में जाकर भगवान् शंकर की तपस्या करने की सलाह दी। सच्चे हृदय से भगवान् शंकर को वरण करने वाली पार्वती अपनी सखी के साथ घनघोर जंगल में तपस्या करने के लिए चल पड़ीं। इधर वचन भंग की चिंता में हिमालयराज मूर्च्छित हो गए। अब तो सभी राजकर्मचारी पार्वती की खोज में लग गए। उधर एक नदी के किनारे पहुंचकर पार्वती भगवान् शंकर की घोर तपस्या करने लगीं। भाद्रपद शुक्ल तृतीया के दिन व्रत उपवास करके शिव लिंग का पूजन और रात्रि जागरण करने से पार्वती पर प्रसन्न होकर भगवान् शिव पूजा स्थल पर प्रकट हुए और उन्हें अपनी अर्धांगिनी स्वीकार कर लिया। फिर वे कैलास पर्वत पर चले गए।

अगले दिन प्रातः काल जब पार्वती पूजन सामग्री को नदी में प्रवाहित कर रही थीं, उसी समय हिमालयराज खोजते हुए वहां आ पहुंचे। पुत्री के मन की बात जानकर उन्होंने शास्त्रोक्त विधि-विधानानुसार शिव-पार्वती का विवाह कराया। फिर शिवजी ने कहा—"हे पार्वती! इस व्रत को जो मेरी आराधना करके पूरा करेगा, उस व्रती कुमारी को मैं मनोवांछित फल दूंगा। जो विवाहित स्त्री परम श्रद्धापूर्वक इस व्रत को करेगी, उसे तुम्हारे समान अचल सुहाग मिलेगा।"

तभी से इस व्रत को मनाने का प्रचलन आरंभ हुआ। इस प्रकार यह परंपरा बहुत प्राचीन समय से अब तक चली आ रही है।

## कपर्दि विनायक व्रत
### (मनोकामनाएं पूरी करने के लिए)

**माहात्म्य :** जो मनुष्य श्रावण शुक्ल चतुर्थी से भाद्रपद शुक्ल चतुर्थी तक एक मास का कपर्दि विनायक (गणेश) का व्रत करता है और एक समय भोजन करता है, उसकी समस्त मनोकामनाएं पूर्ण होती हैं। व्रती को सभी सिद्धियां प्राप्त हो जाती हैं। उसका ऐसा कोई कार्य नहीं होता, जो सिद्ध न हो सके।

राजा सगर के अश्वमेध यज्ञ में जब बड़ा भारी विघ्न उपस्थित हुआ, तो उसने यह व्रत पूरा करके ही अपने यश का घोड़ा वापस पाया था। यही व्रत इंद्र ने राजा विक्रमादित्य को देखने के लिए किया था। विक्रमादित्य की रानी ने इस व्रत की निंदा की, तो उसे अनगिनत कष्ट उठाने पड़े। उसे कुष्ठ रोग हो गया। राजा ने उसे अपने राज्य से निकलवा दिया। वह ऋषियों के आश्रम में चली गई। ऋषियों ने उसे बताया कि ये सब दुख तुम्हें कपर्दि गणेश के व्रत की निंदा करने के परिणामस्वरूप ही भोगने पड़े हैं। रानी ने इस व्रत को पूर्ण श्रद्धा और भक्तिभाव से किया, तो उसको दिव्य शरीर मिला। जो स्त्री या पुरुष इस व्रत को विधानानुसार करते हैं, उन्हें अर्थ, धर्म, काम और मोक्ष मिलता है।

**पूजन विधि-विधान :** यह व्रत श्रावण मास के शुक्ल पक्ष के चतुर्थी से भाद्रपद मास के शुक्ल पक्ष की चतुर्थी तक किया जाता है। व्रती व्रत धारण करने से पहले यह संकल्प करे कि मैं धर्म, अर्थ, काम और मोक्ष ये चारों पुरुषार्थों की सिद्धि के लिए कपर्दि विनायक व्रत को करता हूं। इस व्रत की पूजन विधि गणेश संकष्टी चतुर्थी के समान ही है, लेकिन पूजन के बाद ब्राह्मण को दी जाने वाली दान-दक्षिणा के अलावा 28 मुट्ठी चावल एवं मिष्ठान किसी ब्रह्मचारी ब्राह्मण को देने का अतिरिक्त विधान है। चावलों को देते समय ईश्वर से प्रार्थना करें कि इन चावलों के प्रदान करने से कपर्दि गणनाथ भगवान् मुझ पर सदा प्रसन्न रहें। फिर व्रत की कथा सुनें, उसके पश्चात् पारण करें। व्रती को तेल, ताम्बूल (पान) और भोगविलास से परहेज करना चाहिए।

**पौराणिक कथा :** इस व्रत की कथा का उल्लेख श्रीस्कंद पुराण में आया है, जो इस प्रकार है–

किसी समय कैलास पर्वत पर विराजमान भगवान् शिव ने अपनी प्रिया पार्वती से द्यूत-क्रीड़ा करने (चौपड़ खेलने) की अभिलाषा व्यक्त की। खेल प्रारंभ हुआ, तो पार्वती ने धीरे-धीरे भगवान् शिव की सारी चीजें जीत लीं। इस पर शिव ने उनसे केवल अपना व्याघ्र-चर्म लौटा देने का आग्रह किया। पार्वती के उसे न लौटाने पर शिव क्रोधित होकर यह कहते हुए चल दिए कि मैं आज से बारह दिन तक तुम्हारे साथ संभाषण (बातचीत) नहीं करूंगा।

जब पार्वती शिवजी को ढूंढ़ने निकलीं, तो एक बगीचे में उन्होंने बहुत-सी स्त्रियों को किसी व्रत का पूजन करते हुए देखा। इस कपर्दि विनायक व्रत को जब पार्वती ने आरंभ किया तो एक ही व्रत के प्रभाव से शिवजी ने प्रकट होकर कहा–"हे पार्वती! तुमने ऐसा कौन-सा व्रत किया, जिससे मेरा निश्चय टूट गया।"

पार्वती ने तब उन्हें कर्पर्दि विनायक व्रत का विधान बताया, तो शिवजी ने इसे विष्णु को बताया। विष्णु ने ब्रह्मा को, ब्रह्मा ने इंद्र को तथा इंद्र ने राजा विक्रमादित्य को इस व्रत की महिमा बताई।

विक्रमादित्य ने इसको अपनी रानी को बताया, तो उसने इसकी निंदा कर दी। बस फिर क्या था, वह कोढ़ग्रस्त होकर रोगिणी बन गई। राजा ने भी उसे अपने राज्य से बाहर कर दिया। तब उसे ज्ञात हुआ कि इस व्रत के अपमान, निंदा के दुष्परिणाम स्वरूप उसकी यह अवस्था हुई है। तब उसने एक ऋषि के कहने पर कर्पर्दि विनायक व्रत विधि-विधानानुसार किया। गणेशजी की कृपा से वह फिर से पूर्ण स्वस्थ हो गई, तब वह ऋषियों के आश्रम में रहकर सेवा कार्य करने लगी।

एक ब्राह्मण को विलाप करते हुए देखकर पार्वती ने कारण पूछा तो ज्ञात हुआ कि वह दरिद्रता से त्रस्त हो गया है। ब्राह्मण को इस व्रत की जानकारी पार्वती से मिली, तो उसने भी पूर्ण श्रद्धा भाव से इसे किया। व्रत के प्रभाव से वह विक्रमादित्य के राज्य का मंत्री बन गया।

एक दिन आश्रम की ओर से विक्रमादित्य निकले, तो अपनी रानी को भली-चंगी देखकर उनकी खुशी का ठिकाना न रहा। तब उन्हें इस व्रत का प्रताप देखने को मिला। राजा ने रानी को पुनः महल में ले जाकर उसे सारे सुख प्रदान किए।

## ऋषि पंचमी

(कायिक, वाचिक, मानसिक पापों से छुटकारा पाने के लिए)

**माहात्म्य :** इस व्रत को करने से आधिभौतिक, आधिदैविक तथा आध्यात्मिक इन तीनों प्रकार के दुखों एवं विपत्तियों की निवृत्ति होती है। कायिक, वाचिक और मानसिक जो-जो पाप हों, वे सब विलीन हो जाते हैं, यानी सभी पापों की निवृत्ति होती है, वे नष्ट हो जाते हैं। यह व्रत जाने-अनजाने में हुए पापों की निवृत्ति के लिए स्त्री तथा पुरुष को समान रूप से अवश्य ही करना चाहिए।

जो स्त्री इस ऋषि पंचमी के व्रत को करती है, वह सदैव सुखी, रूप-लावण्य से पूर्ण शरीर वाली एवं सदा पुत्र-पौत्रादि से संपन्न होती है। सभी प्रकार के आनंद और संपत्तियों की उसे प्राप्ति होती है। आपत्तियां, विपत्तियां टल जाती हैं। इस लोक में सदा सुख से रहने को मिलता है और परलोक में अक्षय पद की प्राप्ति होती है। इसके करने से व्रती को नरक की यातनाओं से छुटकारा मिल जाता है। तीर्थों में स्नानादि तथा सब तरह के दानादि करने से जो फल मिलता है, वह इस व्रत के प्रभाव से मिल जाता है। इस व्रत की कथा माहात्म्य को पढ़ने या सुनने से सारे पाप नष्ट हो जाते हैं। इस दिन गंगास्नान करने का विशेष माहात्म्य है। यह व्रत सप्तर्षियों— कश्यप, भारद्वाज, गौतम, अत्रि, जमदग्नि, वसिष्ठ और विश्वामित्र की पूजा-अर्चना के निमित्त भी किया जाता है।

**पूजन विधि-विधान :** यह व्रत भाद्रपद मास के शुक्ल पक्ष की पंचमी को रखा जाता है। इस व्रत को प्रायः स्त्रियां पति की मंगल कामना के लिए करती हैं। पुरुष भी अपनी पत्नी की मंगल कामना के लिए इसे कर सकते हैं। इस दिन व्रती स्त्री दोपहर के समय किसी नदी या सरोवर के स्वच्छ जल से स्नान करके अपामार्ग (चिचिड़ा) वनस्पति से प्रार्थना करती है कि वह उसे आयु, बल, पशु, प्रज्ञा और मेधा दें। फिर उसी वनस्पति से 108 दातुन लेकर दांत साफ करें। इसके पश्चात् पंचगव्य का सेवन करें। घर में वेदी बनाकर उसे गोबर से लीप दें। रंगों से सर्वतोभद्र मंडप बनाकर उस पर मिट्टी या तांबे का घड़ा पानी से भरकर रख दें। उसमें पंचरत्न, फूल, गंध और अक्षत रखकर वस्त्र से ढक दें। फिर अरुन्धती सहित सप्तर्षियों का षोडशोपचार से पूजन करें और यह प्रार्थना करें कि वे मेरे दिए अर्घ्य जल को स्वीकार करके प्रसन्न हों। ब्राह्मण को पकवान दान करें। व्रत में अनाज, दूध, दही, नमक, चीनी आदि नहीं खाएं, केवल फलाहार करें। इस व्रत में केवल शाक का ही भोजन करना चाहिए तथा ब्रह्मचर्य का पालन करना चाहिए।

**पौराणिक कथा :** इस व्रत की कथा का उल्लेख श्रीब्रह्मांड पुराण में इस तरह से हुआ है—

विदर्भ देश की राजधानी में उत्तंक नाम का एक ब्राह्मण रहता था। उसकी सुशीला नामक पत्नी बड़ी पतिव्रता थी। सुशीला की दो संतानों में एक पुत्र और एक पुत्री थी। पुत्र बहुत ही ज्ञानी, सद्गुणों से विभूषित था। ब्राह्मण ने पुत्री के युवा होने पर समान कुल के योग्य वर के साथ उसका विवाह कर दिया। परंतु शीघ्र ही प्रारब्ध योग से वह विधवा हो गई। अपनी विधवा पुत्री को लेकर दुखी ब्राह्मण-दंपती गंगा के तट

पर कुटिया बना कर रहने लगा। पातिव्रत्य धर्म निभाते हुए उस विधवा ने अपना समय पिता की सेवा-शुश्रूषा में बिताना शुरू कर दिया। एक दिन एकाएक उसके शरीर में कीड़े पड़ने शुरू हो गए और उसका सारा शरीर कृमिमय हो गया। उसकी यह दशा देख माँ दुखी होकर रोने लगी। उसने इस दुर्गति का कारण अपने पति से जानना चाहा, तो उसने समाधि लगाकर बताया–''इस जन्म से पहले सातवें जन्म में भी इस कन्या ने ब्राह्मण कुल में ही जन्म लिया था। उस जन्म में रजस्वला होकर भी इसने भोजनादि पात्रों को स्पर्श कर दिया था। इसी पाप के कारण इसका शरीर कृमिमय हो गया। दूसरों को ऋषि-पंचमी का व्रत करते देखकर

भी इस जन्म में इसने यह व्रत नहीं किया। हमारे शास्त्रों में लिखा है कि रजस्वला स्त्री के भोजनादि के पात्रों का स्पर्श नहीं करना चाहिए, क्योंकि उस स्थिति में वह अपवित्र होती है।'' ब्राह्मण ने आगे बताया कि यदि उसकी पुत्री शुद्ध मन से अब भी ऋषि-पंचमी का व्रत धारण करे, तो इसकी सारी तकलीफें और रोग दूर हो जाएंगे और यह अगले जन्म में अखंड सौभाग्य को प्राप्त कर सकती है। अपने पिता की बात सुनकर ब्राह्मण पुत्री ने विधि-विधानानुसार पूर्ण श्रद्धा भाव से ऋषि पंचमी का व्रत उपवास रखा और पूजन किया, तो उसके प्रभाव से उसकी शारीरिक विकृतियां नष्ट हो गई। उसके सारे दुख दूर हो गए। अगले जन्म में उसने अखंड सौभाग्यवती बनकर सारे सुखों को पाया।

## परिवर्तिनी / पद्मा एकादशी
(भगवान् में आस्था, विश्वास जगाने एवं मनोरथ सिद्धि के लिए)

**माहात्म्य :** भगवान् विष्णु आषाढ़ मास के शुक्ल पक्ष की एकादशी (देवशयनी/हरिशयनी) से शेष शय्या पर विराजमान होकर निद्रामग्न रहते हैं तो वे भाद्रपद मास के शुक्ल पक्ष की एकादशी को करवट बदलते हैं। इसीलिए इसे परिवर्तिनी एकादशी कहते हैं। चूंकि करवट बदलने के दौरान भक्त का जाग्रत् रहना उसके लिए शुभ फलदायी माना गया है, अतः इस एकादशी की रात्रि को जागरण करने का माहात्म्य बताया गया है। इस व्रत को करने से व्रती अंत में देवलोक जाकर चंद्रमा के समान शोभित होता है।

यह श्रीलक्ष्मी जी व भगवान् विष्णु का परम कल्याणकारी, आनंदकारी व्रत है। इसके करने से सभी प्रकार के अभीष्ट मनोरथ सिद्ध होते हैं। इस दिन लक्ष्मी पूजन करना श्रेष्ठ माना गया है, क्योंकि देवताओं ने अपने राज्य को पुनः पाने के लिए महालक्ष्मी का ही पूजन किया था। पापियों का नाश करने में इससे उत्तम कोई दूसरा व्रत नहीं है। इस कथा के श्रवण से सहस्र अश्वमेध यज्ञ का फल भी मिलता है।

**पूजन विधि-विधान :** यह व्रत भाद्रपद मास के शुक्ल पक्ष की एकादशी को रखा जाता है। इस दिन उपवास करने का विधान है। व्रती प्रातःकाल स्नानादि नित्य कर्मों से निवृत्त होकर महालक्ष्मी व विष्णु भगवान् की

प्रतिमाओं को स्नान कराएं और फिर आसन पर विराजकर पुष्प-मालाएं अर्पित करें। इसके पश्चात् रोली, चंदन, धूप-दीप, पुष्प, नारियल आदि से विधिवत पूजन करें। आरती उतारकर मिष्ठान का भोग लगाएं।

सब भक्तों को प्रसाद वितरित करें। ब्राह्मणों को भोजन कराकर सामर्थ्यानुसार चांदी, चावल और दही की दान-दक्षिणा दें। इसके पश्चात् फलाहार करें। पूरे दिन अन्न का सेवन न करें। भगवान् विष्णु व लक्ष्मी के स्मरण, भजन, कीर्तन में रात्रि जागरण करें।

**पौराणिक कथा :** इस व्रत की कथा का उल्लेख वामन पुराण में इस प्रकार हुआ है–

त्रेता युग में बलि नाम का एक दानव प्रभु भक्त, दानी, सत्यभाषी और ब्राह्मणों की सेवा करने वाला था। यज्ञ, तप, दान, पुण्य व प्रभु भक्ति के प्रभाव से जब उस दानव ने स्वर्ग पर भी अपना अधिकार कर लिया, तो इंद्र व अन्य देवताओं को बड़ा कष्ट हुआ। वे दुखी होकर भगवान् विष्णु के पास पहुंचे और अपने दुख का वर्णन किया। भगवान् विष्णु ने देवताओं को आश्वस्त किया और उन्होंने देवताओं के कल्याण के लिए पंचम वामन के रूप में अवतार लिया। बालक रूप धारण कर वे उस दानव के पास पहुंचे और उसकी प्रशंसा कर, उसे बड़ा दानी बताकर उससे तीन पग भूमि दान में प्राप्त कर ली। अपना आकार बढ़ाकर वामन भगवान् ने पहले पग में पृथ्वी को नाप लिया, दूसरे पग में ऊपर के लोक यानी ब्रह्मांड एवं स्वर्गलोक आदि नाप लिए। अब तीसरा पग रखने के लिए बलि के पास जगह ही नहीं बची, अतः बलि ने तीसरा पग रखवाने के लिए अपना मस्तक आगे कर दिया। तब भगवान् ने तीसरा पैर उसके मस्तक पर रखा। फिर भक्त दानव को पाताल लोक में भेज दिया, इस पर भी उसने प्रसन्नता प्रकट की। इस व्यवहार से भगवान् ने प्रसन्न होकर उसे आशीर्वाद दिया कि मैं सदैव तुम्हारे निकट निवास करूंगा। तभी से भाद्रपद शुक्ल एकादशी के करवट बदलने के दिन भगवान् विष्णु की एक मूर्ति बलि का आश्रय लेकर विराजमान होती है। दूसरी मूर्ति क्षीरसागर में शेषनाग के पृष्ठ यानी पीठ पर होती है।

## अनंत चतुर्दशी
### (अनंत फल प्राप्ति एवं कष्टों के निवारण के लिए)

**माहात्म्य :** इस व्रत के करने और भगवान् विष्णु के पूजन से वे प्रसन्न होकर व्रती की समस्त मनोकामनाएं पूर्ण करते हैं, अनंत कष्टों से मुक्ति दिलाते हैं, व्रती के सब पापों को नष्ट कर देते हैं। इसीलिए यह अनंत फलदायक व्रत माना जाता है। भक्त इसे धन, धान्य, पुत्रादि की कामना से भी करते हैं।

अनंत चतुर्दशी का दिन उस अंत न होने वाले सृष्टि के कर्ता निर्गुण ब्रह्म की भक्ति का भी है। इस दिन वेद ग्रंथों का पाठ करके भक्ति की स्मृति का डोरा बांधा जाता है, जो भगवान् विष्णु को प्रसन्न करने वाला तथा अनंत फलदायक माना गया है। अनंत चतुर्दशी चौदह लोकों का प्रतीक है, जिसमें अनंत भगवान् विद्यमान होते हैं।

ब्रह्मपुराण में कहा गया है कि जो व्यक्ति एकाग्रचित्त होकर प्रातःकाल अनंत का पूजन करता है, वह भगवान् की कृपा से अनंत सिद्धि को पाता है। इस व्रत की कथा पढ़ने और सुनने से भी सब पापों से छुटकारा मिलता है और अंत में परमगति की प्राप्ति होती है।

अपना राजपाट जुए में हारकर जब युधिष्ठिर अपने परिवार सहित वनों में भटक रहे थे, तब उन्हें अनेक कष्टों को सहन करना पड़ा। उनको दुखी और कष्ट में देखकर भगवान् श्रीकृष्ण ने उन्हें अनंत चतुर्दशी का व्रत करने की सलाह दी। पांडवों ने जब भक्तिभाव से पूर्ण श्रद्धा के साथ यह व्रत किया, तो उनके सारे कष्ट, दुख धीरे-धीरे दूर हो गए और अंत में वे सभी कष्ट मुक्त हो गए।

**पूजन विधि-विधान :** यह व्रत भाद्रपद मास के शुक्ल पक्ष की चतुर्दशी (चौदस) को रखा जाता है। इस दिन शेष शय्या पर क्षीरसागर में सोने वाले भगवान् विष्णु की पूजा का विधान है। व्रती को प्रातःकाल नित्य कर्मों से निपट कर किसी नदी अथवा सरोवर में स्नान करके पवित्र होकर एकाग्र मन से अपने हृदय में अनंत भगवान् का ध्यान करना चाहिए। फिर सर्वतोभद्र मंडल बनाकर उस पर कलश की स्थापना करें। कलश पर अष्टदल कमल के समान बने बर्तन में कुश से निर्मित अनंत की स्थापना करनी चाहिए। इसके पश्चात् अक्षत, दूर्वा तथा शुद्ध सूत से बने और हलदी से रंगे हुए चौदह गांठ के अनंत को सम्मुख रखकर हवन किया जाता है। कलश पर रखे कमल पर भगवान् विष्णु की स्नान की हुई प्रतिमा रखें। इसके उपरांत भगवान् का ध्यान करते हुए सूत से बने उस अनंत को व्रती अपनी भुजा पर बांध ले। यदि पुराना अनंत बंधा हो, तो उसे निकाल दे। यह अनंत फलदायी सिद्ध होगा। पुरोहित या ब्राह्मण को सम्मानपूर्वक पकवान और मिष्ठान का भोजन कराकर सामर्थ्य के अनुसार दान-दक्षिणा देकर प्रसन्नतापूर्वक विदा करें। फिर स्वयं नमक रहित एक वक्त का भोजन करें। इस व्रत का उद्यापन करने का भी विधान शास्त्रों में वर्णित है।

**पौराणिक कथा :** इस व्रत की कथा का उल्लेख श्रीभविष्य पुराण में इस प्रकार हुआ है—

एक बार गंगा किनारे धर्मराज युधिष्ठिर ने जरासंध को मारने के लिए राजसूय यज्ञ प्रारंभ किया। इसके लिए रत्नों से सुशोभित यज्ञशाला बनवाई। अनेक मुक्ता लगाने से वह इंद्र के महल जैसी लग रही थी। यज्ञ के लिए अनेक राजाओं को न्योता दिया गया। गांधारी का पुत्र दुर्योधन यज्ञमंडप में घूमते हुए भ्रमवश एक ऐसे सरोवर में गिर पड़ा, जहां उसे लगा कि पानी भरा हुआ है। इस पर वह वहां अपने कपड़े ऊपर कर चलने लगा। यह नजारा देखकर भीमसेन तथा द्रौपदी के साथ उसकी सखियां हंसने लगीं। द्रौपदी ने परिहास में ही कह दिया कि ''अंधों की संतान तो अंधी ही होती है।'' द्रौपदी के इस परिहास से दुर्योधन बुरी तरह चिढ़ गया और वह पांडवों से अपने इस अपमान का बदला लेने की तरकीब सोचने लगा। तभी उसके दिमाग में घूत-क्रीड़ा अर्थात जुआ खिलाकर उन्हें हराने की युक्ति आई।

इस कार्य में उसकी मदद की उसके मामा शकुनि ने, जो घूत क्रीड़ा में पारंगत था। शकुनि से परामर्श कर दुर्योधन ने एक कुचक्र रचा। उसने पांडवों को जुआ खेलने के लिए बुलाया और उन्हें शकुनि की सहायता से हरा भी दिया। पराजित हुए पांडवों को बारह वर्ष का वनवास भुगतना पड़ा, जहां उन्हें अनेक कष्ट सहकर दिन गुजारने पड़े। दुख से घबराकर युधिष्ठिर ने भगवान् श्रीकृष्ण से इन सारे संकटों को दूर करने का उपाय जानना चाहा, तो उन्होंने उन्हें यह कथा सुनाई—

'सत्युग में सुमंत नाम का एक वसिष्ठगोत्रीय ब्राह्मण रहता था। उसने महर्षि भृगु की दीक्षा नामक पुत्री के साथ विवाह किया, जिससे उच्च गुणों वाली सुशीला नाम की लड़की हुई। कुछ काल बाद दीक्षा का देहांत हो गया। सुमंत ने सुशीला का विवाह मुनिराज कौण्डिन्य से कर दिया। जब ऋषि कौण्डिन्य सुशीला को लेकर अपने आश्रम की ओर लौट रहे थे, तो रास्ते में रात हो गई। ऋषि कौण्डिन्य नदी किनारे संध्या-वंदन में व्यस्त हो गए। इसी बीच सुशीला ने देखा कि कुछ स्त्रियां सुंदर वस्त्र धारण कर किसी देवता का पूजन

कर रही थीं। उनसे बात करने पर उसे ज्ञात हुआ कि यह अनंत व्रत का पूजन किया जा रहा है। उसने इसका विधि-विधान जानकर वहीं अनुष्ठान करके चौदह गांठों वाला अनंत बांह में बंधवा लिया।

बांह में डोरा बंधा देखकर ऋषि कौण्डिन्य ने सुशीला से पूरी जानकारी ली। इससे वह क्रोधित हुए और उन्होंने उस बंधे अनंत को तोड़कर आग में फेंक दिया। इस घोर अपमान का दुष्परिणाम यह हुआ कि उनकी सारी संपत्ति नष्ट हो गई। दरिद्रता से परेशान होकर वह दुखी रहने लगे। वह अनंत की तलाश में भटकने लगे। तब भगवान् अनंत ने उनके पश्चात्ताप से प्रभावित होकर तिरस्कार के निवारण के लिए इस अनंत चतुर्दशी का व्रत विधि-विधानानुसार चौदह वर्ष तक निरंतर करने का उपाय बताया। बताए अनुसार ऋषि कौण्डिन्य ने वैसा ही व्रत भक्ति भाव से किया, तो उन्हें सारे कष्टों से मुक्ति मिल गई।

इस प्रकार का दृष्टांत सुनकर अपने अनंत दुखों के सागर से छुटकारा पाने के लिए धर्मराज युधिष्ठिर ने भगवान् श्रीकृष्ण की आज्ञानुसार अनंत चतुर्दशी का व्रत किया, जिसके प्रभाव से पांडव महाभारत के युद्ध में विजयी हुए और उनके सारे दुख, दर्द, विपत्तियां एवं पाप नष्ट हो गए। व्रत के प्रभाव से उन्होंने अपना खोया हुआ राज-पाट भी पुनः प्राप्त कर लिया।

# जीवत्पुत्रिका व्रत

(स्त्रियों का व्रत : पुत्र की रक्षा एवं लंबी आयु के लिए)

**माहात्म्य :** जो स्त्रियां जीवत्पुत्रिका का व्रत करती हैं, उनका उद्देश्य पुत्र के जीवन की रक्षा करना यानी दीर्घायु की कामना करना प्रमुख होता है, ताकि उनको आजीवन पुत्र शोक न सताए। यदि पुत्र का अल्पायु योग हो, तो वह भी इस व्रत के प्रभाव से मिट जाता है और उसे पूर्ण आयु प्राप्त होती है। इसके अलावा जिनके पुत्र तो होते हों, लेकिन जीवित नहीं बचते, वे इस व्रत के करने से जीवित रहने लगते हैं। बच्चे का मरणदोष दूर हो जाता है। इन सब मान्यताओं के जन-विश्वास के कारण ही इस व्रत का पुत्रवती स्त्रियों में काफी प्रचलन है।

ऐसा कहा जाता है कि इस व्रत के दिन प्राचीन काल के अत्यंत प्रसिद्ध धर्मात्मा राजा जीमूतवाहन अपने त्याग से गरुड़ को प्रसन्न करके शंखचूड़ के सभी वंशधरों को मृत्यु लोक से वापस लाने में सफल हुए थे।

**पूजन विधि-विधान :** यह व्रत आश्विन मास के कृष्ण पक्ष की अष्टमी के दिन रखा जाता है। इस व्रत को करने का विधान केवल पुत्रवती महिलाओं के लिए ही है। इस दिन व्रती महिलाएं दैनिक कर्मों, स्नानादि से निवृत्त होकर भगवान् सूर्य नारायण की मूर्ति को स्नान कराकर विधि-विधानानुसार पूजन कर धूप, दीप,

कपूर से आरती उतारें। बाजरे और चने से बना भोग लगाएं। प्रसाद भक्तों में बांटें। अष्टमी के दिन व्रती स्त्रियां प्रातःकाल में उड़द के कुछ साबुत दाने निगल जाती हैं, जिसका तात्पर्य श्रीकृष्ण भगवान् का सूक्ष्म

रूप में उदर में प्रवेश माना जाता है। इस दिन व्रती निर्जला रहकर उपवास करे। 24 घंटे के उपवास के बाद दूसरे दिन पारण करे। पुरोहित ब्राह्मण को ससम्मान भोजन कराकर दान-दक्षिणा देकर विदा करे और यह भी विधान है कि अपने पुत्रों के गले में काले या लाल रंग के रक्षासूत्र या धागे को पहनावे। इसके पश्चात् स्वयं भोजन करे। इस दिन उड़द तथा गेहूं के दान का बड़ा माहात्म्य बताया गया है। शास्त्रों में व्रत के दिन काटे हुए फल व शाक खाना वर्जित किया गया है, इसीलिए प्रायः सभी स्त्रियां ब्रह्मबेला में ही दही-चिउड़े का भोग लगाकर पशु-पक्षियों के लिए थोड़ा भाग निकाल देती हैं और तब स्वयं खाती हैं। मंगल कामना की यह परिपाटी भिन्न-भिन्न क्षेत्रों में भिन्न-भिन्न रूप में मनायी जाती है।

**पौराणिक कथा :** इस व्रत की कथा का उल्लेख महाभारत में इस प्रकार आया है–

जब महाभारत का युद्ध समाप्त हो चुका, तो पांडवों की अनुपस्थिति में अश्वत्थामा ने अपने साथियों के साथ उनके शिविरों में घुसकर अनेक सैनिकों का वध कर दिया। यहां तक कि द्रौपदी के सोए हुए पुत्रों को भी पांडव समझकर उनके सिर काट कर हत्या कर दी। दूसरे ही दिन केशव को सारथी बनाकर अर्जुन ने अश्वत्थामा का पीछा किया और उसे कैद कर लिया। 'ब्राह्मणों का वध नहीं करना चाहिए' ऐसा विचार कर श्रीकृष्ण और धर्मराज की सहमति से अश्वत्थामा का सिर मुंडवाकर उसे आजाद कर दिया गया। अपने इस अपमान से अश्वत्थामा बुरी तरह से चिढ़ा और पांडवों का बीजनाश करने पर उद्धत हो गया। उसने अपना अमोघ अस्त्र निकाला और अभिमन्यु की पत्नी उत्तरा के गर्भ पर चला दिया। यहां भगवान् श्रीकृष्ण उनकी सहायता के लिए आए। उन्होंने सूक्ष्म रूप धारण कर उत्तरा के गर्भ में प्रवेश किया और अमोघ अस्त्र को अपने शरीर पर झेल लिया। इस तरह उत्तरा के गर्भ में पल रहे शिशु की रक्षा हो गई। लेकिन जब पुत्र का जन्म हुआ, तो वह काफी कमजोर व निष्क्रिय था। भगवान् कृष्ण ने उसमें शक्ति का संचार किया। यही पुत्र आगे चलकर परीक्षित के नाम से पांडव वंश का भावी कर्णधार बना। इस प्रकार परीक्षित को जीवनदान प्रदान करने वाले व्रत का नामकरण 'जीवत्पुत्रिका' किया गया।

## इंदिरा एकादशी व्रत
### (पितरों की शांति एवं उनके उद्धार के लिए)

**माहात्म्य :** इस एकादशी का व्रत करने से अधोगति को प्राप्त पितृगण शुभ गति को प्राप्त करते हैं, यानी पितरों का उद्धार होता है। इसलिए भटकते हुए पितरों को गति देने के लिए बनाई गई तिथि को इंदिरा एकादशी कहा जाता है। पुरुषों के लिए विशेष रूप से फलदायी यह एकादशी महापुण्य देने वाली एवं समस्त मनोकामनाएं पूर्ण करने वाली है। व्रती इस लोक के सब भोगों को भोगकर अंत में विष्णुलोक जाकर चिरकाल तक निवास करता है। इस व्रत की कथा को सुनने मात्र से वाजपेय यज्ञ का फल मिलता है। कथा पढ़ने और सुनने के प्रभाव से उसे सब पापों से छुटकारा मिल जाता है।

**पूजन विधि-विधान :** यह व्रत आश्विन मास के कृष्ण पक्ष की एकादशी को रखा जाता है। व्रती दशमी के दिन प्रातःकाल श्रद्धा-भक्ति भाव से स्नान करे। दोपहर के समय श्राद्ध के पहले फिर स्नान करें। फिर श्रद्धा के साथ पितरों का शालग्राम शिला के आगे विधि-विधानानुसार श्राद्ध करें। एक समय भोजन करके भूमि पर शयन करें। एकादशी के दिन दैनिक कार्यों स्नानादि से निवृत्त होकर शुद्ध हों। फिर शालग्राम भगवान् को पंचामृत से स्नान कराके वस्त्र पहनाएं। विधि-विधानानुसार पूजन व आरती करें। मिष्ठान का भोग लगाएं। तुलसी अर्पण करें। भक्तों में प्रसाद बांटें। उपवास के दौरान केवल फलाहार करें। इस व्रत में अन्न का सेवन वर्जित किया गया है। सब भोगों से परहेज करें। रात में भगवान् के पास सोएं। दूसरे दिन पारण करें। पांच ब्राह्मणों को भोजन कराके दान-दक्षिणा दें।

**पौराणिक कथा :** इस व्रत की कथा का उल्लेख श्रीब्रह्मवैवर्त पुराण में इस प्रकार मिलता है—

सत्युग में महिष्मतीपुरी में इंद्रसेन नामक एक प्रबल प्रतापी राजा राज करता था। वह पुत्र, पौत्र, धन-धान्य से संपन्न था और भगवान् विष्णु का परम भक्त था। उसके माता व पिता स्वर्गवासी हो चुके थे।

एक दिन अचानक देवर्षि नारद उसके पास पहुंचे, तो राजा ने उनका बहुत स्वागत-सत्कार किया। फिर उनसे पूछा–देवर्षि! कृपया बताइए कि यहां पधारने का कष्ट कैसे किया? इस पर नारद बोले–"हे राजन! मैंने धर्मराज की सभा में तुम्हारे पुण्यवान पिता को किसी व्रत को भी न करने के दोष से पीड़ित देखा। उन्होंने मुझे तुम तक यह संदेश पहुंचाने को कहा है कि किसी पूर्वजन्म के पाप से तुम्हारे पिता यमराज की सभा में हैं। अतः तुम इंदिरा एकादशी का व्रत करके उसका पुण्य उन्हें भेज देना, ताकि उसके प्रभाव से तुम्हारे पिता स्वर्ग जा सकें।"

नारद से इंदिरा एकादशी के व्रत का पूरा विधि-विधान समझकर राजा ने इस व्रत को पूर्ण श्रद्धा-भाव से संपन्न किया और पितरों का श्राद्ध भी किया। ब्राह्मणों को भोजन कराके दान-दक्षिणा दी तो राजा पर स्वर्ग से पुष्पों की वर्षा हुई। उसका पिता समस्त दोषों से मुक्त हो गया और वह गरुड़ पर चढ़कर बैकुंठ चला गया। अंत में राजा भी इस लोक में सब सुखों को भोगकर विष्णुलोक में चिरकाल तक निवास करता रहा।

## दशहरा / विजयादशमी

(भगवान् राम में आस्था, विश्वास बढ़ाने व उनके आदर्शों पर चलने के लिए)

**माहात्म्य :** वर्षा ऋतु की समाप्ति और शरद् ऋतु के आगमन का सूचक दशहरा, अन्य त्योहारों में एक प्रमुख त्योहार है। दशहरे के नामकरण के संबंध में श्रीवाराह पुराण में कहा गया है कि ज्येष्ठ शुक्ल दशमी के दिन बुधवार को हस्त नक्षत्र में समस्त नदियों में श्रेष्ठ नदी गंगा स्वर्ग से धरा पर अवतीर्ण हुई थी, जो दस पापों को नष्ट करती है। इसीलिए इस तिथि को दशहरा करते हैं। चूंकि रावण के दस सिर थे और इसी दिन उसका हनन हुआ था, इसलिए भी यह त्योहार दशहरा के नाम से प्रसिद्ध हुआ तथा यह त्योहार आश्विन शुक्ल दशमी को मनाया जाने लगा।

दशहरा मनाने की परंपरा युगों से चली आ रही है। त्रेतायुग में अयोध्या के राजकुमार भगवान् श्रीराम ने लंका के घमंडी राजा रावण का वध करके विजयश्री प्राप्त की थी, इसलिए इस त्योहार को विजयादशमी के नाम से भी जाना जाता है। राम को ज्ञान, सत्य और देवत्व का प्रतीक माना जाता है, जबकि रावण अज्ञान, असत्य और दानवत्व का प्रतीक है। इस प्रकार विजयादशमी का त्योहार ज्ञान की अज्ञान पर, सत्य की असत्य पर, धर्म की अधर्म पर और देवत्व की दानवत्व पर विजय का प्रतीक है। पुराणों में उल्लेख किया गया है कि विजयादशमी की तिथि को देवराज इंद्र ने महादानव वृत्तासुर पर विजय प्राप्त किया था। पाण्डवों ने भी विजयादशमी के दिन ही द्रौपदी का वरण किया था। महाभारत का युद्ध भी विजयादशमी को ही आरंभ हुआ माना जाता है।

ज्योतिर्निबंध नामक ग्रंथ में लिखा है कि आश्विन शुक्ल दशमी को तारा उदय होने के समय 'विजय' नामक मुहूर्त (काल) होता है, जो सब कार्यों को सिद्ध करने वाला माना गया है। इसीलिए इस त्योहार का नाम विजयादशमी पड़ा होगा। महर्षि भृगु ने कहा है कि इस दिन सभी राशियों में सायंकाल के समय विजय मुहूर्त में यात्रा करना उत्तम होता है, दिन में नहीं। जो ग्यारहवां मुहूर्त है, उसे विजय कहते हैं। जो जीत चाहते हैं उन्हें इसी मुहूर्त में यात्रा करनी चाहिए। इस तिथि को भगवान् राम ने भगवती विजया का पूजन कर विजय प्राप्त की थी। इसीलिए इस दिन देवी विजया की पूजा की परंपरा है, जिसकी वजह से इस त्योहार का नाम विजयादशमी पड़ा।

चिंतामणि ग्रंथ में कहा गया है कि आश्विन शुक्ल दशमी के दिन तारों के उदय होने का जो समय है, उसका विजय से संबंध है, जो सारे काम और अर्थों को पूरा करने वाला है। जो आदर के साथ दशमी का व्रत करता है, वह मन के चाहे सब उद्देश्यों को पा जाता है। जो अपने कामों में सफलता चाहते हैं, ऐसे मनुष्य इस दिन दसों दिशाओं को पूजें, तो उनके मनोवांछित कार्य परिपूर्ण होते हैं।

स्कंद पुराण के मतानुसार दशहरे के दिन स्नान और दान का विशेष माहात्म्य है। अतः किसी भी नदी अथवा सरोवर पर जाकर अर्घ्य एवं तर्पण अवश्य करें। इससे व्यक्ति महापातकों के बराबर के दस पापों से छूट जाता है। इस दिन नीलकंठ पक्षी के दर्शन करना शुभ माना जाता है। दशहरे का त्योहार शस्त्र पूजन के पर्व के रूप में भी विख्यात है।

**पूजन विधि-विधान :** यह त्योहार प्रतिवर्ष आश्विन मास के शुक्ल पक्ष की दशमी को मनाया जाता है। इस दिन भगवान् श्रीराम ने भगवती विजया का पूजन कर विजय प्राप्त की थी। इसीलिए प्रातःकाल देवी का विधिवत् पूजन व विजया देवी की पूजा की परंपरा का विधान है। इस पर्व के दिन शमी वृक्ष की पूजा की जाती है। शमी वृक्ष को दृढ़ता और तेजस्विता का प्रतीक माना गया है। अन्य वृक्षों की अपेक्षा शमी के वृक्ष में अग्नि प्रचुर मात्रा में विद्यमान रहती है। इसी कारण यज्ञ में अग्नि उत्पन्न करने के मंथनदंड तथा अरणी आदि उपकरण इस वृक्ष की लकड़ी से ही बनाए जाते हैं। शमी के पूजन के पीछे यही भावना निहित होती है कि हम भी इसकी तरह ही दृढ़ और तेजोमय हों। रावण दहन के बाद लोग एक-दूसरे को शमी की सोनपत्ती देकर गले मिलते हैं तथा एक-दूसरे को बधाइयां देते हैं। सोनपत्ती देने के पीछे मान्यता यह है कि रावण-वध के बाद लंका के नए राजा विभीषण ने वहां का सारा सोना प्रजा में लुटा दिया था।

इस दिन दरवाजों पर गेंदे के फूलों की बंदनवार सजाई जाती है। शाम को सूर्यास्त के बाद बुराई के प्रतीक रावण, कुंभकर्ण और मेघनाथ के पुतले जलाने की परंपरा है।

भविष्य पुराण में लिखा है कि जो मनुष्य दशहरे के दिन गंगा के पानी में खड़ा होकर दस बार गंगा का मंत्र—**ऊँ नमो भगवति हिलि हिलि मिलि मिलि गंगे मां पावय पावय स्वाहा।** और स्तोत्र को पढ़ता है, चाहे वह दरिद्र हो, चाहे असमर्थ, वह भी गंगा को पूजकर उस फल को प्राप्त करता है।

**पौराणिक कथा :** यह उल्लेख महाभारत में इस प्रकार है—

एक अवसर पर शिवजी से पार्वती ने दशहरे के त्योहार के प्रचलन व इसके फल के बारे में जानना चाहा, तो शिवजी ने कहा—"आश्विन शुक्ल दशमी को नक्षत्रों के उदय होने से विजय नामक काल बनता है, जो सब कामनाओं को पूर्ण करने वाला कहा जाता है। शत्रु पर विजय प्राप्त करने की इच्छा रखने वाले

राजा को इसी समय प्रस्थान करना चाहिए। श्रीराम ने इसी अवसर पर लंका पर चढ़ाई की थी और विजय प्राप्त की थी। इसी तिथि में शमी-वृक्ष से अस्त्र-शस्त्र उतारकर अर्जुन ने अपने शरीर पर धारण किए थे।''

जब पार्वती ने अर्जुन के अस्त्र-शस्त्र धारण करने के संबंध में जानना चाहा, तो शिवजी बोले–'पांडवों के जुए में हारने पर दुर्योधन ने यह शर्त रखी थी कि उन्हें वनवास के दौरान बारह वर्ष तक प्रकट रूप में और एक वर्ष अज्ञात अवस्था में रहना होगा। यदि तेरहवें वर्ष में उनका पता चल जाएगा, तो उन्हें फिर से बारह वर्ष का वनवास भुगतना पड़ेगा। इस कारण अर्जुन ने अपने अस्त्र-शस्त्र शमी वृक्ष पर रखकर वेश बदल राजा विराट के पास नौकरी की। विराट के पुत्र उत्तरकुमार ने गायों की सुरक्षा हेतु अर्जुन को साथ लिया और अर्जुन ने शमी वृक्ष पर से अपने प्रिय अस्त्र-शस्त्रों को उतार कर शत्रुओं पर विजय पाई। उल्लेखनीय है कि शमी वृक्ष ने अर्जुन के अस्त्र-शस्त्रों की रक्षा एक वर्ष तक की थी। इसके अलावा श्रीराम के विजयादशमी के दिन लंका पर चढ़ाई के लिए प्रस्थान करते समय भी शमी ने उन्हें विजयी होने की बात कही थी। इसीलिए शमी का पूजन विजयकाल में किया जाता है।

## पापांकुशा एकादशी
(पापों पर अंकुश लगाने के लिए)

**माहात्म्य :** इस एकादशी का व्रत बाल्य, यौवन या वृद्धावस्था किसी भी अवस्था में करने पर पापी भी अपने घोर पापों से मुक्त हो जाता है। क्योंकि इससे मनुष्य को उसके सब पापों के नष्ट होने के कारण मुक्ति मिल जाती है और नरक में जाने से वह बच जाता है। चूंकि व्रत के प्रभाव से पापों पर अंकुश लग जाता है और व्रती की प्रवृत्ति पुण्यमयी बन जाती है, इस कारण से यह एकादशी पापांकुशा के नाम से जानी जाती है। यानी पापरूपी हाथी को पुण्यरूपी अंकुश से बेधने के कारण यह एकादशी पापांकुशा एकादशी कहलाती है। यह व्रत माता-पिता एवं स्त्री-पुरुष की दस पीढ़ी तक के पापों से उद्धार करता है।

इस दिन पद्मनाभ भगवान् की पूजा करने से व्रती की समस्त मनोकामनाएं पूर्ण होती हैं, शरीर की आरोग्यता, सुंदर स्त्री और धन-धान्य की प्राप्ति होती है। स्वर्ग जाने और मोक्ष प्राप्त करने का अवसर मिलता है। जितेंद्रिय मनुष्य को चिरकाल तक घोर तप करने पर जिस फल की प्राप्ति होती है, उसी फल को भगवान् को नमन करने मात्र से प्राप्त किया जा सकता है।

पृथ्वी पर जितने भी तीर्थ या पुण्य स्थल हैं, उन सबका फल श्रीहरि विष्णु के नाम कीर्तन से होता है। अतः व्रती कभी यमराज के पास नहीं जाता। जो श्रीहरि की प्रतिमा के पास रहकर रात्रि जागरण करते हैं, उन्हें सहज ही विष्णुलोक की प्राप्ति होती है। इस एकादशी के समान पवित्र और कुछ भी नहीं है।

**पूजन विधि-विधान :** यह व्रत आश्विन माह के शुक्ल पक्ष की एकादशी को रखा जाता है। इस दिन भगवान् श्रीहरि विष्णु की पूजा करके ब्राह्मण भोजन कराना वांछनीय है। फिर भी भगवान् पद्मनाभ की पूजा का विशेष महत्त्व माना जाता है। व्रती प्रातःकाल उठकर नित्यकर्मों, स्नानादि से निवृत्त होकर भगवान् विष्णु की मूर्ति को स्नान कराके विधिवत् पूर्ण श्रद्धा, भक्ति भाव से पूजन करे और भोग लगाए। भक्तों में प्रसाद वितरण कर सामर्थ्यानुसार ब्राह्मण को तिल, भूमि, अन्न, जूता, वस्त्र, छाता आदि का दान भोजन कराकर दक्षिणा में दे। भगवान् के निकट भजन-कीर्तन कर रात्रि जागरण करे। उपवास के दौरान अन्न का सेवन न कर, एक समय फलाहार करे।

**पौराणिक कथा :** इस व्रत की कथा का उल्लेख श्रीब्रह्मांड पुराण में इस प्रकार आया है—

प्राचीन समय में विंध्य पर्वत पर क्रोधन नामक एक बहेलिया रहता था। नाम के अनुरूप ही वह स्वभाव से बड़ा क्रूर एवं झगड़ालू था। सदैव लूट-पाट, मदिरापान जैसे दुर्व्यसनों में फंसा रहता था। सारा जीवन पाप कर्मों में बिताने के बाद जब उसका अंत समय आया, तो यमराज के दूतों ने एक दिन पूर्व ही उसको ले जाने की सूचना दे दी। यह सुनकर वह मृत्यु-भय से कांपता हुआ महर्षि अंगिरा के आश्रम में पहुंचकर उनसे बोला—''हे ऋषि श्रेष्ठ! मुझे नरक अवश्य भोगना पड़ेगा, क्योंकि मैंने सारे जीवन में पाप कर्म ही किए

हैं। कृपा कर मुझे कोई ऐसा उपाय बताएं जिससे मेरे सारे पाप मिट जाएं और मोक्ष की प्राप्ति भी हो जाए।"

इस पर महर्षि अंगिरा ने कहा–"तुम आश्विन शुक्ल पक्ष की पापांकुशा एकादशी का व्रत उपवास करो। इससे तुम्हारे सारे पाप नष्ट हो जाएंगे और तुम्हें विष्णुलोक जाकर प्रभु चरणों में जगह मिलेगी।" बस, फिर क्या था। भक्ति भाव से पूर्ण श्रद्धा के साथ दूसरे दिन पड़ने वाली इस तिथि पर उसने व्रत किया, जिसके प्रभाव से पूरे जीवन में किए गए पापों से उसे छुटकारा मिल गया। स्वर्ग का अधिकारी बन जाने के कारण यमदूत उसे लिए बिना ही वापस लौट गए।

## शरद पूर्णिमा
(मनोकामना सिद्धि एवं संतान की मंगलकामना के लिए)

**माहात्म्य :** नवरात्रि और विजयादशमी के बाद आने वाला सबसे महत्त्वपूर्ण पर्व है–शरद पूर्णिमा। भगवान् श्रीकृष्ण ने जगत की भलाई के लिए रासोत्सव का यह दिन निर्धारित किया है, क्योंकि इस रात्रि को ही सोलह कलाओं से पूर्ण चंद्रमा अपनी अमृतमयी चंद्रिका धरा पर बिखेरता है। शरद पूर्णिमा के दिन चंद्रमा व पृथ्वी की दूरी बहुत कम होती है, इसीलिए अमृत प्राप्ति की इच्छा से लोग शरद पूर्णिमा की रात्रि को दूध, दूध की खीर, घी और चीनी मिलाकर जमाने के लिए चंद्रमा की किरणों में रख देते हैं। चंद्रमा की किरणों में रखी गई खीर, मीठा दूध, रबड़ी, खांड खाने में बहुत ही स्वादिष्ट लगते हैं, जो स्वास्थ्य के लिए अत्यंत गुणकारी होते हैं।

शरद पूर्णिमा के दिन माताएं अपनी संतान की मंगलकामना के लिए व्रत रखती हैं और देवी-देवताओं की पूजा करती हैं। इस दिन मंदिरों में विशेष पूजन किया जाता है। ज्योतिषियों का मानना है कि संपूर्ण वर्ष में केवल शरद पूर्णिमा की रात्रि को ही चंद्रमा अपनी षोडश कलाओं वाला होता है। ऐसा जन-विश्वास है कि इस रात्रि को चंद्रमा की रोशनी में सुई में धागा पिरोने से आंखों की रोशनी बढ़ती है।

**पूजन विधि-विधान :** शरद पूर्णिमा का पर्व आश्विन मास के शुक्ल पक्ष की पूर्णिमा को मनाया जाता है। इस दिन प्रातःकाल स्नानादि नित्य कर्मों से निवृत्त होकर अपने आराध्य देव, कुल देवता की षोडशोपचार से पूजा-अर्चना एवं शंकर भगवान् के पुत्र कार्तिकेय की भी पूजा इस दिन करने का विधान है। एक पाटे

पर जल से भरा लोटा और गेहूं से भरा एक गिलास रखकर उस पर रोली से स्वस्तिक (卐) बनाकर चावल और दक्षिणा चढ़ाएं। फिर टीका लगाकर हाथ में गेहूं के तेरह दाने लेकर व्रत की कथा का श्रवण करें। इसके पश्चात् गेहूं से भरे गिलास को किसी ब्राह्मणी को सौंप दें। लोटे के जल और गेहूं को चंद्रमा को अर्घ्य देते हुए चढ़ाएं।

रात्रि में गाय के दूध में गोघृत और चीनी या मिस्री मिलाकर उसे चंद्रमा की किरणों में रखें। अर्धरात्रि को अपने आराध्य को अर्पण कर सभी को प्रसाद स्वरूप बांट दें। रात्रि जागरण करके भगवद् भजन-कीर्तन करें।

**पौराणिक कथा :** एक बार राधाजी ने भगवान् कृष्ण की अनन्य प्रेयसी मुरली (बांसुरी) से पूछा–''हे मुरली! तुमने ऐसा कौन-सा तप किया है, जो गिरिधर के मुख पर लगकर उनके अधरों का रसपान करती रहती हो?''

यह सुनकर मुरली ने मुस्करा कर कहा–''राधिके! मैंने इसके लिए बहुत ही कठोर तप किया है। मैं सुनसान स्थल पर जन्मी तो कोई भी मेरे जन्म पर खुशियां मनाने वाला नहीं था। एकांतवास में ही यौवन प्राप्त कर जब मैं गर्व से झूम रही थी, तो एक दिन एक कठोर हृदय व्यक्ति ने मेरे ऊपर लोहे के औजार का प्रयोग कर मेरे अंगों को काट-काटकर नष्ट कर दिया। इससे मेरा गर्व ही चूर-चूर नहीं हुआ, बल्कि असह्य पीड़ा को भी मैंने भोगा। मेरे दुखों का यहीं पर अंत नहीं हुआ। उसी व्यक्ति ने यंत्र के जरिए मुझमें सात छिद्र बनाए। इसके दर्द से मैं चीख तक पड़ी, लेकिन उस व्यक्ति पर कोई असर नहीं पड़ा। मुझे घर ले जाकर एक कोने में पटक दिया गया। वहीं से बालकृष्ण मुझे चुपचाप उठा लाए और जिस समय मेरी जन्मस्थली में जाकर कदंब के पेड़ के नीचे खड़े होकर शरद पूर्णिमा की चंद्र ज्योत्सना में मुझे अपने अधरों पर रखा, तो मैं अतीत के सारे कष्टों, दुखों को भूलकर तन्मय हो उठी। उस तन्मयता में ही उन्हीं की स्वर रागिनी में गूंज उठी। उस समय मेरी गूंज को सुनकर सारे ब्रजवासी अपना अस्तित्व भूल गए और जिधर मेरा स्वर गूंज रहा था, उसी दिशा में दौड़ पड़े। उस मदमाती रात्रि में अमृत वर्षा के समय श्रीकृष्ण ने महारास रचाया। इस तरह मेरे जीवन का संगीत सबको सुनना उपलब्ध हुआ।

## नवरात्र / दुर्गा पूजन व्रत

(दुर्गा आराधन, सुख-शांति, धन-वैभव और यश के लिए)

**माहात्म्य :** अध्यात्म क्षेत्र में मुहूर्त के रूप में नवरात्र पर्व को विशेष मान्यता प्राप्त है। जैसे आत्मिक प्रगति के लिए कभी भी किसी मुहूर्त की प्रतीक्षा नहीं की जाती, ठीक वैसे ही नवरात्र में प्रारंभ किए गए प्रयास, शुभ कार्य में संकल्पबल के सहारे देवी दुर्गा की कृपा से सफल होते हैं। नवरात्र के नौ दिनों में शरीर व मस्तिष्क में विशिष्ट रसस्रावों की बहुलता के कारण उल्लास, उमंगें जन्म लेती हैं। शिवपुराण में नवरात्र के माहात्म्य के संबंध में लिखा है–

> नवरात्रव्रतस्यास्य    प्रभाव    वक्तुमीश्वरः।
> चतुरास्यो न पंचास्यो न षडास्यो न कोऽपर॥

*– शिव पुराण / भक्ति योग वर्णन 74*

नवरात्र के व्रत का ऐसा अटल एवं अद्भुत माहात्म्य होता है, जिसे ब्रह्मा, शिव, स्वामी कार्तिकेय तथा अन्य कोई देव भी वर्णन करने में असमर्थ हैं। इसी पुराण के श्लोक 75 से 77 में यह भी लिखा है कि इस नवरात्र के व्रत को करके पहले राजा विरथ के पुत्र सुरथ ने अपने अपहृत राज्य की प्राप्ति की थी। इसी महाव्रत के प्रभाव से महामनीषी ध्रुवसन्धि के पुत्र अयोध्या के अधीश्वर राजा सुदर्शन ने छिने हुए राज्य को पुनः प्राप्त कर लिया था। इसी व्रत को करके समाधि नामक वैश्य महेश्वरी भगवती की कृपा से उसकी आराधना के द्वारा संसार के बंधनों से छूट कर मुक्त हो गया था।

देवी पुराण में कहा गया है कि नवरात्र के व्रत महासिद्धि देने वाले, सभी शत्रुओं का दमन करने वाले, सब कार्यों को पूरा करने वाले, यश, धन-धान्य, राज्य, पुत्र, संपत्ति सबकी प्राप्ति कराते हैं।

भगवान् श्रीराम ने रावण पर विजय पाने के लिए नवरात्र में शक्ति की पूजा की थी। इस व्रत को भगवान् शिव ने भी किया था। नवरात्र के दिन शक्ति पूजन, शक्ति संवर्द्धन और शक्ति संचय के होते हैं। इसीलिए इस दौरान शक्ति की आराधना की जाती है। नवरात्र में महामाया दुर्गा पूजन के साथ-साथ कन्या पूजन का भी माहात्म्य है। दुर्गा सप्तशती में दुर्गा माहात्म्य के विषय में कहा गया है कि शुम्भ, निशुम्भ तथा महिषासुर आदि तामसिक असुरों की वृद्धि होने से सब देवताओं ने आदि शक्ति महामाया दुर्गा की उपासना की थी। दुर्गा देवी ने प्रसन्न होकर चैत्र तथा आश्विन शुक्ल प्रतिपदा से दशमी पर्यन्त देवी पूजन व व्रत का विधान बताया, तभी से नवरात्र पर्व मनाने की परंपरा प्रारंभ हुई।

**पूजन विधि-विधान :** नवरात्र का पर्व वर्ष में दो बार मनाने का विधान है। पहला चैत्र शुक्ल प्रतिपदा से नवमी तक मनाए जाने वाले नवरात्र को वासंतिक और आश्विन शुक्ल प्रतिपदा से नवमी तक मनाए जाने वाले दूसरे नवरात्र को शारदीय नवरात्र कहा जाता है। शास्त्रों के अनुसार शारदीय नवरात्र का ज्यादा महत्त्व बताया गया है। नवरात्र के नौ दिनों में देवी भगवती के नौ रूप–शैलपुत्री, ब्रह्मचारिणी, चंद्रघंटा, कूष्मांडा, स्कंदमाता, कात्यायनी, कालरात्रि, महागौरी और सिद्धिदात्री की पूजा-आराधना करने का विधान है।

नवरात्र के पहले दिन घट स्थापना कर देवी प्रतिमा स्थापित की जाती है। प्रतिपदा के दिन प्रातःकाल नित्य कर्म, स्नानादि से निवृत्त होकर नवरात्र व्रत का संकल्प करें तथा गणपति पूजन, पुण्याहवाचन कर मातृकाओं का विधिवत् पूजन करें। भूमि पर एक चौकी बनाकर पूर्व-पश्चिम दिशा की ओर मिट्टी के एक कलश (घट) में पानी भरकर हरे पत्ते डालें और चंदन लगाकर सर्व औषधि संस्कार करें। आम्र, दूर्वा, पंचपल्लव, पंच रत्न घट में डालकर उस पर सूत या वस्त्र लपेटें। उसके बाद घट के मुख पर गेहूं/जौ से भरा पूर्ण पात्र रखकर वरुण का पूजन करें। भगवती का आह्वान करें। मिट्टी के दो बड़े कटोरों में काली मिट्टी भरकर उसमें गेहूं के दाने बोकर ज्वार उगाए जाते हैं। इन्हें टोकनी से ढककर और हलदी के पानी से सींचकर पीला रंग दिया जाता है। व्रती को घट के समीप नौ दिन तक अखंड दीपक जलाना अनिवार्य होता है। दशमी पर्यंत घट के सामने नित्य शतचंडी और दुर्गासप्तशती का पाठ और श्रीमद्देवी भागवत का श्रवण करना चाहिए। अंतिम दिन हवन करके कन्या पूजन व भोजन का आयोजन करना चाहिए, फिर व्रत का समापन करें। दशमी के दिन प्रतिमा, घट और ज्वारों का विसर्जन करें। व्रत के दौरान व्रती को संयमित जीवन व्यतीत करना चाहिए। एक समय भोजन करते हुए नौ दिन बिताने चाहिए।

कन्या पूजन का विधान यूं है कि पूजक को ज्ञान प्राप्ति के लिए किसी ब्राह्मण कन्या का, बल प्राप्ति के लिए क्षत्रिय कन्या का, धन प्राप्ति के लिए वैश्य कन्या का और शत्रु विजय, मारण आदि सिद्धि के लिए चांडाल कन्या का पूजन करना चाहिए। इस प्रकार नवरात्र में कन्या पूजन का वैदिक विधान जहां एक प्राकृतिक धर्मनुष्ठान है, वहीं मानव संगठन और चारित्र्य-संरक्षण का भी एक अनुपम अभियान है। पूजन के लिए 2 वर्ष से 10 वर्ष की कन्या चुनने का विधान है। दो वर्ष की कन्या कुमारी, तीन वर्ष की त्रिमूर्ति, चार वर्ष की कल्याणी, पांच वर्ष की रोहिणी, छह वर्ष की काली, सात वर्ष की चंडिका, आठ वर्ष की शांभवी तथा नौ वर्ष की दुर्गा और दस वर्ष की सुभद्रा के नाम से पूजी जानी चाहिए। ग्यारह वर्ष से ऊपर और एक वर्ष से कम की कन्या

का पूजन विधानानुसार वर्जित किया गया है। देवी भगवती होम, जप, दान से इतनी प्रसन्न नहीं होतीं, जितनी कन्या पूजन से होती हैं। उल्लेखनीय है कि समस्त नारी महामाया की प्रतिकृति हैं। कन्याएं निर्विकार होने के कारण दुर्गारूप में पूजने योग्य हैं।

तंत्र ग्रंथों के अनुसार कन्या पूजन से भगवती प्रसन्न होती हैं। उनको भोजन कराने से देवी आनंदित होती हैं और जहां कुमारी कन्या का पूजन होता है, वहां भगवती का निवास होता है। ऐसा विश्वास किया जाता है कि जो कन्यारूपी देवी को पूजन के उपरांत बालप्रिय फल, नैवेद्य, भोजनादि से तृप्त करता है, उसने जैसे त्रैलोक्य को तृप्त कर लिया। कुमारी कन्या पूजन से मनुष्य को लक्ष्मी, सम्मान, पृथ्वी, विद्या, महान् तेज प्राप्त होता है और रोग, दुष्ट ग्रह, भय, शत्रु, विघ्न शांत होकर दूर हो जाते हैं। यहां तक कि बुरे स्वप्न एवं दुखदायक समय भी नहीं आता।

**पौराणिक कथा :** इस कथा का श्रीमार्कण्डेय पुराण में इस प्रकार वर्णन आया है—

कहा जाता है कि एक बार दैत्य गुरु शुक्राचार्य के कहने पर दैत्यों ने घोर तपस्या कर ब्रह्माजी को प्रसन्न किया और वर मांगा कि उन्हें कोई पुरुष, जानवर और शत्रु न मार सकें। ब्रह्माजी द्वारा वरदान मिलते ही असुर अत्याचार करने लगे। महिषासुर नामक दैत्य ने देवताओं को अत्यधिक पीड़ित, आतंकित करना शुरू कर दिया। घबराकर देवराज इंद्र के नेतृत्व में देवताओं ने ब्रह्मा के पास जाकर अपनी रक्षा की गुहार की। तब देवताओं की रक्षा के लिए ब्रह्मा ने वरदान का भेद बताते हुए कहा कि असुरों का सर्वनाश कोई स्त्री-शक्ति ही कर सकती है। ब्रह्माजी की सलाह से देवताओं ने अपनी-अपनी शक्तियां प्रदान कर उनके सम्मिलित रूप से एक अदम्य शक्ति रूपी देवी का सृजन किया। उसने महिषासुर के साथ नौ दिन तक भयानक युद्ध किया और दसवें दिन उसे मारने में सफल हुई। जब तक देवी महिषासुर से युद्ध करती रही, तब तक सभी देवी-देवता और धरती के स्त्री-पुरुष उस शक्तिस्वरूपा, सिंहवाहिनी की पूजा-अर्चना करते रहे। महिषासुर के वध से प्रसन्न होकर कन्याओं को खिला-पिलाकर, दान-दक्षिणा देने की परंपरा तभी से चल पड़ी, जिसका निर्वाह आज भी नवरात्रों में किया जाता है। चूंकि देवी ने रौद्र रूप धारण कर असुरों का संहार किया था, इसीलिए शारदीय नवरात्र को 'शक्ति पर्व' के रूप में मनाया जाता है।

इसी प्रकार चैत्र शुक्ल प्रतिपदा से नौ दिन तक देवों के आह्वान पर असुरों के संहार के लिए माता पार्वती ने भी नौ रूप उत्पन्न किए। उन्हें शक्ति संपन्न करने के लिए सभी देवताओं ने अस्त्र-शस्त्र दिए। फिर देवी ने असुरों का वध किया। यह सब चैत्र मास में नौ दिन तक घटा था, इसलिए चैत्र मास में भी नवरात्र मनाए जाते हैं।

# करवा चौथ / करक चतुर्थी

(स्त्रियों का व्रत : पति की मंगलकामना और अखंड सौभाग्य प्राप्त करने के लिए)

**माहात्म्य :** यह व्रत सौभाग्यवती स्त्रियों द्वारा अपने अखंड सौभाग्य (सुहाग), पति के स्वस्थ एवं दीर्घायु होने की मंगल कामना के लिए किया जाता है। जो सुहागिन स्त्री प्रातःकाल से ही निर्जला व्रत रहकर संध्याकाल में इस कथा को श्रवण करती है, रात्रि में चंद्रमा को अर्घ्य देकर भोजन करती है, उसको शास्त्रानुसार पुत्र, धन-धान्य, सौभाग्य एवं अतुलयश की प्राप्ति होती है। चूंकि यह स्त्रियों का अपने सुहाग की रक्षा के लिए एक मुख्य त्योहार है, इसीलिए यह अन्य व्रतों में सर्वाधिक प्रिय व्रत माना जाता है।

**पूजन विधि-विधान :** यह व्रत कार्तिक मास के कृष्ण पक्ष की चतुर्थी को रखा जाता है। इसे करने का अधिकार केवल स्त्रियों को ही है, क्योंकि स्त्रियों को ही इसकी फलश्रुति मिलती है। व्रत रखने वाली स्त्री प्रातःकाल नित्यकर्मों से निवृत्त होकर, स्नान एवं संध्या आदि करके, आचमन के बाद संकल्प लेकर यह कहे कि मैं अपने सौभाग्य एवं पुत्र-पौत्रादि तथा निश्चल संपत्ति की प्राप्ति के लिए करवा चौथ के व्रत को करूंगी। यह व्रत निराहार ही नहीं, अपितु निर्जला के रूप में करना अधिक फलप्रद माना जाता है। इस व्रत में शिव-पार्वती,

कार्तिकेय और गौरा का पूजन करने का विधान है। चंद्रमा, शिव, पार्वती स्वामी कार्तिकेय और गौरा की मूर्तियों की पूजा षोडशोपचार विधि से विधिवत करके एक तांबे या मिट्टी के पात्र में चावल, उड़द की दाल, सुहाग

की सामग्री; जैसे–सिंदूर, चूड़ियां, शीशा, कंघी, रिबन और रुपया रखकर किसी श्रेष्ठ सुहागिन स्त्री या अपनी सास के पांव छूकर उन्हें भेंट कर देनी चाहिए।

सायं वेला पर पुरोहित से अवश्य कथा सुनें, दान-दक्षिणा दें। तत्पश्चात् रात्रि में जब पूर्ण चंद्रोदय हो जाए तब चंद्रमा को छलनी से देखकर अर्घ्य दें, आरती उतारें और अपने पति का दर्शन करते हुए पूजा करें। इससे पति की उम्र लंबी होती है।

**पौराणिक कथा :** इस व्रत की कथा का उल्लेख श्रीवामन पुराण में इस प्रकार उल्लिखित है–

एक बार द्रौपदी ने अपने कष्टों के निवारण के लिए भगवान् श्रीकृष्ण से कोई उपाय पूछा, तो उन्होंने एक कथा सुनाई–किसी समय इंद्रप्रस्थ में वेद शर्मा नामक एक विद्वान् ब्राह्मण रहता था। उसकी पत्नी लीलावती से उसके परम तेजस्वी सात पुत्र और एक सुलक्षणा वीरावती नामक पुत्री पैदा हुई। वीरावती के युवा होने पर उसका विवाह एक उत्तम ब्राह्मण से कर दिया गया। जब कार्तिक कृष्ण चतुर्थी आई, तो वीरावती ने अपनी भाभियों के साथ बड़े प्रेम से यह व्रत शुरू किया। लेकिन भूख-प्यास से पीड़ित होकर वह चंद्रोदय के पूर्व ही बेहोश हो गई। बहन को बेहोश देखकर सातों भाई व्याकुल हो गए और इसका उपाय खोजने लगे। उन्होंने अपनी लाडली बहन के लिए पेड़ के पीछे से जलती मशाल का उजाला दिखाकर बहन को होश में लाकर चंद्रोदय निकलने की सूचना दी, तो उसने विधिपूर्वक अर्घ्य देकर भोजन कर लिया। ऐसा करने से उसके पति की मृत्यु हो गई। अपने पति के मृत्यु से वीरावती व्याकुल हो उठी। उसने अन्न-जल का त्याग कर दिया। उसी रात्रि में इंद्राणी पृथ्वी पर विचरण करने आई। ब्राह्मण-पुत्री ने उससे अपने दुख का कारण पूछा, तो इंद्राणी ने बताया–''हे वीरावती! तुमने अपने पिता के घर पर करक चतुर्थी का व्रत किया था, पर वास्तविक चंद्रोदय के होने से पहले ही ही अर्घ्य देकर भोजन कर लिया, इसीलिए तुम्हारा

पति मर गया। अब उसे पुनर्जीवित करने के लिए विधिपूर्वक उसी करक चतुर्थी का व्रत करो। मैं उस व्रत के ही पुण्य प्रभाव से तुम्हारे पति को जीवित करूंगी।"

वीरावती ने बारह मास की चौथ सहित करवा चौथ का व्रत पूर्ण विधि-विधानानुसार किया, तो इंद्राणी ने अपनी प्रतिज्ञा के अनुसार प्रसन्न होकर चुल्लूभर पानी उसके पति के मृत शरीर पर छिड़क दिया। ऐसा करते ही उसका पति जीवित हो उठा। घर आकर वीरावती अपने पति के साथ वैवाहिक सुख भोगने लगी। समय के साथ उसे पुत्र, धन, धान्य और पति की दीर्घायु का लाभ मिला। जो सुहागिन नारी विधिपूर्वक इस व्रत का पालन करती है, उसके सारे दुख दूर हो जाते हैं और वह अपने पति के साथ जीवन भर आनंदपूर्वक रहती है।

## अहोई अष्टमी
### (पुत्र की दीर्घायु के लिए)

**माहात्म्य :** कार्तिक कृष्ण पक्ष की सप्तमी या अष्टमी के दिन यानी जिस वार की दीपावली हो, उसके एक सप्ताह पहले उसी वार को अहोई अष्टमी का व्रत किया जाता है। पुत्र की दीर्घ आयु एवं सुख-समृद्धि के लिए माताएं अहोई माता की पूजा करके यह व्रत रखती हैं।

**पूजन विधि-विधान :** उपरोक्त तिथि को सारे दिन व्रत रखकर सब प्रकार की कच्ची स्याऊ रसोई बनाई जाती है। संध्या को दीवार में आठ कोष्ठक की एक पुतली लिखी जाती है। उसी के समीप स्याऊ (सेही) के बच्चों की और सेई की आकृति बनाई जाती है। जमीन पर चौक पूरकर कलश की स्थापना की जाती है। रसोई का थाल लगाकर भोग के लिए तैयार रखा जाता है। कलश पूजन के बाद अष्टमी (दीवार में लिखी हुई चित्रकारी) का विधिवत पूजन होता है। तब दूध भात का भोग लगाया जाता है और नीचे लिखी कथा कही जाती है–

**प्रचलित कथा :** एक नगर में एक साहूकार रहता था। उसके सात पुत्र और एक पुत्री थी। साहूकार के सभी बेटे-बेटी विवाहित थे। एक दिन साहूकार के बेटों की बहुएं अपनी ननद के साथ मिट्टी खोदने गईं। मिट्टी खोदते समय साहूकार की बेटी से संयोगवश कुदाली स्याऊ (सेही) के बच्चे को लग गई, जिससे उसकी मृत्यु हो गई। अनजाने में हुए इस पाप से बेटी को बहुत दुख हुआ।

स्याऊ को जब ज्ञात हुआ कि इसने मेरे बच्चे को मार डाला है, तो उसने ननद की कोख बांधनी चाही। तब ननद ने अपनी भाभियों से आग्रह किया कि वे मेरी बजाए अपनी कोख बंधवा लें। इस पर छहों बड़ी भाभियों ने कोख बंधवाने से मना कर दिया, लेकिन सबसे छोटी भावज ने ननद के बदले अपनी कोख यह सोचकर बंधवा ली कि जेठानियों के बेटा-बेटी भी तो मेरे ही बच्चों के समान होंगे। यदि ननद की कोख बंध गई, तो इससे सास को भी दुख होगा। समय बीतता गया और छोटी बहू के जन्मे सातों बेटे एक के बाद एक मरते चले गए। इससे दुखी होकर छोटी बहू ने कई पंडितों को बुलाकर स्याऊ के शाप से मुक्ति पाने के उपाय पूछे। इस पर पंडितों ने बताया कि तुम गऊ की पूजा करो। वह स्याऊ माता की बहन है। वह कहेगी तो स्याऊ तुम्हारी कोख खोल देगी।

छोटी बहू प्रतिदिन गऊ की पूजा करने लगी। सेवा-पूजा से प्रसन्न हो एक दिन गऊ माता ने कहा—''तुझे मेरी सेवा करते बहुत दिन हो गए हैं, बता क्या चाहती है?'' तब साहूकार की बहू ने पूरी घटना गऊ को सुनाते हुए कहा—'स्याऊ से मेरी कोख छुड़वा दे।' गऊ ने कहा—'कल सवेरे अंधेरे में आना।' अगले दिन वह जल्दी ही गऊ के पास गई। गऊ उसे लेकर घने जंगल में स्याऊ माता के पास आई। स्याऊ ने गऊ को देखकर कहा, आओ बहन बहुत दिनों में आई हो। यह तुम्हारे साथ कौन है?'

गऊ बोली—''यह मेरी भक्त है और मेरी बहुत सेवा करती है।'' तब स्याऊ बोली—''मुझे भी मेरे बच्चों की रखवाली के लिए किसी की आवश्यकता है।'' इस पर छोटी बहू ने स्याऊ के बच्चों की रखवाली करने की बात स्वीकार ली और वह वहीं रहने लगी। बहू उन सबकी खूब सेवा करती। यह देखकर एक दिन स्याऊ बोली—'तुम इतनी उदास क्यों रहती हो?' बहू की आंखों में आंसू आ गए। बहू को रोती देख स्याऊ ने कहा—'मुझे बता क्या बात है, मैं तेरा संकट दूर करूंगी।' इस पर बहू बोली—'वचन दो।' स्याऊ ने वचन दे दिया। तब उसने अपनी कोख बंधने वाली सारी घटना स्याऊ को बता दी। सुनकर स्याऊ ने कहा—''तूने मुझे ठग लिया है, लेकिन कोई बात नहीं, मैं तेरी कोख खोलती हूं—आज से तेरी कोई भी संतान नहीं मरेगी।'' इसके बाद स्याऊ ने बहुत सारा धन देकर बहू को वहां से विदा किया। बहू ने घर आकर देखा तो उसके मरे हुए सातों बेटे जीवित मिले। उस दिन अहोई का व्रत था। सभी के साथ-साथ उसने अहोई माता का व्रत रखा, कथा कही एवं पूजा की।

## रमा एकादशी

(स्त्रियों का व्रत : पाप निवारण और सौभाग्य प्राप्ति के लिए)

**माहात्म्य :** इस एकादशी के व्रत के प्रभाव से समस्त पाप नष्ट हो जाते हैं, यहां तक कि ब्रह्महत्या जैसे महापाप भी दूर होते हैं। सौभाग्यवती स्त्रियों के लिए यह व्रत सुख और सौभाग्यप्रद माना गया है। व्रती को ईश्वर के चरणों में स्थान मिलता है।

**पूजन विधि-विधान :** यह व्रत कार्तिक मास के कृष्ण पक्ष की एकादशी को रखा जाता है। इस दिन उपवास रखकर प्रातःकाल के नित्य कर्म स्नानादि से निवृत्त होकर भगवान् श्रीकृष्ण की विधि-विधानानुसार पूजा व आरती करें। नैवेद्य चढ़ाकर प्रसाद का वितरण भक्तों में करें। प्रसाद में माखन और मिश्री का उपयोग करें। दिन में एक बार फलाहार करें। अन्न का सेवन न करें।

**पौराणिक कथा :** इस व्रत की कथा का उल्लेख श्रीपद्म पुराण में इस प्रकार हुआ है—

प्राचीन समय में मुचुकुन्द नाम का एक राजा था। जिसकी मित्रता देवराज इन्द्र, यम, वरुण, कुबेर एवं विभीषण के साथ थी। वह बड़ा धार्मिक प्रवृत्ति वाला एवं सत्यप्रतिज्ञ था। उसके राज्य में सभी सुखी थे। उसकी चंद्रभागा नाम की एक पुत्री थी, जिसका विवाह राजा मुचुकुन्द ने राजा चन्द्रसेन के पुत्र शोभन के साथ कर दिया था।

एक दिन शोभन अपने श्वसुर के घर आया तो संयोगवश उस दिन एकादशी थी। शोभन ने एकादशी को इस व्रत को करने का निश्चय किया। चंद्रभागा को यह चिंता हुई कि उसका अति दुर्बल पति भूख को कैसे सहन करेगा? इस विषय में उसके पिता के आदेश बहुत सख्त थे। राज्य में सभी एकादशी का व्रत रखते थे और कोई अन्न का सेवन नहीं करता था। शोभन ने अपनी पत्नी से कोई ऐसा उपाय जानना चाहा जिससे उसका व्रत भी पूर्ण हो जाए और उसे कोई कष्ट भी न हो। लेकिन चन्द्रभागा उसे ऐसा कोई उपाय न सुझा सकी। निरुपाय होकर शोभन ने स्वयं को भाग्य के भरोसे छोड़कर व्रत रख लिया। लेकिन वह भूख, प्यास सहन न कर सका और उसकी मृत्यु हो गई। इससे चन्द्रभागा बहुत दुखी हुई। पिता के विरोध के कारण वह सती नहीं हुई।

उधर शोभन ने रमा एकादशी व्रत के प्रभाव से मंदराचल पर्वत के शिखर पर एक उत्तम देवनगर प्राप्त किया। वहां ऐश्वर्य के समस्त साधन उपलब्ध थे। गंधर्वगण उसकी स्तुति करते थे और अप्सराएं उसकी सेवा में लगी रहती थीं। एक दिन जब राजा मुचुकुन्द मंदराचल पर्वत पर आया तो उसने अपने दामाद का वैभव देखा। वापस अपनी नगरी आकर उसने चन्द्रभागा को पूरा हाल सुनाया तो वह अत्यंत प्रसन्न हुई। वह अपने पति के पास चली गई और अपनी भक्ति और रमा एकादशी के प्रभाव से शोभन के साथ सुखपूर्वक रहने लगी।

# धनतेरस
### (दीर्घायु एवं स्वस्थ जीवन हेतु)

**माहात्म्य :** धनतेरस का त्योहार दीपावली आने की पूर्व सूचना देता है। इस दिन भगवान् धन्वंतरि क्षीरसागर से अमृत कलश लेकर प्रकट हुए थे, इसलिए वैद्य समाज हर्षोल्लास के साथ 'धन्वंतरि जयंती' मनाता है। उल्लेखनीय है कि अमृतपान करने वाला प्राणी अमर हो जाता है, इसीलिए धन्वंतरि भगवान् ने देवताओं को अमृतपान करवाकर अमर कर दिया था। भगवान् विष्णु के अंश से अवतरित भगवान् धन्वंतरि आयुर्वेद के प्रवर्तक तथा आरोग्य के देवता रूप में प्रतिष्ठित हुए हैं। यही कारण है कि धनतेरस के दिन दीर्घायु और स्वस्थ जीवन की कामना के लिए भगवान् धन्वंतरि के पूजन का विशेष माहात्म्य है।

धनतेरस की प्राचीनता का प्रमाण वैदिक साहित्य में भी पाया जाता है। चूंकि यमराज वैदिक देवता माने जाते हैं, इसलिए इस दिन यमराज की भी पूजा की जाती है। धनतेरस के दिन लक्ष्मी का आवास घर में माना जाता है। इस तिथि को पुराने बर्तनों के बदले नया बर्तन खरीदना शुभ माना गया है। ऐसा विश्वास किया जाता है कि चांदी के बर्तन खरीदने से अधिक पुण्य लाभ मिलता है।

**पूजन विधि-विधान :** यह त्योहार कार्तिक मास के कृष्ण पक्ष की त्रयोदशी को मनाया जाता है। इस दिन यमराज के लिए आटे से निर्मित दीपक बनाकर घर के मुख्य द्वार पर रखने का विधान है। रात्रि को घर की स्त्रियां इस दीपक में तेल डालकर चार बत्तियां जलाती हैं और जल, रोली, चावल, फूल, गुड़, नैवेद्य

आदि सहित दीपक जलाकर यमराज का पूजन करती हैं। हल जुती मिट्टी को दूध में भिगोकर सेमर वृक्ष की डाली में लगाएं और उसको तीन बार अपने शरीर पर फेर कर कुंकुम का टीका लगाएं और दीप प्रज्वलित करें।

इस दिन भगवान् धन्वंतरि का विधिवत् पूजन करने का विशेष महत्त्व है।

**पौराणिक कथा :** धन तेरस की कथा का पुराणों में वर्णन इस प्रकार हुआ है—

एक समय यमराज ने अपने दूतों से पूछा कि क्या कभी तुम्हें प्राणियों के प्राण का हरण करते समय किसी पर दयाभाव भी आया है, तो वे संकोच में पड़कर बोले—''नहीं महाराज! हमें दयाभाव से क्या मतलब। हम तो बस, आपकी आज्ञा का पालन करने में लगे रहते हैं।''

यमराज ने उनसे दुबारा पूछा तो उन्होंने संकोच छोड़कर बताया कि एक बार एक ऐसी घटना घटी थी, जिससे हमारा हृदय कांप उठा था। हेम नामक राजा की पत्नी ने जब एक पुत्र को जन्म दिया तो ज्योतिषियों ने नक्षत्र गणना करके बताया कि यह बालक जब भी विवाह करेगा, उसके चार दिन बाद ही मर जाएगा। यह जानकर उस राजा ने बालक को स्त्रियों की छाया तक से बचाने हेतु यमुना तट की एक गुफा में ब्रह्मचारी के रूप में रखकर बड़ा किया। संयोग से एक दिन जब महाराजा हंस की युवा बेटी यमुना तट पर घूम रही थी तो उस ब्रह्मचारी युवक ने मोहित होकर उससे गंधर्व विवाह कर लिया। चौथा दिन पूरा होते ही वह राजकुमार मर गया। अपने पति की मृत्यु देखकर उसकी पत्नी बिलख-बिलख कर रोने लगी। उस नवविवाहिता का करुण विलाप सुनकर हमारा हृदय भी कांप उठा। हमने जीवन में कभी भी ऐसी सुंदर जोड़ी नहीं देखी थी। वे दोनों साक्षात् कामदेव व रति के अवतार मालूम होते थे। उस राजकुमार के प्राण हरण करते समय हमारे आंसू नहीं रुक रहे थे।

यह सुनकर यमराज ने कहा—''क्या करें, विधि के विधानानुसार उसकी मर्यादा निभाकर हमें ऐसे अप्रिय कार्य करने ही पड़ते हैं।''

'क्या अकाल मृत्यु से बचने का कोई उपाय नहीं है?' एक यमदूत ने उत्सुकतावश पूछा। यमराज बोले—''हां उपाय तो है। अकाल मृत्यु से छुटकारा पाने के लिए व्यक्ति को धनतेरस के दिन पूजन और दीपदान विधिपूर्वक करना चाहिए। जहां यह पूजन होता है, वहां अकाल मृत्यु का भय नहीं सताता।''

कहते हैं कि तभी से धनतेरस के दिन यमराज के पूजन के पश्चात् दीपदान करने की परंपरा प्रचलित हुई।

## नरक चतुर्दशी
### (यमराज को प्रसन्न करने के लिए)

**माहात्म्य :** जैसा कि इस व्रत के नाम से ही स्पष्ट है, नरक चतुर्दशी को किया गया पूजन और व्रत यमराज को प्रसन्न करने के लिए किया जाता है। जिसका उद्देश्य नरक से मुक्ति पाना है, क्योंकि यमराज के रुष्ट होने से प्राणी को नरक में दी जाने वाली यातनाओं का कष्ट भोगना पड़ता है। दैत्यराज बलि के वामन भगवान् से मांगे वरदान के अनुसार उस दिन जो व्यक्ति यमराज को दीपदान करता है, उसको यम यातना नहीं होती और दीपावली मनाने वाले के घर को लक्ष्मीजी कभी छोड़कर अन्यत्र नहीं जातीं।

पुराणों के अनुसार इस पर्व का नरकासुर वध से भी संबंध है। इंद्र सहित देवताओं को दुखी एवं त्रस्त करने वाले नरकासुर का भगवान् श्रीकृष्ण ने इसी दिन वध करके पृथ्वी को भारमुक्त किया था। उसी के उपलक्ष्य में इसे मनाया जाता है। इस तिथि को सूर्योदय से पूर्व ही प्रातःकाल में स्नान करने का बड़ा माहात्म्य माना गया है। श्रीब्रह्म पुराण के अनुसार जो मनुष्य प्रातःकाल स्नान करता है, वह प्रायः निरोगी रहता है और जीवन भर सुखी और संतुष्ट रहता है।

इस पर्व पर स्नान करने के पूर्व शरीर पर तिल के तेल की मालिश करने का अधिक माहात्म्य बताया गया है। इस चतुर्दशी के दिन यदि दीवाली हो जाए तो तेल में लक्ष्मी और जल में गंगाजी निवास करती हैं, ऐसा विश्वास किया जाता है।

चतुर्दशी को महारात्रि माना जाता है, इसलिए इसमें शक्ति के उपासकों को शक्ति की पूजा करनी चाहिए। इस रात्रि में मंत्र भी सिद्ध किए जा सकते हैं।

**पूजन विधि-विधान :** यह व्रत कार्तिक मास के कृष्ण पक्ष की चतुर्दशी को रखा जाता है। इस दिन शरीर पर तिल के तेल की मालिश करके सूर्योदय के पूर्व स्नान करने का विधान है। स्नान के दौरान अपामार्ग को शरीर पर स्पर्श करना चाहिए। स्नान के बाद स्वच्छ वस्त्र धारण कर तर्पण करके तीन अंजलि भरकर जल अर्पित करें। इसे तीन दिन तक करना चाहिए। चूंकि यमराज देव भी हैं और पितर भी, अतः जिनके माता पिता जीवित हों, उनको भी नरक चतुर्दशी के दिन जलांजलि अर्पित कर यमराज और भीष्म का तर्पण करना चाहिए। इस प्रकार तर्पण कर्म सभी पुरुषों को करना चाहिए, चाहे उनके माता-पिता गुजर चुके हों या जीवित हों। फिर देवताओं का पूजन करके सायंकाल यमराज को दीपदान करने का विधान है।

दीपक जलाने का कार्य त्रयोदशी से शुरू करके अमावस्या तक करना चाहिए। इस दिन भगवान् श्रीकृष्ण का पूजन करने का भी विधान बताया गया है, क्योंकि इसी दिन उन्होंने नरकासुर का वध किया था। इस दिन जो भी व्यक्ति विधिपूर्वक भगवान् श्रीकृष्ण का पूजन करता है, उसके सारे मन के ताप दूर हो जाते हैं और अंत में उसे बैकुंठ में जगह मिलती है।

**पौराणिक कथा :** इस व्रत की कथा का उल्लेख 'श्रीसनत्कुमार संहिता' में इस प्रकार हुआ है–

एक बार त्रयोदशी से अमावस्या की अवधि के बीच जब वामन भगवान् ने दैत्यराज बलि की पृथ्वी को तीन पगों में नाप लिया तो राजा ने उनसे प्रार्थना की–"हे प्रभु! मुझे जो कुछ आपने दिया है, इसके अतिरिक्त मैं कुछ और नहीं चाहता, लेकिन संसार के लोगों के कल्याण के लिए मैं एक वरदान मांगता हूं। आपकी शक्ति है, तो दे दीजिए।"

भगवान् वामन ने पूछा–'क्या वरदान मांगना चाहते हो, राजन?' दैत्यराज बलि बोले–'प्रभु! आपने कार्तिक कृष्ण त्रयोदशी से लेकर अमावस्या की अवधि में मेरी संपूर्ण पृथ्वी नाप ली है, इसलिए जो व्यक्ति मेरे राज्य में चतुर्दशी के दिन यमराज के लिए दीपदान करे, उसे यम यातना नहीं होनी चाहिए और जो व्यक्ति इन तीन दिनों में दीपावली करे, उनके घर को लक्ष्मीजी कभी न छोड़ें।

राजा बलि की प्रार्थना सुनकर भगवान् वामन बोले–"राजन! मेरा वरदान है कि जो चतुर्दशी के दिन नरक के स्वामी यमराज को दीपदान करेंगे, उनके सभी पितर लोग कभी भी नरक में न रहेंगे और जो व्यक्ति इन तीन दिनों में दीपावली का उत्सव मनाएंगे, उन्हें छोड़कर मेरी प्रिय लक्ष्मी अन्यत्र न जाएंगी।"

भगवान् वामन को दिए इस वरदान के बाद से ही नरक चतुर्दशी के व्रत, पूजन और दीपदान का प्रचलन आरंभ हुआ, जो आज तक चला आ रहा है।

## दीपावली / लक्ष्मी पूजन
(ऋद्धि-सिद्धि, धन, वैभव प्राप्ति के लिए)

**माहात्म्य :** अमावस्या के गहन अंधकार के विरुद्ध नन्हें दीपकों के प्रकाश का संघर्ष रूपी संदेश देने वाला दीपावली का त्योहार भारतीय सभ्यता, संस्कृति का एक सर्व प्रमुख त्योहार है। **तमसो मा ज्योतिर्गमय** के वेदवाक्य का संदेश देने वाली दीपावली प्रतिवर्ष कार्तिक कृष्ण अमावस्या को हर्षोल्लास के साथ लक्ष्मी पूजन करके न केवल हमारे देश में, बल्कि विदेशों में भी मनाई जाती है। इस दिन भगवान् राम चौदह वर्षों का वनवास पूरा करके और रावण का वध कर श्रीलंका विजय प्राप्त करके अयोध्या लौटे थे। फिर अयोध्या के राजा पद पर उनका राज्याभिषेक कार्तिक की अमावस्या को महर्षि वसिष्ठ द्वारा किया गया था। इस खुशी में राज्य की प्रजा ने घर-घर दीपकों की रोशनी की और स्वादिष्ट व्यंजन बनाए। तभी से यह परंपरा आज तक चली आ रही है।

भगवान् विष्णु ने दैत्यराज बलि की कैद से लक्ष्मी सहित अन्य देवताओं को छुड़वाया तो उनका सारा धन-धान्य, राजपाट एवं वैभव लक्ष्मीजी की कृपा से ही पुनः परिपूर्ण हुआ था। इसीलिए दीपावली के दिन लक्ष्मी पूजन किया जाता है। लक्ष्मी की स्तुति में स्वयं देवराज इंद्र ने कहा है–सिद्धि, बुद्धि, प्रदात्री, भोग और मुक्ति दोनों को प्रदान करने वाली, मंत्रपूता आद्या शक्ति, सर्वशक्तियुक्ता, योग का आधार लक्ष्मी ही है, जिसके बिना कुछ भी नहीं चल सकता।

भर्तृहरि संहिता में कहा गया है कि जिसके पास लक्ष्मी (धन) है, वही कुलीन है, वही पंडित है, वही गुणी है, वही श्रेष्ठ है, वही दर्शनीय है। मतलब यह है कि ये सभी गुण लक्ष्मी के आश्रित हैं। मनुष्य के जीवन में जो सात प्रधान सुख माने गए हैं, वे सभी लक्ष्मी के अधीन हैं। लक्ष्मी कृपा से ही इन सुखों की पूर्ण प्राप्ति संभव है। स्त्री की शक्ति पुरुष और पुरुष की शक्ति लक्ष्मी अर्थात धन-संपदा ही है। मनुष्य तो क्या देवताओं को भी अपने देवत्व कार्य पूर्ण करने के लिए लक्ष्मी की आराधना करनी पड़ती है। देवराज इंद्र भी लक्ष्मी की कृपा पर आश्रित हैं। जगत् के पालनकर्ता विष्णु भगवान् भी लक्ष्मी के सहयोग से ही कार्य करते हैं। लक्ष्मी भोग की अधिष्ठात्री देवी हैं, इनकी सिद्धि से ही जीवन में भौतिक सुख-सुविधाएं प्राप्त होती हैं। जहां लक्ष्मी का वास होता है, वहां सुख-समृद्धि एवं आनंद मिलता है। दरिद्रता की काली छाया वहां नहीं फटकती।

महाभारत के रचयिता महर्षि वेदव्यास लिखते हैं–**पुरुषां धनं वधः** अर्थात लक्ष्मी का अभाव तो मनुष्य के लिए मृत्यु का चिह्न है। यदि मनुष्य पर लक्ष्मी की कृपा न हो तो इच्छाएं अधूरी रह जाने पर उसकी आत्मा को मुक्ति नहीं मिलती।

श्रीब्रह्म पुराण में उल्लेख किया गया है कि दीपावली की अर्धरात्रि में लक्ष्मीजी सद्गृहस्थों के घरों में जहां-तहां विचरण करती रहती हैं। इसलिए लक्ष्मी के स्वागत के लिए सभी श्रद्धायुक्त जन अपने-अपने घरों को सभी प्रकार से स्वच्छ, शुद्ध और सुंदर रीति से सजाकर रखते हैं, ताकि लक्ष्मी प्रसन्न होकर उनके घर में प्रवेश करें व अपनी कृपा दिखाएं।

चूंकि दीपावली की अमावस्या से पितरों की रात आरंभ होती है, इसलिए इस दिन आकाशदीप (कंदील) जलाने की प्रथा है, ताकि पितर मार्ग से भटक न जाएं। वैश्य (बनिया) अपने बही खाते भी दीपावली के दिन ही बदलकर नए बनाते हैं।

भगवान् शंकर और पार्वती के बीच जुआ खेलने के प्रसंग को लेकर आज तक लोग दीवाली की रात जुआ खेलते चले आ रहे हैं। उस जुए में तो भगवान् शंकर पराजित हो गए थे, लेकिन आम लोगों में यह अंधविश्वास कायम है कि इस दिन जिसकी जीत होती है, वह पूरे वर्ष जुए में जीतता है और जो हार जाता है, वह पूरे वर्ष हारता ही है।

पूजन विधि-विधान : पुराणों में ऐसा उल्लेख मिलता है कि लक्ष्मीजी का पूजन भगवान् नारायण ने बैकुंठ में सबसे पहले किया, उसके बाद दूसरी बार ब्रह्मा ने, तीसरी बार शिवशंकर ने किया था। दीपावली के त्योहार को कार्तिक मास के कृष्ण पक्ष की अमावस्या के दिन मनाया जाता है। वैसे यह त्योहार त्रयोदशी, धनतेरस से शुरू होकर द्वितीया, भैया दूज तक चलता है। इस दिन लक्ष्मीजी के साथ श्रीगणेश के पूजन की परंपरा है।

'लक्ष्मी तंत्र' के अनुसार इंद्र द्वारा लक्ष्मी की कृपा पाने का उपाय पूछने पर स्वयं लक्ष्मी ने कहा है कि जो व्यक्ति नैमित्तिक कार्य का आचरण करते हुए मेरी कृपा प्राप्ति की इच्छा करते हुए मेरी आराधना करता है, उसी मनुष्य पर मैं पूर्ण रूप से प्रसन्न होती हूं। निःसंदेह जो सात्विक मन से, पूर्ण प्रीति से लक्ष्मी आराधना संपन्न करता है, वह अपने जीवन की दरिद्रता को मिटा सकता है। प्राचीन काल से ही लोग लक्ष्मी विनायक गणपति यंत्र, श्रीयंत्र, कुबेर यंत्र व कनकधारा यंत्र की पूजा उपासना करके महालक्ष्मी की कृपा प्राप्त करते आए हैं।

ऋग्वेद के श्रीसूक्त में भी भगवती लक्ष्मी से प्रार्थना की गई है–"हे देवी, मैं आपका वरण करता हूं। आप दरिद्रा, अलक्ष्मी का नाश कर मेरे घर से अभूति, असमृद्धि को दूर करें।"

शास्त्र वर्णित है कि जिस स्थान पर भगवान् श्रीहरि की चर्चा होती है, उनके गुणों का कीर्तन होता है, भगवान् श्रीकृष्ण तथा उनके भक्तों का यश गाया जाता है, जहां शंख ध्वनि होती है, शंख, शालग्राम, तुलसी का निवास रहता है, उनकी सेवा, वंदना, ध्यान होता है। जहां शिवलिंग की पूजा, दुर्गा की पूजा व कीर्तन होता है, जहां ब्राह्मणों की सेवा होती है और उन्हें उत्तम पदार्थ भोजन में कराए जाते हैं तथा संपूर्ण देवताओं का अर्चन होता है; वहां लक्ष्मी सदा विद्यमान रहती हैं।

लक्ष्मी पूजन की तैयारी सायंकाल से शुरू की जाती है। एक चौकी पर लक्ष्मी और गणेश की मूर्तियां इस प्रकार रखें कि लक्ष्मी के दायीं दिशा में गणेश रहें और उनका मुख पूर्व दिशा की ओर रहे। उनके सामने बैठकर चावलों पर कलश की स्थापना करें। वरुण के प्रतीक इस कलश पर एक नारियल लाल वस्त्र में लपेट कर इस प्रकार रखें कि उसका केवल अग्रभाग ही दिखाई दे। दो बड़े दीपक लेकर एक में घी और दूसरे में तेल भरकर रखें। एक को मूर्तियों के चरणों में और दूसरे को चौकी की दाईं तरफ रखें। इसके अलावा एक छोटा दीपक गणेशजी के पास भी रखें। फिर शुभ मुहूर्त के समय जल, मौली, अबीर, चंदन, गुलाल, चावल, धूप, बत्ती, गुड़, फूल, धानी, नैवेद्य आदि लेकर सबसे पहले पवित्रीकरण करें। फिर सारे दीपकों को जलाकर उन्हें नमस्कार करें। उन पर चावल छोड़ दें। पहले पुरुष और बाद में स्त्रियां गणेशजी, लक्ष्मीजी व अन्य देवी-देवताओं का विधिवत षोडशोपचार पूजन, श्रीसूक्त, लक्ष्मी सूक्त व पुरुष सूक्त का पाठ करें और आरती उतारें। बही खातों की पूजा कर नए लिखने की शुरुआत करें। तेल के अनेक दीपक जलाकर घर के हरेक कमरों में, तिजोरी के पास, आंगन, गैलरी आदि जगह पर रखें ताकि किसी भी जगह अंधेरा न रहे। खांड की मिठाइयां, पकवान, खीर आदि का भोग लगाकर सबको प्रसाद बांटें। घर के सभी छोटे सदस्य अपने से बड़ों के पैर छूकर आशीर्वाद प्राप्त करें और उल्लास पूर्वक इस पर्व को संपन्न करें।

**पौराणिक कथा :** इस त्योहार की व्रत कथा का उल्लेख धर्मग्रंथों में इस प्रकार हुआ है–

एक बार सनत्कुमार ने शौनकादि ऋषि-मुनियों से पूछा–'दीपावली के त्योहार पर लक्ष्मीजी के अलावा अन्य देवी-देवताओं का पूजन क्यों किया जाता है?' सनत्कुमार बोले–'एक बार दैत्यराज बलि ने अपने बाहुबल से अनेक देवी-देवताओं सहित लक्ष्मीजी को बंदी बनाकर कारागार में डाल दिया तब कार्तिक की अमावस्या को श्रीहरि विष्णु भगवान् ने वामन का रूप धारण कर बलि को बांध लिया। तब कहीं जाकर उन सभी को कारागार से मुक्ति मिली। फिर श्रीहरि लक्ष्मीजी के साथ शयन हेतु क्षीर सागर में चले गए। इसीलिए अन्य देवी-देवताओं के साथ लक्ष्मी के शयन व पूजन का विधान बनाया गया है। जो भी व्यक्ति उनका स्वागत उत्साहपूर्वक करके स्वच्छ कोमल शय्या प्रदान करता है, पूजन करता है, उनको लक्ष्मी छोड़कर नहीं जाती। जबकि प्रमाद व निद्रा में पड़े लोगों के घर लक्ष्मी नहीं जाती।

## अन्नकूट / गोवर्धन पूजन

(भगवान् श्रीकृष्ण को प्रसन्न करने तथा गोवंश की रक्षा के लिए)

**माहात्म्य :** हमारे कृषि प्रधान देश में गोवर्धन पूजा जैसे प्रेरणाप्रद पर्व की अत्यंत आवश्यकता है। इसके पीछे एक महान् संदेश गो यानी पृथ्वी और गाय दोनों की उन्नति तथा विकास की ओर ध्यान देना और उनके संवर्धन के लिए सदा प्रयत्नशील होना छिपा है। अन्नकूट का महोत्सव भी गोवर्धन पूजा के दिन कार्तिक शुक्ल प्रतिपदा को ही मनाया जाता है। यह ब्रजवासियों का मुख्य त्योहार है। अन्नकूट या गोवर्धन पूजा का पर्व यूं तो अति प्राचीन काल से मनाया जाता रहा है, लेकिन आज जो विधान मौजूद है वह भगवान् श्रीकृष्ण के इस धरा पर अवतरित होने के बाद द्वापर युग से आरंभ हुआ है। उस समय जहां वर्षा के देवता इंद्र की ही उस दिन पूजा की जाती थी, वहीं अब गोवर्धन पूजा भी प्रचलन में आ गई है। धर्मग्रंथों में इस दिन इंद्र, वरुण, अग्नि आदि देवताओं की पूजा करने का उल्लेख मिलता है। उल्लेखनीय है कि ये पूजन पशुधन व अन्न आदि के भंडार के लिए किया जाता है। बालखिल्य ऋषि का कहना है कि अन्नकूट और गोवर्धन उत्सव श्रीविष्णु भगवान् की प्रसन्नता के लिए मनाना चाहिए। इन पर्वों से गौओं का कल्याण होता है, पुत्र पौत्रादि संततियां प्राप्त होती हैं, ऐश्वर्य और सुख प्राप्त होता है। कार्तिक के महीने में जो कुछ भी जप, होम, अर्चन किया जाता है, इन सबकी फलप्राप्ति हेतु गोवर्धन पूजन अवश्य करनी चाहिए।

**पूजन विधि-विधान :** यह पर्व कार्तिक मास के शुक्ल पक्ष की प्रतिपदा को मनाया जाता है। इस दिन प्रातःकाल शरीर पर तेल की मालिश करके स्नान करना चाहिए। फिर घर के द्वार पर गोबर से गोवर्धन बनाएं। गोबर

का अन्नकूट बनाकर उसके समीप विराजमान श्रीकृष्ण के सम्मुख गाय तथा ग्वाल-बालों, इंद्र, वरुण, अग्नि और बलि का पूजन षोडशोपचार द्वारा करें। विभिन्न प्रकार के पकवानों व मिष्ठानों का भोग लगाकर पहाड़ की आकृति तैयार करें और उनके मध्य श्रीकृष्ण की मूर्ति रख दें। पूजन के पश्चात् कथा सुनें। प्रसाद रूप में दही व चीनी का मिश्रण सब में बांट दें। फिर पुरोहित को भोजन करवाकर उसे दान-दक्षिणा से प्रसन्न करें।

**पौराणिक कथा :** एक बार एक महर्षि ने किसी संत-सम्मेलन में ऋषियों से कहा कि कार्तिक शुक्ल प्रतिपदा को गोवर्धन व अन्नकूट की पूजा करनी चाहिए। ऋषियों ने महर्षि से पूछा–"अन्नकूट क्या है? गोवर्धन कौन हैं ? इनकी पूजा क्यों तथा कैसे करनी चाहिए? इसका क्या फल होता है? इन सबका विधान विस्तार से कहकर कृतार्थ करें।"

महर्षि बोले–"एक समय की बात है भगवान् श्रीकृष्ण अपने सखाओं, गोप-ग्वालों के साथ गाएं चराते हुए गोवर्धन पर्वत की तराई में जा पहुंचे। वहां पहुंच कर उन्होंने देखा कि हजारों गोपियां गोवर्धन पर्वत के पास छप्पन प्रकार के व्यंजन रखे बड़े उत्साह से नाच-गाकर उत्सव मना रही थीं। श्रीकृष्ण ने इस उत्सव का प्रयोजन पूछा तो गोपियां कहने लगीं कि आज तो घर-घर में उत्सव होगा, क्योंकि वृत्रासुर को मारने वाले मेघ व देवों के स्वामी इंद्र का पूजन होगा। यदि पूजा से वे प्रसन्न हो जाएं तो ब्रज में वर्षा होती है, जिससे अन्न पैदा होता है तथा ब्रजवासियों का भरण-पोषण होता है। कृष्ण बोले–"यदि देवता प्रत्यक्ष आकर भोग लगाएं तब तो तुम्हें यह उत्सव जरूर करना चहिए।" इतना सुन गोपियां कहने लगीं कि देवराज इंद्र की इस प्रकार निंदा नहीं करनी चाहिए। यह तो इंद्रोज नामक यज्ञ है। इसी के प्रभाव से अतिवृष्टि तथा अनावृष्टि नहीं होती। कृष्ण बोले–"इंद्र में क्या शक्ति है? उससे अधिक शक्तिशाली तो हमारा गोवर्धन पर्वत है। इसी के कारण वर्षा होती है। हमें इंद्र से भी बलवान् गोवर्धन की ही पूजा करनी चाहिए।" काफी वाद-विवाद के बाद श्रीकृष्ण की बात ही मानी गई तथा ब्रज में इंद्र की पूजा के स्थान पर गोवर्धन की पूजा शुरू की गई। सभी गोप-ग्वाल अपने-अपने घरों से पकवान ला-लाकर गोवर्धन की तराई में जाकर श्रीकृष्ण की बताई विधि से पूजन करने लगे। उधर कृष्ण ने अपने आधिदैविक रूप से पर्वत में प्रवेश करके ब्रजवासियों द्वारा दिए गए सभी पदार्थों को खा लिया तथा उन सबको आशीर्वाद दिया। सभी गोपाल अपने यज्ञ को सफल जान कर बड़े प्रसन्न हुए।

नारद मुनि इंद्रोज-यज्ञ देखने की इच्छा से ब्रज गांव में आए, तो इंद्रोज-यज्ञ के स्थगित होने तथा गोवर्धन-पूजा का समाचार मिला। इतना सुनते ही नारद इंद्रलोक पहुंचे तथा उदास होकर बोले–"देवराज। गोकुल के निवासी गोपों ने इंद्रोज बंद करके आपसे बलवान् गोवर्धन की पूजा शुरू कर दी है। आज से यज्ञों आदि में उसका भाग तो हो ही गया। यह भी हो सकता है कि किसी दिन कृष्ण की प्रेरणा से वे तुम्हारे राज्य पर आक्रमण करके इंद्रासन पर भी अधिकार कर लें।"

नारद तो अपना काम करके चले गए। इंद्र क्रोध से लाल-पीले हो गए। अधीर होकर उन्होंने मेघों को आज्ञा दी कि वे गोकुल में जा कर प्रलय का-सा दृश्य उत्पन्न कर दें। मेघ ब्रज-भूमि पर जा कर मूसलाधार बरसने लगे। इससे भयभीत होकर सभी गोप-ग्वाले कृष्ण की शरण में गए और रक्षा की प्रार्थना करने लगे।

गोप-गोपियों की करुण पुकार सुनकर कृष्ण बोले—"तुम सब गोवर्धन-पर्वत की शरण में चलो। वह सब की रक्षा करेंगे।" सब गोप-ग्वाले पशुधन सहित गोवर्धन की तराई में आ गए। श्रीकृष्ण ने गोवर्धन को अपनी कनिष्ठिका उंगली पर उठा कर छाता-सा तान दिया। गोप-ग्वाले सात दिन तक उसी की छाया में रह कर अतिवृष्टि से बच गए। सुदर्शन-चक्र के प्रभाव से ब्रजवासियों पर एक बूंद भी जल नहीं पड़ा। यह चमत्कार देखकर ब्रह्माजी द्वारा श्रीकृष्णावतार की बात जान कर इंद्र देव अपनी मूर्खता पर पश्चात्ताप करते हुए कृष्ण से क्षमा-याचना करने लगे।

श्रीकृष्ण ने सातवें दिन गोवर्धन को नीचे रखा और ब्रजवासियों से कहा कि अब तुम प्रतिवर्ष गोवर्धन-पूजा कर अन्नकूट का पर्व मनाया करो। तभी से यह पर्व के रूप में प्रचलित है।

## भैया दूज / यम द्वितीया

(स्त्रियों का व्रत : बहन द्वारा भाई के सुखी जीवन और लंबी आयु के लिए)

**माहात्म्य :** इस त्योहार पर यमुना ने यम को अपने घर बुलाकर सत्कार करके उसे भोजन कराया था, इसीलिए इस त्योहार को यम द्वितीया के नाम से जाना जाता है। भाई-बहन के प्रेम का प्रतीक होने से इसे 'भैया दूज' के नाम से भी जाना जाता है। शास्त्रों में ऐसा लिखा है कि इस दिन यमुना अपने भाई यम से मिलने गई थी और उसने उन्हें स्वादिष्ट भोजन कराया। यमराज ने प्रसन्न होकर उसे यह वर दिया था कि जो व्यक्ति इस दिन यमुना में स्नान करके यम का पूजन करेगा, मृत्यु के पश्चात् उसे यमलोक में नहीं जाना पड़ेगा। उल्लेखनीय है कि सूर्य की पुत्री यमुना समस्त कष्टों का निवारण करने वाली देवीस्वरूपा है। उसका सगा भाई मृत्यु का देवता यमराज है।

यम द्वितीया के दिन मथुरा में विश्राम घाट पर स्नान करने और यमुना के किनारे स्नान करके वहीं यमुना और यमराज की पूजा करने का बड़ा माहात्म्य माना जाता है। इस दिन बहन भाई की पूजा कर उसकी दीर्घायु तथा अपने सुहाग की रक्षा के लिए हाथ जोड़कर यमराज से प्रार्थना करती है। स्कंद पुराण में लिखा हुआ है कि इस दिन यमराज को तृप्त और प्रसन्न करने से पूजन करने वालों को मनोवांछित फल मिलता है। धन-धान्य, यश एवं दीर्घायु की प्राप्ति होती है।

**पूजन विधि-विधान :** यह पर्व कार्तिक मास के शुक्ल पक्ष की द्वितीया को मनाया जाता है। इस दिन यमुना में स्नान करके यमुना तथा यमराज के पूजन का विशेष विधान है। इसके अलावा भाई बहन के घर

आकर उसके हाथ का बना भोजन करता है और बहन भाई की पूजा करती है। विवाहिता बहनें अपने भाइयों को अपने घर ससुराल में आमंत्रित करती हैं, जबकि अविवाहिता बहनें अपने पिता के घर पर ही भाइयों को भोजन कराती हैं। जिनकी बहन नहीं होती, वे जिसे मुंहबोली बहन बनाते हैं, उसको इसी विधि से सत्कार करना चाहिए। इसके पश्चात् बहन-भाई दोनों मिलकर यम, चित्रगुप्त और यम के दूतों का पूजन करें तथा सबको अर्घ्य दें। बहन भाई की आयु-वृद्धि के लिए यम की प्रतिमा का पूजन करें। प्रार्थना करें कि मार्कण्डेय, हनुमान, बलि, परशुराम, व्यास, विभीषण, कृपाचार्य तथा द्रोणाचार्य इन आठ चिरंजीवियों की तरह मेरे भाई को भी चिरंजीवी कर दें।

इस दिन गोधन कूटने की भी प्रथा है। गोबर से बनी मनुष्याकृति बनाकर उसकी छाती पर ईंट रखी जाती है और उस पर स्त्रियां मूसल से प्रहार करती हुई उसे तोड़ती हैं, कथा सुनती हैं। इसके पश्चात् भाई को भोजन कराती हैं। मिष्ठान खाने के बाद भाई यथाशक्ति बहन को भेंट देता है। जिसमें स्वर्ण, आभूषण, वस्त्र आदि प्रमुखता से दिए जाते हैं। लोगों में ऐसा विश्वास भी प्रचलित है कि इस दिन बहन अपने हाथ से भाई को भोजन कराए तो उसकी उम्र बढ़ती है और उसके जीवन के कष्ट दूर होते हैं।

**पौराणिक कथा :** यह कथा कूर्म पुराण से ली गई है—

सूर्य की पत्नी संज्ञा की दो संतानें थीं। उनमें पुत्र का नाम यमराज और पुत्री का नाम यमुना था। संज्ञा अपने पति सूर्य की उद्दीप्त किरणों को सहन नहीं कर सकने के कारण उत्तरी ध्रुव में छाया बनकर रहने लगी। इसी से तापती नदी तथा शनिश्चर का जन्म हुआ। इसी छाया से सदा युवा रहने वाले अश्विनी कुमारों का भी जन्म हुआ है, जो देवताओं के वैद्य माने जाते हैं।

उत्तरी ध्रुव में बसने के बाद संज्ञा (छाया) का यम तथा यमुना के साथ व्यवहार में अंतर आ गया। इससे व्यथित होकर यम ने अपनी नगरी 'यमपुरी' बसाई। यमुना अपने भाई यम को यमपुरी में पापियों को दंड देते देख दुखी होती, इसलिए वह गोलोक में चली गई। समय व्यतीत होता रहा। तब काफी सालों के बाद अचानक एक दिन यम को अपनी बहन यमुना की याद आई। यम ने अपने दूतों को यमुना का पता लगाने के लिए भेजा, लेकिन वह कहीं नहीं मिली। फिर यम स्वयं गोलोक गए, जहां यमुनाजी की उनसे भेंट हुई। इतने दिनों बाद यमुना अपने भाई से मिलकर बहुत प्रसन्न हुई। यमुना ने भाई का स्वागत किया और स्वादिष्ट भोजन करवाया। इससे भाई यम ने प्रसन्न होकर बहन से वरदान मांगने के लिए कहा। तब यमुना ने वर मांगा कि—"हे भैया, मैं चाहती हूं कि जो भी मेरे जल में स्नान करे, वह यमपुरी नहीं जाए।" यह सुनकर यम चिंतित हो उठे और मन-ही-मन विचार करने लगे कि ऐसे वरदान से तो यमपुरी का अस्तित्व ही समाप्त हो जाएगा। भाई को चिंतित देख, बहन बोली—"भैया आप चिंता न करें, मुझे यह वरदान दें कि जो लोग आज के दिन बहन के यहां भोजन करें तथा मथुरा नगरी स्थित विश्रामघाट पर स्नान करें, वे यमपुरी नहीं जाएं।" यमराज ने इसे स्वीकार कर वरदान दे दिया। बहन-भाई मिलन के इस पर्व को अब भाई-दूज के रूप में मनाया जाता है।

## सूर्य उपासना का महापर्व : छठ पर्व

(संतान प्राप्ति के लिए)

**माहात्म्य :** यह पर्व संपूर्ण बिहार प्रदेश और उत्तर प्रदेश के पूर्वी क्षेत्रों में बड़ी श्रद्धा और उल्लास के साथ मनाया जाता है। यह भगवान् सूर्य देव की पूजा-आराधना का पर्व है। सूर्य अर्थात रोशनी, जीवन एवं ऊष्मा के प्रतीक। छठ के रूप में उन्हीं की पूजा-आराधना की जाती है।

यह पर्व सुख-शांति, समृद्धि का वरदान तथा मनोवांछित फल देने वाला बताया गया है। बहुत ही साफ-सफाई और निष्ठा के साथ इसे पूरा किया जाता है। मान्यता ऐसी भी है कि मन में कोई खोट अथवा विकार होने पर इसका प्रतिकूल प्रभाव भी पड़ सकता है।

इस पर्व को मनाने की परंपरा सदियों से चली आ रही है। बिहार का तो यह सबसे बड़ा पर्व माना जाता है। ऐसी मान्यता है कि जबसे सृष्टि बनी, तभी से सूर्य वरदान के रूप में हमारे सामने हैं और तभी से उनका पूजन होता रहा है। छठ व्रत के संबंध में बिहार में कई लोक-कथाएं प्रचलित हैं। उनमें से एक कथा यह भी है कि जब पांडव अपना सारा राजपाट जुए में हारकर जंगल-जंगल भटक रहे थे, तब इस दुर्दशा से छुटकारा पाने के लिए द्रौपदी ने सूर्यदेव की आराधना के लिए छठ व्रत किया। इस व्रत को करने के बाद पांडवों को अपना खोया हुआ वैभव प्राप्त हो गया था। एक दूसरी मान्यता के अनुसार भगवान् राम के वनवास से लौटने पर राम और सीता ने कार्तिक शुक्ल षष्ठी के दिन उपवास रखकर प्रत्यक्ष देव भगवान् सूर्य की आराधना की और सप्तमी के दिन व्रत पूर्ण किया। पवित्र सरयू के तट पर राम-सीता के इस अनुष्ठान से प्रसन्न होकर भगवान् सूर्य देव ने उन्हें आशीर्वाद दिया था। तभी से छठ पर्व इस अंचल में लोकप्रिय हो गया।

एक पौराणिक मान्यता के अनुसार कार्तिक शुक्ल षष्ठी के सूर्यास्त और सप्तमी के सूर्योदय के मध्य वेदमाता गायत्री का जन्म हुआ था। ब्रह्मर्षि वसिष्ठ से प्रेषित होकर राजर्षि विश्वमित्र के मुख से गायत्री मंत्र नामक यजुष का प्रसव हुआ था।

छठ व्रत दीपावली के छह दिन बाद आरंभ होता है। इसकी शुरुआत 'खरना' से आरंभ होती है। 'खरना' यानी व्रत की शुरुआत का पहला दिन। उस दिन व्रती स्नान-ध्यान कर शाम को गुड़ की खीर-रोटी का प्रसाद खाकर उस दिन का खरना पूरा करता है। ऐसी मान्यता है कि गुड़ की खीर खाने से जीवन और काया में सुख-समृद्धि के अंश जुड़ जाते हैं। अतः इस प्रसाद को लोग मांगकर भी प्राप्त करते हैं, अथवा व्रती अपने आसपास के घरों में स्वयं बांटने के लिए जाते हैं। ताकि जीवन के सुख की मिठास सिर्फ अपने घर में ही नहीं, समाज में भी घुल मिल जाए।

खरना के बाद दूसरे दिन से 24 घंटे का उपवास आरंभ होता है। दिन भी व्रत रखने के बाद शाम को नदी अथवा सरोवरों के किनारे सूर्यास्त के साथ व्रती जल में खड़ा होकर स्थान के बाद सूर्य को अर्घ्य देते हैं। ऐसी मान्यता है कि व्रती के कपड़े धोने से बहुत पुण्य प्राप्त होता है। ऐसे में लोग न सिर्फ व्रती

के कपड़े धोकर पुण्य कमाते हैं बल्कि सिर पर घर से नदी किनारे तक प्रसाद से भरी टोकरी या थाल को उठाकर ले जाने पर भी पुण्य के भागी बन जाते हैं। पूजा-अर्चना के समय घी के दीपक जलाए जाते हैं। नदी के जल में दीपों की पंक्तियां सज जाती हैं।

शाम का अर्घ्य देने के पश्चात् व्रती सूर्यास्त के बाद ही घर लौटते हैं। कई व्रती विशेष अनुष्ठान 'कोसी भरना' करते हैं। इस विशेष अनुष्ठान में प्रसाद के बीच गन्नों के घेरे में दीप जलाकर और छठ पर्व के लोकगीत गाकर सूर्य भगवान् की पूजा की जाती है। यह देर रात तक चलता रहता है।

**पौराणिक कथा :** यह कथा श्रीमद्देवी भागवत पुराण में इस प्रकार है—

स्वायम्भुव मनु के पुत्र राजा प्रियव्रत को अधिक समय बीत जाने के बाद भी कोई संतान उत्पन्न नहीं हुई। तदुपरांत महर्षि कश्यप ने पुत्रेष्टि यज्ञ कराकर उनकी पत्नी को चारु (प्रसाद) दिया, जिससे गर्भ तो ठहर गया, किन्तु मृत पुत्र उत्पन्न हुआ। मृत पुत्र को देखकर रानी मूर्च्छित हो गई। उसे लेकर प्रियव्रत श्मशान गए पुत्र वियोग में प्रियव्रत ने भी प्राण त्यागने का प्रयास किया।

ठीक उसी समय मणि के समान विमान पर षष्ठी देवी वहां आ पहुंची। मृत बाल को भूमि पर रखकर राजा ने उस देवी को प्रणाम किया और पूछा—"हे सुव्रते! आप कौन हैं?"

देवी ने आगे कहा—"तुम मेरा पूजन करो और अन्य लोगों से भी कराओ।" इस प्रकार कहकर देवी षष्ठी ने उस बालक को उठा लिया और खेल-खेल में पुनः जीवित कर दिया। राजा ने उसी दिन घर जाकर बड़े उत्साह से नियमानुसार षष्ठी देवी की पूजा संपन्न की। चूंकि यह पूजा कार्तिक मास के शुक्ल पक्ष की षष्ठी तिथि को की गई थी, अतः इस तिथि को षष्ठी देवी/छठ देवी का व्रत होने लगा।

## भीष्म पंचक व्रत

(स्त्रियों का व्रत : पापों से मुक्ति एवं पुत्र पौत्रादि की वृद्धि के लिए)

**माहात्म्य :** यह व्रत कार्तिक शुक्ल एकादशी से आरंभ होकर पूर्णिमा को समाप्त होता है। यह पांच दिन का होता है, इसीलिए इसे भीष्म पंचक कहते हैं। अत्यंत कठिन होने के कारण जो कोई भी व्यक्ति इसे विधिपूर्वक कर लेता है, उसके लिए कुछ भी असाध्य नहीं रह जाता। यह व्रत धर्म, अर्थ, काम और मोक्ष का प्रदाता है। इस परम पुण्यदायक पवित्र व्रत को करने से अक्षय फल की प्राप्ति होती है, समस्त पापों का नाश होता है। यहां तक कि ब्रह्महत्या जैसे जघन्य अपराधों से मुक्ति मिलती है। पुत्र-पौत्रादि की वृद्धि के लिए तो इसे विधवा स्त्रियों को भी करने का विधान है। ऐसा उल्लेख भविष्य पुराण में दिए इस व्रत के माहात्म्य के अंतर्गत श्लोक 14 में किया गया है।

भीष्म पंचक व्रत को सत्युग में वसिष्ठ, भृगु और गर्ग आदि ऋषियों ने किया, फिर त्रेता युग में नाभाग और अंबरीष आदि ने किया, कलियुग में सौरभद्र आदि वैश्यों तथा अन्य शूद्रों ने किया। यह व्रत भगवान् विष्णु से प्रीति कराने वाला ही है। शास्त्रों में वर्णित है कि जो मनुष्य किसी विवशता के कारण कार्तिक व्रत नहीं कर पाता, वह भीष्म पंचक व्रत करके पूरे कार्तिक के व्रतों का फल पा जाता है।

**पूजन विधि-विधान :** इस व्रत में व्रती को पांच दिन तक काम, क्रोध, पाप, भाषण, मांस, शराब, स्त्री सेवन का परित्याग कर सात्विक जीवन बिताना चाहिए। एकादशी के दिन प्रातःकाल स्नानादि नित्य कर्मों से निवृत्त होकर धुले हुए स्वच्छ वस्त्रों को धारण करके पापों का नाश और धर्म, अर्थ, काम व मोक्ष की

प्राप्ति के लिए भीष्म पंचक व्रत का संकल्प लें। व्रती को केवल शाक (वनस्पति जगत से प्राप्त चीजों) का आहार सेवन करना चाहिए। कार्तिक स्नान करने वाले स्त्री-पुरुषों को पांच दिन निराहार रहकर व्रत करने का विधान है। इसके बाद घर के आंगन या नदी किनारे पर चार द्वारों वाला एक मंडप बनाकर उसे गोबर से लीपें। सुविधाजनक स्थान पर सर्वतोभद्र की वेदी बनाकर उसमें तिल भरकर कलश की स्थापना करें। इसके पास पांच दिन तक लगातार घी का दीपक जलाते रहें। निरंतर ॐ **नमो भगवते वासुदेवाय** मंत्र का जप करें तथा प्रतिदिन पांच दिन तक हवन करें, जिसमें 108 आहुतियां ॐ **विष्णवे नमः स्वाहा** मंत्र से दें।

भगवान् श्रीहरि वासुदेव का पूजन षोडशोपचार विधिपूर्वक करें। उनके अर्चन में तत्पर रहते हुए घृत से संयुक्त गूगल का भक्तिभाव पूर्वक भगवान् कृष्ण के लिए दान करें। दिन और रात के समय में पांच दिन तक दीपकों का दान दें। व्रत के पांच दिनों में पहले दिन कमलों के द्वारा हरिचरणों का पूजन करें। दूसरे दिन विल्वपत्रों के द्वारा भगवान् के कटि प्रदेश का अर्चन करें। तीसरे दिन भगवान् के नाभि प्रदेश में केतकी के पुष्पों से पूजन करें। चौथे दिन चरणों में चमेली के पुष्प और पांचवें दिन तुलसी की मंजरियों से पूजन करें, फिर मालती लता के नवीन पुष्पों से भगवान् के शीर्ष का पूजन करें।

**पौराणिक कथा :** इस व्रत की कथा का उल्लेख धर्म ग्रंथों में इस प्रकार हुआ है—

महाभारत का युद्ध समाप्त हो चुका था। भीष्म पितामह शरशय्या पर सूर्य के उत्तरायण होने की प्रतीक्षा में शयन कर रहे थे। तभी पांचों पांडव श्रीकृष्ण भगवान् के साथ उनके पास पहुंचे। धर्मराज युधिष्ठिर ने भीष्म पितामह से प्रार्थना की कि आप हमें कुछ उपदेश दें।

तब भीष्म पितामह ने युधिष्ठिर सहित वहां उपस्थिति सभी को पांच दिन तक राजधर्म, वर्णधर्म, मोक्षधर्म जैसे विषयों पर ज्ञानवर्धक, महत्त्वपूर्ण उपदेश दिए। उनके सर्वोपयोगी उपदेशों को सुनकर भगवान् श्रीकृष्ण बहुत प्रसन्न हुए और उन्होंने कहा—"पितामह! आपने कार्तिक शुक्ल एकादशी से पूर्णिमा तक पांच दिनों में जो धर्ममय उपदेश दिए हैं, उन्हें सुनकर मुझे बड़ी प्रसन्नता हुई है। मैं आपकी स्मृति में आपके नाम पर भीष्म पंचक व्रत स्थापित करता हूं। जो लोग इस व्रत को पूर्ण श्रद्धा, भक्तिभाव से करेंगे, वे संसार के अनेक कष्टों, पापों से मुक्त हो जाएंगे। उन्हें पुत्र-पौत्र और धन्य-धान्य की कोई कमी न रहेगी। इसके अलावा उनको जीवन भर विविध प्रकार का सुख भोगने का अवसर मिलेगा और अंत में वे मोक्ष को प्राप्त करेंगे।" तभी से इस व्रत को मनाने की परंपरा प्रचलित हुई।

## देवोत्थानी एकादशी
### (मांगलिक कार्यों की पूर्णता एवं वीर पुत्रों की प्राप्ति के लिए)

**माहात्म्य :** शास्त्रों में वर्णित है कि भाद्रपद (भादों) मास की एकादशी को भगवान् विष्णु द्वारा शंखासुर नामक महाबली राक्षस को मारने में बड़ा परिश्रम करना पड़ा था। इसलिए वे विश्राम करने के लिए क्षीर सागर में शेष-शय्या पर जाकर सो गए थे। जैसा कि हम सब जानते हैं कि आषाढ़ शुक्ल एकादशी को जब भगवान् सो जाते हैं तो शुभ कार्यों की शुरुआत, विवाह, उपनयन, गृह प्रवेश आदि को करना वर्जित हो जाता है। जो पुनः कार्तिक शुक्ल एकादशी यानी देवोत्थानी एकादशी के बाद भगवान् के जागने से आरंभ हो जाते हैं। सारे मांगलिक कार्य इसी दिन से आरंभ किए जाते हैं।

इस एक व्रत के करने से व्रती को सहस्रों अश्वमेध और सैकड़ों राजसूय यज्ञों का फल प्राप्त हो जाता है। व्रत के प्रभाव से उसे वीर, पराक्रमी और यशस्वी पुत्र की प्राप्ति होती है। यह व्रत पापनाशक, पुण्यवर्धक तथा ज्ञानियों को मुक्तिदायक सिद्ध होता है। इसके अनुष्ठान से भगवान् को संतुष्ट करने वाला मनुष्य समस्त दिशाओं को अपने पुण्य तेज से प्रकाशमान करता हुआ अंत में विष्णुधाम को प्राप्त करता है। यह भी विश्वास किया जाता है कि व्रती के घर में समस्त तीर्थ आकर निवास करते हैं।

व्रत की रात्रि को जो मनुष्य जागरण करता है वह भूत, भविष्य और वर्तमान के दस हजार पीढ़ी को शीघ्र ही विष्णुलोक ले जाता है। जिस फल को ब्राह्मण अश्वमेध आदि यज्ञों से भी प्राप्त नहीं कर पाते, वह इस एकादशी के रात्रि-जागरण मात्र से सुखपूर्वक पा लेते हैं। यहां तक कि सब तीर्थों का स्नान, उनके गोदान करने से भी वह फल नहीं मिल सकता, जो इस रात्रि के जागरण से प्राप्त होता है। लोगों का विश्वास है कि जागरण से गोविंद भगवान् मनुष्य के कायिक, मानसिक और वाचिक समस्त पापों को धो देते हैं।

इस व्रत की कथा सुनने से जैसी प्रसन्नता मिलती है, वैसी प्रसन्नता न तो यज्ञों से और न ही दान आदि करने से मिलती है। कथा सुनने मात्र से सौ गोदान का फल एवं अपने शतकुलों का उद्धार होता है। कथा करवाने वाले को समस्त पृथ्वी के दान करने का फल मिलता है।

**पूजन विधि-विधान :** यह व्रत कार्तिक मास के शुक्ल पक्ष की एकादशी को रखा जाता है। इस व्रत को प्रबोधिनी एकादशी भी कहते हैं। इस दिन स्नानादि नित्य कर्मों से निवृत्त होकर आंगन में चौक पूर कर भगवान् विष्णु के चरणों को कलात्मक रूप से अंकित किया जाता है। धूप की तेज किरणों से बचाने के लिए उनके चरणों को ढक दें। फिर भगवान् विष्णु का पूजन षोडशोपचार विधि से तथा पुरुष सूक्त का पाठ **सहस्रशीर्षा पुरुषः** का पारायण विधि पूर्वक बहुत से फूलों, चंदन, केसर, अगर, कपूर, फल आदि से करें। फलों का भोग लगाकर भक्तों में बांट दें। शंख में जल भरकर भगवान् विष्णु को अर्घ्य दान करें। तत्पश्चात् व्रत की कथा सुनें। इस दिन अन्न का सेवन न कर केवल फलाहार करके उपवास करें।

इस दिन कहीं-कहीं ऐसा भी देखने में आता है कि व्रती गन्ने के खेत में जाकर सिंदूर, अक्षत आदि से उसकी पूजा करता है और फिर इसी दिन से प्रथम बार गन्ना काटकर चूसना आरंभ किया जाता है।

**पौराणिक कथा :** एक राजा के राज्य में सभी प्रजा-जन एकादशी का व्रत रखते थे। सभी व्रत के दिन फलाहार करते थे। राज्य में इस व्रत के दिन कोई भी व्यापारी अन्न नहीं बेचता था। राजा की परीक्षा लेने की नीयत से एक बार भगवान् ने एक सुंदर स्त्री का रूप धारण किया और स्त्री-वेश में राज-मार्ग के किनारे जाकर बैठ गए। जब राजा उधर से गुजरा तो उसने उस अतीव सुंदरी को उदास भाव में राज मार्ग के किनारे बैठे देखा। राजा को पहली ही नजर में उस स्त्री का रूप भा गया। उसने उस स्त्री के साथ विवाह करने की इच्छा प्रकट की। इस पर सुंदरी ने अपनी शर्त रखी—''मुझे तुम्हारा प्रस्ताव इस शर्त पर मंजूर है कि राज्य का संपूर्ण अधिकार मुझे प्राप्त हो और जो भोजन मैं तुम्हारे लिए बनाऊं, उसे तुम्हें खाना होगा।''

सुंदरी के रूप पर मोहित राजा ने उसकी शर्तें स्वीकार कर लीं। जब एकादशी का दिन आया तो रानी ने बाजारों में रोजाना की तरह ही अन्न बेचने का आदेश दिया और घर पर मांसाहारी चीजें पका कर राजा को खाने के लिए दीं। इस पर राजा ने कहा—'आज एकादशी के दिन मैं तो केवल फलाहार ही करूंगा।'

तब रानी ने राजा को शर्त की याद दिलाकर कहा कि यदि तुम मेरा बनाया खाना नहीं खाओगे, तो मैं बड़े राजकुमार का सिर काट डालूंगी। बड़ी रानी ने राजा को अपना धर्म निभाने की सलाह दी और कहा कि ''हे स्वामी! पुत्र तो आपको फिर भी मिल जाएगा, लेकिन धर्म नहीं मिलेगा।''

राजकुमार को जब सारी बात मालूम हुई तो वह पिता के धर्म की रक्षा के लिए अपना सिर कटाने को तैयार हो गया। इस बीच रानी का रूप त्याग कर भगवान् विष्णु ने प्रकट होकर कहा—''राजन्! तुम मेरी परीक्षा में सफल रहे, इसलिए कोई वर मांग लो।''

राजा ने कहा—''भगवन्! आपका दिया हुआ सब कुछ तो मेरे पास है। मुझे कुछ नहीं चाहिए। बस, मेरा उद्धार कर दीजिए।'' इतना कहना था कि वहां राजा को ले जाने के लिए देवलोक से रथ आ पहुंचा। तब राजा ने राज्य का पूरा भार अपने पुत्र को सौंपा और स्वयं उस विमान में बैठकर देवलोक चला गया।

## तुलसी विवाह उत्सव

(स्त्रियों का व्रत : लोक-परलोक सुधार एवं यश, वैभव प्राप्ति के लिए)

**माहात्म्य :** श्रीपद्म पुराण में तुलसी को पूर्व जन्म में जालंधर नामक दैत्य की पत्नी वृंदा बतलाया गया है। जालंधर को लोकहित में मारने के लिए भगवान् विष्णु को शालग्राम बनना पड़ा। इसीलिए इसको समस्त ब्रह्मांडभूत नारायण (विष्णु) का प्रतीक माना गया है। भगवान् शिव ने स्कंद पुराण के कार्तिक माहात्म्य में शालग्राम का महत्त्व वर्णित किया है। भगवान् विष्णु के वरदान से वृंदा को तुलसी का पौधा बनना पड़ा, जिसे सर्वत्र पूजा जाता है। ऐसा कहा जाता है कि वृंदा की भक्ति और विष्णु के प्रति उसका समर्पण ही तुलसी की पत्तियों में सुगंध बनकर आया है। प्रतिवर्ष कार्तिक मास के शुक्ल पक्ष की एकादशी को महिलाएं तुलसी और शालग्राम का विवाह कराती हैं। भारतीय नारी तुलसी को सौभाग्यदायिनी मानकर उसकी पूजा और व्रत करती हैं।

तुलसी विवाह का उत्सव यूं तो सारे भारत में प्रचलित है, लेकिन विशेष रूप से इसे उत्तर भारत में मनाया जाता है। चूंकि भगवान् विष्णु का विवाह तुलसी के साथ हुआ था, इसलिए तुलसी का एक नाम विष्णुप्रिया भी है। तुलसी भगवान् विष्णु को इतनी प्रिय है कि उसके बिना वे कोई भोग स्वीकार नहीं करते। जो प्रतिवर्ष तुलसी का विवाह कराता है, उसको इस लोक और परलोक में विपुल यश प्राप्त होता है। श्रीपद्म पुराण में तुलसी के विवाह और महत्त्व का विस्तृत उल्लेख मिलता है। हिंदू परिवारों में तुलसी विवाह के बाद ही विवाहोत्सव शुरू होते हैं।

कार्तिक मास में तुलसी के दर्शन, स्पर्श, ध्यान, अर्चना, आरोपण एवं सिंचन से अनेक युगों के पाप नष्ट हो जाते हैं। इसे भगवान् कृष्ण के चरणों में चढ़ाने से मुक्ति मिलती है। तुलसी समस्त सौभाग्यों को देने वाली और आधि-व्याधि को मिटाने वाली है। तुलसी के बिना जितने भी कर्मकांड किए जाते हैं, वे सब निष्फल होते हैं, क्योंकि इसके बिना देवता प्रसन्न नहीं होते। हर शाम तुलसी के पौधे की पूजा, आरती और उसके नीचे दीपक जलाने से सती वृंदा की कृपा मिलती है और भगवान् विष्णु स्वयं उसकी रक्षा करते हैं। सोमवती अमावस्या को तुलसी की 108 परिक्रमाएं करने से दरिद्रता मिटती है। मरते हुए व्यक्ति के मुख में तुलसीदल एवं गंगाजल डालने से वह त्रिदोष नाशक महौषधि बन जाती है तथा आत्मा पवित्र होकर मुक्त होती है।

**पूजन विधि-विधान :** यह पर्व कार्तिक मास के शुक्ल पक्ष की एकादशी को मनाया जाता है। कुछ लोग तुलसी विवाह के लिए कार्तिक शुक्ल नवमी की तिथि को उपयुक्त मानते हैं, तो कुछ एकादशी से पूर्णिमा तक तुलसीपूजन करके पांचवें दिन उसकी विवाहरस्म निबाहते हैं। कहीं-कहीं नवमी, दशमी व एकादशी को व्रत एवं पूजन कर अगले दिन तुलसी का पौधा किसी ब्राह्मण को दान देने की प्रथा भी है। इस दिन उपवास रखने का विधान है, जिसमें अन्न का सेवन न कर केवल फलाहार लिया जाता है।

आमतौर पर कार्तिक स्नान करने वाली स्त्रियां तुलसी तथा शालग्राम का विवाह करती हैं। नए कपड़े, जनेऊ आदि का दान करती हैं। भगवान् विष्णु की प्रतिमा में प्राण प्रतिष्ठा करके उसे वस्त्र और आभूषण से सजाकर, ससम्मान गाजे-बाजे के समारोह के साथ तुलसी चौरा पर ले जाया जाता है। फिर उस जगह विधि पूर्वक पूजन के बाद दोनों का विवाह रचाया जाता है। इस अवसर पर स्त्रियां विवाह के गीत गाती हैं। तत्पश्चात् व्रत की समाप्ति की जाती है। कुछ स्त्रियां तुलसी की 108 परिक्रमाएं करके उसे भोग, पकवान चढ़ाकर भोजन करती हैं।

**पौराणिक कथा :** इस पर्व की कथा का उल्लेख श्रीपद्म पुराण में इस प्रकार हुआ है–

प्राचीन समय में जालंधर नामक एक दैत्य ने अपने उत्पातों के कारण सभी को भयभीत कर रखा था। उसकी पत्नी वृंदा रूपवती होने के साथ एक पतिव्रता स्त्री थी। उसी के प्रताप से वह सर्वविजयी बना हुआ था। उस दैत्य से भयभीत होकर ऋषि, मुनि और देवतागण भगवान् विष्णु के पास अपनी विपदा सुनाने पहुंचे तो उन्होंने वृंदा का पतिधर्म भंग करके उसका बल क्षीण करने का निश्चय किया।

भगवान् विष्णु ने अपनी योगमाया से एक मृत शरीर वृंदा के आंगन में फेंकवा दिया। उसे अपने पति का शरीर समझकर वृंदा ने उसका आलिंगन कर लिया। इससे उसका पतिधर्म नष्ट हो गया। जबकि उसका पति तो देवलोक में इंद्र से युद्ध कर रहा था।

इधर वृंदा का सतीत्व नष्ट हुआ तो उसका पति युद्ध में हारकर मृत्यु को प्राप्त हुआ। जब वृंदा को वस्तुस्थिति ज्ञात हुई कि यह सब भगवान् का छल-कपट था, तो उसने क्रोधित होकर भगवान् विष्णु को शाप दे दिया कि जिस प्रकार तुमने मुझे छल से पति-वियोगी बनाया है, ठीक उसी तरह तुम भी अपनी पत्नी का छलपूर्वक हरण होने पर उसके वियोग को सहने के लिए मृत्युलोक में जन्म लोगे। इतना कहकर वृंदा अपने पति के शव के साथ उसके वियोग में तड़पती हुई सती हो गई। कालांतर में रामावतार के समय भगवान् राम को सीता का ऐसा ही वियोग सहन करना पड़ा।

पार्वती ने वृंदा की भस्म में तुलसी, आंवला और मालती के वृक्ष लगाए। इनमें से तुलसी को भगवान् विष्णु ने वृंदा का रूप समझ कर अपनाया। कुछ लोग यह भी मानते हैं कि भगवान् विष्णु ने छल से वृंदा का सतीत्व भंग कराया था तो उसने उन्हें पत्थर बनने का शाप दिया था। इस पर भगवान् विष्णु ने कहा था–"तुम मुझे लक्ष्मी से भी ज्यादा प्रिय हो गई हो। यह सब तुम्हारे सतीत्व का ही फल है कि तुलसी बनकर तुम सदा मेरे साथ रहोगी। जो भी तुम्हारे साथ मेरा विवाह करेगा, वह परम धाम को प्राप्त होगा।" यही कारण है कि शालग्राम की पूजा बिना तुलसी दल चढ़ाए अधूरी मानी जाती है। इस प्रकार स्त्रियां प्रतिवर्ष तुलसी का विवाह भगवान् विष्णु की प्रसन्नता पाने के लिए ही करती हैं।

## बैकुंठ चतुर्दशी व्रत
### (भव बंधन से छूटने एवं स्वर्ग प्राप्ति हेतु)

**माहात्म्य :** इस व्रत को करने से मनुष्य सभी बंधनों से मुक्त हो जाता है और उसे बैकुंठ धाम की प्राप्ति होती है। शास्त्रों में कहा गया है कि एक हजार कमलों से जो भगवान् विष्णु का पूजन कर शिव अर्चन करते हैं, वे मनुष्य भव-बंधनों से मुक्त होकर बैकुंठ धाम जाते हैं। कमल के अभाव में स्थल पद्मों से भी पूजन किया जा सकता है। ऐसा वर्णन भी मिलता है कि जो रक्त पद्मों से हरि तथा श्वेत पद्मों से शिव को पूजते हैं, उन्हें सर्व सुख उपलब्ध हो जाते हैं।

**पूजन विधि-विधान :** यह व्रत कार्तिक मास के शुक्ल पक्ष की चतुर्दशी को रखा जाता है। पूरे कार्तिक मास में जिन्हें कार्तिक स्नान करने का अवसर नहीं मिलता, वे एकादशी से पूर्णिमा तक स्नान करके बैकुंठ चतुर्दशी भी मनाते हैं। इस दिन उपवास करके तारों की छांव में नदी के तट पर चौदह दीपक जलाने का विधान है। बैकुंठवासी भगवान् विष्णु को स्नान कराकर विधिवत उनका पूजन करें, फिर भोग लगाएं। कुछ भक्त लोग मंदिर में भगवान् विष्णु को सवा लाख तुलसीदल (पत्ते) अर्पित करते हैं। द्वारकाजी, श्रीनाथ मंदिर में भी भगवान् के चरणों में तुलसीदल चढ़ाने का प्रचलन है।

प्रसन्न मन से चंदन, दीप, पुष्प, अगरबत्ती आदि सुगंधित पदार्थों से भगवान् की आरती उतारें। कुछ कार्तिक स्नान किए हुए भक्त तो भगवान् का पूजन करने के पश्चात् सवा लाख बत्ती की आरती करते

हैं। भोग लगे प्रसाद को भक्तों में बांट दें। इसके पश्चात् ब्राह्मणों को भोजन कराकर सामर्थ्यानुसार दान-दक्षिणा देकर विदा करें। दिन भर भजन-कीर्तन आदि में व्यतीत कर रात्रि में मूर्ति के पास ही सोएं।

**पौराणिक कथा :** इस व्रत की कथा का उल्लेख 'सनत्कुमार संहिता' में इस प्रकार दिया हुआ है—

सत्युग में कार्तिक शुक्ल चतुर्दशी के दिन बैकुंठ के अधिपति भगवान् विष्णु बैकुंठ से वाराणसी आए। ब्रह्ममुहूर्त में मणिकर्णिका घाट पर स्नान करके एक हजार कमल पुष्प लेकर परम भक्ति से भगवान् शिव का पूजन करने के लिए पहुंचे। उन्होंने कमल पुष्पों से भगवान् शिव का पूजन आरंभ किया। वे मंत्रोच्चार के साथ एक-एक करके कमल पुष्प शिवलिंग पर चढ़ाते गए। जब 999 कमल पुष्प चढ़ाए जा चुके तो भगवान् विष्णु चौंके, क्योंकि हजारवां कमल पुष्प गायब था। भगवान् विष्णु ने इधर-उधर नजरें दौड़ाकर उस कमल-पुष्प को खोजा, लेकिन वह मिलता भी कैसे? उसे तो स्वयं भगवान् शिव ने बड़ी चालाकी से विष्णु की परीक्षा लेने के लिए छिपा लिया था। अब तो भगवान् विष्णु परेशान हो उठे। कैसे शिवलिंग पर एक हजार कमल पुष्प चढ़ाएं? अगर अंतिम कमल-पुष्प शिवलिंग पर नहीं चढ़ाया तो उनका संकल्प अधूरा रह जाएगा और यदि वे एक कमल लेने जाते हैं, तो उनका आसन भंग होता है। इसी उधेड़बुन में विचार करते हुए उन्हें यही सूझा कि मुझे मननशील प्राणी पुंडरीकाक्ष कहते हैं। चूंकि मेरे नेत्र कमल के समान हैं तो क्यों न इनमें से एक को कमल के बदले शिवलिंग पर चढ़ा दूं। ऐसा विचार करते ही उन्होंने तुरंत अपनी एक आंख निकालकर भगवान् शिव को अर्पित कर दी। यह देख शिव अत्यंत प्रसन्न हुए और बोले कि तीनों लोकों में मेरा आपसे बड़ा भक्त कोई नहीं है। मैंने आपको तीनों लोकों का राज्य दिया। जिसके पालक आप हो जाओ। आपका कल्याण हो और जो कुछ मनोवांछित वर मांगना हो वह भी मांग लो। इस पर विष्णु भगवान् बोले—'आपने मुझे तीनों लोकों की रक्षा करने का आदेश तो दे दिया, लेकिन मैं दैत्यों को कैसे मारूंगा?'

शिव ने कहा—"इसके लिए मैं आपको यह सुदर्शन चक्र दे रहा हूं। इसे ग्रहण करें और इसके द्वारा आततायी दैत्यों का संहार करें। इस तिथि को तुमने मुझे कमलों से पूजा है, इसलिए मैं तुम्हें और भी वर प्रदान कर रहा हूं।" इस प्रकार विष्णु भगवान् को वर देकर शिव अंतर्धान हो गए। तभी से मनुष्यों ने जीवन्मुक्त होकर बैकुंठ धाम जाने के लिए इस व्रत को करना शुरू कर दिया।

## कार्तिक पूर्णिमा पर गंगा स्नान
(मनोवांछित फल प्राप्ति के लिए)

**माहात्म्य :** श्रद्धालुओं के लिए कार्तिक पूर्णिमा बहुत महत्त्वपूर्ण दिवस है। इस दिन गंगा स्नान तथा सायंकाल दीप दान का विशेष महत्त्व हैं, इसी दिन भगवान् विष्णु ने मत्स्यावतार ग्रहण किया था। ऐसा माना जाता है कि इसी दिन सोनपुर में गंगा गंडकी के संगम पर गज और ग्राह का युद्ध हुआ था। गज की करुणामयी पुकार सुनकर विष्णु ने ग्राह का संहार कर गज की रक्षा की थी। कहते हैं इसी दिन भगवान् शंकर ने त्रिपुर नामक राक्षस को भस्म किया था। इसी दिन शिव के प्रकाश स्तंभ के प्रसाद से दुर्गारूपिणी पार्वती महिषासुर का वध करने हेतु शक्ति अर्जित कर सकी थीं। इन्हीं कारणों से हिंदुओं के लिए सभी पूर्णिमाओं में कार्तिक पूर्णिमा विशेष रूप से पवित्र मानी जाती है। इसी दिन लोग गंगा स्नान करके अपने पापों से मुक्ति प्राप्त करते हैं। आकाशदीप जलाकर ज्ञान और विद्या के प्रकाश का बोध कराते हैं। इस पूर्णिमा के गंगा स्नान करने से मनुष्य के सभी पाप धुल जाते हैं।

**पूजन विधि-विधान :** कार्तिक पूर्णिमा को प्रातः काल गंगा स्नान करके विधि-विधान पूर्वक श्री सत्यनारायण भगवान् की कथा सुनी जाती है। सायंकाल देव-मंदिरों, चौराहों, गलियों, पीपल के वृक्षों तथा तुलसी के पौधों के पास दीपक जलाये जाते हैं और गंगाजी के जल में दीपदान किये जाते हैं। इस तिथि में ब्राह्मणों को दान देने, भोजन कराने, गरीबों को भिक्षा देने तथा बड़ों से आशीर्वाद प्राप्त करने का विधान है।

**पौराणिक कथा :** पुराणों में कहा गया है कि इसी तिथि पर शिवजी ने त्रिपुरा नामक राक्षस को मारा था। एक बार त्रिपुर राक्षस ने प्रयागराज में एक लाख वर्ष तक घोर तप किया। इस तप के प्रभाव से सब चराचर और देवता भयभीत हो उठे। अंत में सभी देवताओं ने मिलकर एक योजना बनाई कि अप्सराओं को भेजकर उसका तप भंग करवा दिया जाए। पर उन्हें सफलता न मिल सकी। यह देख आखिर में ब्रह्माजी स्वयं उसके पास गए, और उससे वर मांगने के लिए कहा। उसने मनुष्य तथा देवता द्वारा न मारे जाने का वरदान मांग लिया। ब्रह्माजी के इस वरदान से त्रिपुर तीनों लोकों में निर्भय होकर अघोर अत्याचार करने लगा। देवताओं के षड्यंत्र से एक बार उसने कैलाश पर्वत पर चढ़ाई कर दी। शिव और त्रिपुर में भयंकर युद्ध हुआ। अंत में भगवान् शिव ने ब्रह्मा और विष्णु की सहायता से उसका वध किया। तब से इस दिन का महत्त्व बढ़ गया, इसी दिन त्रिपुरोत्सव भी होता है, इस दिन अक्षीर दान का विशेष महत्त्व है। क्षीर का दान 24 उंगली के बर्तन में दूध भरकर उसमें सोने या चांदी की बनी मछली छोड़कर किया जाता है। काशी में यह तिथि 'देव दीपावली महोत्सव' के रूप में मनायी जाती है।

## भैरव अष्टमी व्रत
### (सौभाग्य प्राप्ति एवं पितरों के तर्पण के लिए)

**माहात्म्य :** पुराणों में ऐसा उल्लेख मिलता है कि भैरव भगवान् शिव के ही दूसरे रूप हैं। इसी दिन को दोपहर के समय शिवजी के प्रिय गण भैरवनाथ का जन्म हुआ था। भैरव से काल भी भयभीत रहता है, इसीलिए इन्हें 'कालभैरव' के नाम से भी जाना जाता है। काशी में भैरवजी के अनेक मंदिर बने हुए हैं जिनमें से सबसे अधिक प्रसिद्ध मंदिर कालभैरव का है।

भैरव अष्टमी के व्रत को गणेश, विष्णु, यम, चंद्रमा, कुबेर आदि ने किया था। इसी व्रत के प्रभाव से भगवान् विष्णु लक्ष्मी के पति बने। अप्सराओं को सौभाग्य मिला। राजा चक्रवर्ती बने। यह सब कामनाओं को देने वाला सर्वश्रेष्ठ व्रत है। जो इस व्रत को निरंतर करता रहता है, वह महापापों से छूट जाता है। उसे सब ऐश्वर्य मिल जाते हैं। वह पूरे एक सौ कोटि कल्प तक शिवलोक में रहने का सौभाग्य पाता है।

कालभैरव का उपवास रखकर जागरण करने से व्रती के सब पाप नष्ट हो जाते हैं। भैरवजी के उपवास के लिए रविवार और मंगलवार के दिन ग्राह्य (स्वीकार्य) माने गए हैं। यदि इन दिनों में से किसी भी दिन अष्टमी तिथि हो तो उसका विशेष माहात्म्य होता है। ऐसी मान्यता है कि भैरव अष्टमी के दिन प्रातःकाल स्नान कर पितरों का श्राद्ध और तर्पण करने के उपरांत यदि कालभैरव की पूजा की जाए तो उससे उपासक के वर्ष भर के सारे विघ्न टल जाते हैं। उसे लौकिक, पारलौकिक बाधाओं से मुक्ति मिलती है। यहां तक कि आयु में वृद्धि के साथ-साथ वह धीरे-धीरे विपुल धन-धान्य से भी समृद्ध होता है। महाकाल भैरव के मंदिर में चढ़ाए हुए काले धागे को जो मनुष्य अपने गले या बाजू पर बांधता है, उसे भूत-प्रेत तथा जादू-टोने का असर नहीं होता।

**पूजन विधि-विधान :** यह व्रत मार्गशीर्ष (अगहन) मास के कृष्ण पक्ष की अष्टमी को रखा जाता है। इस दिन उपवास रखकर संकल्प करें। प्रातःकाल दांतों को साफ कर स्नान करें। तर्पण करके प्रत्येक पहर में कालभैरव एवं ईशान नाम के शिव शंकर भोलेनाथ का विधिपूर्वक पूजन करके तीन बार अर्घ्य दें। आधी रात में धूमधाम से शंख, घंटा, नगाड़ा आदि बजाकर कालभैरव की आरती करें। फिर पूर्ण रात्रि जागरण कर शिवजी और भैरवनाथ की कथाएं सुनें।

जैसा कि हम सब जानते हैं कि भैरव भगवान् का वाहन कुत्ता माना जाता है। इसीलिए श्रद्धालु लोग उसकी भी पूजा करते हैं। यदि कुत्ता कृष्ण वर्ण का हो तो पूजा का महत्त्व और भी बढ़ जाता है। कुछ भक्तगण तो उसे प्रसन्न करने के लिए दूध पिलाते हैं या मिठाई खिलाते हैं।

**पौराणिक व्रत कथा :** इस व्रत की कथा का उल्लेख श्रीआदित्य पुराण में इस प्रकार से हुआ है—

'विश्व का कारण तथा परम तत्त्व कौन है?' इस विषय पर एक बार ब्रह्मा और भगवान् विष्णु में विवाद उठ खड़ा हुआ। दोनों ही अपने को विश्व का नियंता तथा परम तत्त्व मानने पर अड़े रहे। विवाद बढ़ता

देख इसका निर्णय महर्षियों को सौंपा गया। उन्होंने चिंतन-मनन के बाद निर्णय में कहा—'चूंकि परम तत्त्व कोई अव्यक्त सत्ता है। ब्रह्मा और विष्णु दोनों ही उसी विभूति से निर्मित हैं, इसलिए उनमें उसके अंश उपस्थित हैं।'

यह बात भगवान् विष्णु ने तो सहर्ष स्वीकार कर ली, लेकिन ब्रह्माजी ने इस निर्णय की अवज्ञा करके अपने को सर्वोपरि तथा सृष्टि का नियंता बताना जारी रखा। यह बात भगवान् शंकर को स्वीकार नहीं हुई। कहा जाता है कि तत्काल ही उन्होंने भैरव का रूप धारण कर ब्रह्मा का अहंकार नष्ट किया। संयोग से उस दिन मार्गशीर्ष मास के कृष्ण पक्ष की अष्टमी थी, अतः इस दिन को 'भैरव अष्टमी व्रत' के रूप में मनाया जाने लगा।

उल्लेखनीय है कि हमें भैरव अष्टमी 'काल' का स्मरण कराती है, इसलिए मृत्यु के भय के निवारण हेतु काल भैरव की शरण में जाने की सलाह धर्मशास्त्र देते हैं। विश्वास किया जाता है कि काल भैरव सदा ही सामाजिक मर्यादाओं का पालन करने वाले, धर्मसाधक, शांत प्रकृति, क्षमाशील, सहिष्णु मनुष्यों की काल से रक्षा करते हैं। इसी विश्वास के साथ यह व्रत किया जाता है।

## उत्पन्ना एकादशी
(सात्त्विक भाव जगाने एवं प्राणिमात्र के कल्याण के लिए)

**माहात्म्य :** सत्युग में मुर नाम का एक राक्षस हुआ। जिसने ऋषि-मुनि, सात्त्विक वृत्ति के लोगों एवं देवताओं को कष्ट पहुंचाकर प्राणिमात्र को त्रस्त कर रखा था। यहां तक कि उसने ब्रह्मा, वसु, आदित्य, वायु, अग्नि आदि देवताओं को भी जीत लिया। उसका नाश करने के लिए इस तिथि को शक्ति उत्पन्न हुई। इसी उत्पन्न शक्ति के कारण इस तिथि का नाम 'उत्पन्ना एकादशी' पड़ा। इस दिन परोपकारिणी देवी का जन्म होने के कारण व्रत करके भगवद् भजन कीर्तनादि करने का विशेष माहात्म्य माना गया है।

भगवान् श्रीकृष्ण ने कहा है कि इस एकादशी के समान समस्त पापनाशिनी जैसी कोई तिथि नहीं है। जो मनुष्य इस दिन उपवास करता है, उसकी धर्म के प्रति रुचि जाग्रत् होती है। धर्म से सत्य तथा सत्य से लक्ष्मी प्राप्त होती है। इसका उपवास रखने से समस्त इच्छाएं पूर्ण होती हैं और जीवन में निश्चय ही सुख प्राप्त होता है। उसके पाप इस प्रकार नष्ट होते हैं कि व्यक्ति यमराज के घर नहीं जाता। मृत्यु के पश्चात् वह विष्णु लोक में स्थान प्राप्त कर जन्म-मरण के चक्र से छूट जाता है।

इस एकादशी का माहात्म्य अनेक पुराणों में वर्णित किया गया है। इस दिन के उपवास से हजार एकादशी का फल प्राप्त होता है। उस दिन दिया गया दान सहस्र गुणित होकर फलदायी होता है। इस एकादशी के माहात्म्य को सुनने से सहस्र गोदान का फल प्राप्त होता है। जो मनुष्य इस व्रत की कथा को भक्ति भाव से दिन या रात में सुनता है, वह कोटि-कुलपर्यन्त विष्णु लोक में निवास करता है।

**पूजन विधि-विधान :** यह व्रत मार्गशीर्ष (अगहन) मास के कृष्ण पक्ष की एकादशी को रखा जाता है। व्रती को दशमी के दिन रात्रि में भोजन नहीं करना चाहिए। मतलब यह कि उस दिन केवल एक समय दोपहर में ही भोजन करें। एकादशी के दिन ब्रह्मबेला में उठकर दैनिक कर्म स्नानादि से निवृत्त होकर भगवान् श्रीकृष्ण का जल, चंदन, धूप, रोली, पुष्प, अक्षत आदि से विधिवत पूजन करना चाहिए। व्रती को दिन भर का उपवास रखकर केवल फलाहार करना चाहिए। इस दिन अन्न का सेवन वर्जित किया गया है। भगवान् को केवल फलों का ही भोग लगाने का विधान है। भोग का प्रसाद भक्तों में बांट दें।

**पौराणिक कथा :** इस व्रत की कथा का उल्लेख श्रीभविष्योत्तर पुराण में इस प्रकार आया है–

सत्युग में मुर नामक एक बलशाली दैत्य हुआ था। उसने युद्ध में समस्त देवताओं को पराजित कर स्वर्ग पर अपना अधिकार कर लिया तो स्वर्ग से भागे हुए देव डर के मारे पृथ्वी पर घूमने लगे। वे इकट्ठे होकर शिव शंकर के पास कैलास पहुंचे। उनकी स्तुति व चरण वंदना के बाद अपना सब हाल बताया, तो शिवजी बोले–"हे इंद्र! तुम भगवान् विष्णु की शरण में जाओ। मैं तो इस समय घोर तपस्या कर रहा हूं और धर्मानुसार इस समय उस दैत्य को नहीं मार सकता।"

सब देवताओं के साथ देवेंद्र भगवान् विष्णु के पास पहुंचे और मुर को परास्त कर इन कष्टों से मुक्ति दिलाने के लिए श्रीहरि से प्रार्थना की। तब उन्होंने अनेक शस्त्रों के साथ स्वर्ग की ओर प्रस्थान किया और वहां महाबली मुर को युद्ध के लिए ललकारा। तब वह दैत्य भी अपनी सेना लेकर मुकाबले के लिए आ पहुंचा। घमासान युद्ध हुआ। दैत्य युद्ध भूमि में हारने लगे। यह देखकर मुर क्रोध से पागल हो उठा। उसने बाणों की भयंकर वर्षा प्रारंभ कर दी। बाणों से घायल देवता इधर-उधर भागने लगे। भगवान् विष्णु मुर को भ्रम में डालने की नीयत से उसके सामने से भागते हुए बदरिकाश्रम की सिंहवती गुफा में जाकर सो गए। उनके पीछे लगा हुआ मुर दैत्य भी वहां पहुंच गया। इस बीच भगवान् के शरीर के तेज से एक रूपवती सुंदर कन्या उत्पन्न हुई, जिसे देखकर मुर उस पर मोहित हो गया।

युद्ध विद्या में कुशल उस कन्या ने मुर को युद्ध के लिए ललकारा और उसके साथ युद्ध करके उसे मार डाला। जब भगवान् विष्णु की निद्रा भंग हुई तो उन्हें दैत्य की मृत्यु से बड़ा आश्चर्य हुआ। उन्होंने सोचा कि इस भूतल पर मेरे समान न कोई देव है और न कोई गंधर्व, जिसने मेरे इस भयंकर शत्रु को मार डाला। इस पर दिव्य शरीर धारिणी उस कन्या ने कहा—"मैं कन्यारूपी एकादशी आपके अंग से उत्पन्न शक्ति हूं, जिसने दैत्य को मारा है।"

भगवान् विष्णु ने कहा—"हे भद्रे! तुमने मुझ पर कृपा कर बड़ा उपकार किया है। मैं तुम्हें तीन दुर्लभ वरदान देता हूं।" तब एकादशी ने कहा—"भगवन्! यदि वर ही देने हैं तो मुझे ये वर दीजिए—पहला यह कि मैं तीनों लोकों में, मन्वंतरों में, युगों में सदा ही आपकी प्रिया बनी रहूं। दूसरा यह कि मैं सभी विघ्नों और पापों को नाश करने वाली, सब तिथियों में प्रधान तिथि एवं आयु और बल को बढ़ाने वाली रहूं। तीसरा वर यह कि जो लोग मेरे व्रत को भक्तिपूर्वक करें और उपवास करें तो उन्हें सब प्रकार की सिद्धियां प्राप्त हों।"

यह सुनकर विष्णु बोले—"हे कल्याणी! जो वर तुमने मांगे हैं, वे सभी सत्य होंगे। जो भक्त तुम्हारे और मेरे निमित्त सच्चे मन और भक्ति भाव से उपवास रखेंगे, वे चारों युगों में प्रसिद्ध होकर विष्णुलोक पहुंचेंगे। इसके अतिरिक्त तुम समस्त तिथियों में उत्तम मानी जाओगी।" यह सुनकर वह एकादशी कन्या बहुत प्रसन्न हुई और मुदित मन से वहां से चली गई। तभी से इस व्रत को मनाने की परिपाटी चली आ रही है।

## मोक्षदा एकादशी
### (पाप शमन एवं भगवत्भक्ति हेतु)

**माहात्म्य :** शास्त्रों का मानना है जो मनुष्य इस एकादशी का व्रत करते हैं, उनके द्वारा जाने-अनजाने में किए गए समस्त पाप नष्ट हो जाते हैं। उन्हें पुनर्जन्म से मुक्ति मिलती है तथा अनेक पुण्यों की प्राप्ति होती है। जिसके माता-पिता, पुत्र की कुल में अधोगति हुई हो; वे सब इस व्रत के प्रभाव से स्वर्ग को प्राप्त हो जाते हैं। व्रत की कथा सुनने मात्र से ही वाजपेय यज्ञ का फल प्राप्त होता है। व्रती को अपने जीवनकाल में सभी प्रकार के सुखों को भोगने का अवसर मिलता है।

मोक्षदा एकादशी के दिन गीता जयंती भी मनाई जाती है। उल्लेखनीय है कि कुरुक्षेत्र के युद्ध स्थल पर कर्म से विमुख हुए अर्जुन को भगवान् श्रीकृष्ण ने गीता का उपदेश दिया था। ऐसा कहते हैं कि जिस प्रकार अर्जुन का मोहक्षय हुआ था, उसी प्रकार इस एकादशी का व्रत करने से सभी श्रद्धालुओं के लोभ, मोह, मत्सर व समस्त पापों का क्षय हो जाता है तथा व्रती को इच्छा अनुकूल फल प्राप्त होते हैं। इसीलिए यह मोक्षदा एकादशी कहलाती है।

**पूजन विधि-विधान :** यह व्रत मार्गशीर्ष (अगहन) मास के शुक्ल पक्ष की एकादशी को रखा जाता है। इस दिन स्नानादि नित्य कर्मों से निवृत्त होकर भगवान् दामोदर का गंध, धूप, दीप आदि षोडशोपचार, तुलसी

की मंजरियों से मांगलिक गायन, वाद्यों से पूजन व आरती करनी चाहिए। इसी दिन भगवान् श्रीकृष्ण तथा श्रीमद्भगवद्गीता का भी पूजन व आरती करके पाठ करने का विधान है। व्रत के दिन फलाहार करें और

अन्न का सेवन त्याग दें। मिथ्या भाषण, चुगली, दुष्कर्मों का परित्याग करें। ब्राह्मणों को भोजन व दान-दक्षिणा अवश्य दें।

**पौराणिक कथा :** इस व्रत की कथा का उल्लेख श्रीपद्म पुराण में इस प्रकार हुआ है–

प्राचीन काल में चंपक नामक एक सुंदर नगर में वैखानस नाम का राजा राज करता था। वह अपनी प्रजा का पालन अपने पुत्रों की तरह करता था। उसकी प्रजा भी उससे बहुत स्नेह रखती थी। उसके राज्य में वेद-वेदांगों को जानने वाले बहुत से ब्राह्मण रहते थे।

एक दिन राजा ने स्वप्न में एक विचित्र दृश्य देखा। उसने देखा कि उसके पिता को नरक में घोर यातनाएं दी जा रही हैं और वे बुरी दशा में विलाप कर रहे हैं। पिता को अधोयोनि में पड़े देखकर उसने यह वृत्तांत ब्राह्मणों को सुनाया और जानना चाहा कि दान, तप या व्रत, जिस किसी भी रीति से मेरे पिता को नरक से मुक्ति मिले, मेरे पूर्वजों का कल्याण हो, वैसी विधि बताएं।

राजा के दुखित वृत्तांत को सुनकर वेदों के ज्ञाता एक ब्राह्मण ने कहा–"राजन! अपने पिता के उद्धार के लिए आप पर्वत मुनि के आश्रम में चले जाइए, जो यहां से थोड़ी ही दूर स्थित है।"

राजा ने मुनिशार्दूल पर्वत मुनि के आश्रम में जाकर सादर प्रणाम किया। वे मुनि ऋग्वेद, सामवेद, यजुर्वेद और अथर्ववेद के ज्ञाता दूसरे ब्रह्मा की तरह शोभायमान हो रहे थे। जब राजा ने स्वप्न का सारा वृत्तांत उन्हें बताया तो भूत, भविष्य और वर्तमान का चिंतन कर देखने वाले मुनि ने राजा को बताया–"हे राजन! मैं तुम्हारे पिता के बुरे कर्मों के पापों को जानता हूं। पहले जन्म में तुम्हारे पिता ने दो पत्नियों में से कामवशीभूत होकर एक का ऋतुभंग किया था। उस कर्म से वह निरंतर नरक में दुख भोग रहे हैं।"

राजा ने पुनः पूछा–"मुनिवर किस दान या व्रत को करने से मेरे पिता पापयुक्त नरक से छूट कर मोक्ष प्राप्त कर सकते हैं, कृपया यह उपाय बताएं।"

इस पर मुनिराज बोले–"तुम यदि उनके लिए मार्गशीर्ष शुक्ल एकादशी मोक्षदा का व्रत करके उसका पुण्य उन्हें दान कर दो, तो उसके प्रभाव से उनको मोक्ष मिल जाएगा।"

मुनि की सलाह से राजा ने इस एकादशी के दिन विधिपूर्वक व्रत किया और उससे अर्जित सारे पुण्य अपने पिता को दिए तो स्वर्ग से फूलों की वर्षा हुई और वैखानस का पिता अपने पुत्र को ढेरों आशीर्वाद देते हुए देवलोक चला गया। तभी से यह मान्यता है कि जो भी 'मोक्षदा एकादशी' का व्रत करता है, वह अपने कुटुंब सहित समस्त सांसारिक सुखों का उपभोग करता हुआ अंत में मोक्ष को प्राप्त करता है और प्रभु की सेवा का अधिकारी बनता है।

## सफला एकादशी
(कार्यों की पूर्णता एवं मनोरथ सिद्धि के लिए)

**माहात्म्य :** ऐसा विश्वास किया जाता है कि इस एकादशी का व्रत उपवास करने से प्रत्येक कार्य में सफलता मिलती है और अधूरे पड़े हुए कार्य अवश्य ही पूरे होते हैं। व्रती के सारे मनोरथ सफल होते हैं, इसीलिए इसे सफला एकादशी कहते हैं। इसकी गणना समस्त एकादशी व्रतों में शीर्षस्थान पर की गई है। जिस प्रकार नागों में शेषनाग, पक्षियों में गरुड़, यज्ञों में अश्वमेध, नदियों में जाह्नवी (गंगा), देवों में विष्णु और मनुष्यों में श्रेष्ठ ब्राह्मण है, ठीक उसी प्रकार व्रतों में सफला एकादशी का व्रत श्रेष्ठ है।

इस व्रत के दिन दीप दान करने और रात्रि जागरण करने का बड़ा माहात्म्य बताया गया है। जो व्यक्ति इस एकादशी का व्रत या जागरण करता है, वह इस लोक में यश पाकर अंत में मोक्ष प्राप्त करता है। पांच हजार वर्ष तक तप करने से जो फल प्राप्त होता है, वह इस एक सफला व्रत के जागरण से ही प्राप्त हो जाता है। इसके माहात्म्य को सुनकर राजसूय यज्ञ का फल भी मिलता है। इस एकादशी के माहात्म्य की चर्चा पुराणों में विस्तृत रूप से की गई है।

**पूजन विधि-विधान :** यह व्रत पौष मास के कृष्ण पक्ष की एकादशी को रखा जाता है। यह व्रत स्मार्त (गृहस्थ) तथा वैष्णव दोनों के लिए है। सामान्यतया इस एकादशी के अधिष्ठाता देव भगवान् नारायणजी

की पूजा का विधान है, लेकिन भगवान् अच्युत की पूजा का विशेष माहात्म्य है। एकादशी के दिन समस्त नित्य कर्मों स्नानादि से निवृत्त होकर पूजा की सामग्री अगर, नारियल, लौंग, अनार, आंवला, सुपारी, नीबू,

आम तथा ऋतु फलों से श्रीनारायण का धूप-दीपादि षोडशोपचार से विधिवत पूजन करें। उसी प्रकार भगवान् अच्युत की भी पूजा करें। आरती उतारें और भोग में आम आदि ऋतु के फल विशेष तौर पर चढ़ाएं। भोग का प्रसाद भक्तों में बांट दें। ब्राह्मणों, गरीबों को भोजन कराके यथाशक्ति दान करें। दीप दान अवश्य करें और रात्रि जागरण कर प्रभु के भजन, कीर्तन में ध्यान लगाएं। व्रत में तिल और गुड़ फलाहार का सेवन करें। अन्न के सेवन से परहेज करें।

**पौराणिक कथा :** यह कथा श्रीपद्म पुराण से ली गई है—

प्राचीन समय में महिष्मत नामक एक राजा चंपावती नाम की प्रसिद्ध नगरी में राज करता था। यद्यपि वह बड़ा ही दयालु तथा धार्मिक प्रवृत्ति का था, लेकिन उसके पांच पुत्रों में सबसे बड़ा लुंपक नामक पुत्र बहुत पापी और दुराचारी था। वह हमेशा मदिरापान, चोरी करना, परस्त्री गमन, झूठ बोलना जैसे बुरे कामों में लिप्त रहता था। इन दुर्गुणों के कारण वह शीघ्र ही पिता की बहुत-सी संपत्ति नष्ट कर बैठा। ब्राह्मणों, देवताओं की निंदा करना, कुसंग में लिप्त रहना उसका मुख्य काम था। समझाने का जब उस पर कोई असर न हुआ तो राजा ने परेशान होकर उसे अपने राज्य से बाहर निकाल दिया।

लुंपक ने निर्जन वन में जाकर एक पीपल के वृक्ष के नीचे झोपड़ी बनाकर रहना शुरू कर दिया। वहां भी वह अपने दुष्कर्मों में लिप्त रहा। पौष मास की दशमी को जब बहुत अधिक ठंडा मौसम हो गया तो ठंड के कारण नंगे बदन रात भर वह कांपता रहा और भूखा रहने के कारण सुबह को बेहोश हो गया। इस दिन सफला एकादशी थी। दोपहर के बाद जब उसे थोड़ा होश आया तो लड़खड़ाते हुए वह भूमि पर पड़े फलों को बटोरने लगा। तब तक रात हो गई। सब फलों को उसने पीपल के वृक्ष की जड़ में रख दिया और दुखी होकर रोते हुए भगवान् से प्रार्थना करने लगा—"हे ईश्वर! आज तक मैंने अनेक दुष्कर्म करके बहुत-से पाप किए हैं, लेकिन अब मैं आपसे प्रतिज्ञा करता हूं कि सारे दुष्कर्म छोड़कर सत्कर्म करूंगा और धर्म का अनुसरण करूंगा।" उसके सच्चे हृदय से की गई प्रार्थना का असर यह हुआ कि भगवान् मधुसूदन ने उसे अपने व्रत का जागरण माना और फलों से सफला के व्रत का पूजन समझा। व्रत के प्रभाव से उसके सारे पाप नष्ट हो गए। उसी पुण्य से सूर्योदय के समय एक दिव्य घोड़ा आ पहुंचा और आकाशवाणी हुई कि—"हे राजकुमार! सफला एकादशी के प्रभाव से भगवान् वासुदेव प्रसन्न हुए हैं, इसलिए तुम्हें राजयोग की पुनः प्राप्ति होगी।" ऐसा सुनकर वह घोड़े पर सवार होकर अपने पिता के राज्य में पहुंचा। पिता ने प्रसन्न होकर राज्य की बागडोर उसे सौंप दी। भगवान् कृष्ण की कृपा से उसके स्त्री, पुत्र भी सुंदर थे। वृद्धावस्था के अंत में वह मृत्यु को प्राप्त हो विष्णुलोक में पहुंचा और वहां के सुख भोगने लगा।

# पुत्रदा एकादशी
(स्त्रियों का व्रत : संतान प्राप्ति के लिए)

**माहात्म्य :** पुराणों में ऐसा उल्लेख मिलता है कि पौष मास के शुक्ल पक्ष की एकादशी का व्रत और अनुष्ठान करने से भद्रावती के राजा सुकेतु को पुत्र रत्न की प्राप्ति हुई थी। तभी से इसका नाम पुत्रदा अर्थात पुत्र देने वाली एकादशी पड़ा। यह व्रत संतानदायी है। पति और पत्नी दोनों ही इस व्रत का विधिपूर्वक पालन करें तो इसका फल अधिक पुण्यदायी होता है।

जो मनुष्य इस पुत्रदा एकादशी के दिन निर्मल मन से उपवास रखने का संकल्प लेते हैं, उन्हें शांति और आत्मिक सुख मिलता है। विद्या, यश और लक्ष्मी की प्राप्ति होती है। मन में धार्मिक विचार पनपते हैं। इस कारण जीवन सुखों से भर जाता है। सब पापों का नाश होता है। इस लोक में पुत्र पाकर अंत में स्वर्गगामी होता है। इस व्रत की कथा पढ़ने और सुनने से अश्वमेध यज्ञ का फल प्राप्त होता है। इसके अधिष्ठाता देव कामनाओं को पूरा करने वाले सिद्धिदायक भगवान् नारायण हैं। इसलिए ऐसा माना जाता है कि इस चराचर जगत् में इससे उत्तम और कोई एकादशी का व्रत नहीं है।

**पूजन विधि-विधान :** इस व्रत को पौष मास के शुक्ल पक्ष की एकादशी को रखा जाता है। यही व्रत श्रावण मास के शुक्ल पक्ष की एकादशी को भी रखा जाता है। इन दोनों का माहात्म्य व फल एक समान

ही है। इस दिन भगवान् विष्णुजी की पूजा-अर्चना की जाती है। एकादशी के दिन प्रातःकाल उठकर स्नानादि नित्यकर्मों से निवृत्त होकर श्रीहरि विष्णु भगवान् की प्रतिमा को दूध व दही से स्नान कराएं। फिर जल

से शुद्धिकरण के पश्चात् रोली, चंदन, कपूर, लाल पुष्पों आदि से भक्ति भावना से आरती उतारें। फिर विष्णुजी को मिष्ठान का भोग लगाएं। भोग का प्रसाद भक्तों में बांट दें। दिन भर में एक बार दूध का आहार लें। अन्न के सेवन से परहेज करें। सायंकाल को पांच ब्राह्मणों को भोजन कराएं और यथाशक्ति दान-दक्षिणा देकर विदा करें।

**पौराणिक कथा :** इस व्रत की कथा का उल्लेख श्रीभविष्योत्तर पुराण में इस प्रकार आया है—

प्राचीन काल में भद्रावती नामक नगरी में सुकेतुमान नामक एक राजा राज करता था। उसकी शैब्या नाम की रानी थी। उन्हें सब तरह के सुख उपलब्ध थे, लेकिन एक दुख यह था कि उनके कोई संतान नहीं थी। संतान प्राप्ति के सारे उपाय; जैसे— यज्ञ, दान, तप आदि करने के बाद भी जब उन्हें संतान सुख प्राप्त नहीं हुआ तो वे चिंतित रहने लगे। उनके पितर लोग भी सोचने लगे कि राजा के बाद और कोई नहीं है जो हमारा तर्पण कर सके। राजा को रह-रह कर यह विचार सताता रहता कि पितर एवं देवों का ऋण तब तक नहीं छूटता, जब तक कि पुत्र न हो। इसलिए पुत्र सब तरह के उपायों से उत्पन्न करना चाहिए। उसने शास्त्रों में पढ़ रखा था कि पुण्यात्माओं के घर पुत्र का जन्म होता है, उनको इस लोक में यश और परलोक में शुभगति प्राप्त होती है। उसके घर में आयु, आरोग्य और संपत्ति नित्य रहती है। पुण्यवान लोगों को ही पुत्र-पौत्रों की प्राप्ति होती है।

एक दिन राजा घोड़े पर चढ़कर बिना किसी को बताए जंगल को निकल पड़ा। यहां-वहां प्रकृति का सौंदर्य निहारते हुए दोपहर का समय हो गया। भूख-प्यास से व्याकुल होकर भटकते हुए उसे एक सुंदर सरोवर दिखाई दिया। वहां जाकर प्यास बुझाने के बाद राजा ने पास ही में बहुत से ऋषियों के आश्रम देखे। राजा के दायें अंग फड़कने लगे तो उसको शुभ संकेत समझकर उसने ऋषियों के पास पहुंचकर हाथ जोड़ दंडवत करते हुए प्रणाम किया तो सारे ऋषि प्रसन्न हुए। उन्होंने कहा कि हम लोग विश्वदेवा हैं, स्नान हेतु यहां आए हैं। आज पुत्रदा एकादशी है। यह एकादशी पुत्र की इच्छा रखने वाले लोगों को पुत्र प्रदान करती है।

राजा ने कहा—"हे मुनि श्रेष्ठ! मैंने भी पुत्र उत्पन्न करने के लिए महान् प्रयत्न किए हैं। यदि आप मुझसे प्रसन्न हैं तो मुझे भी पुत्र-प्राप्ति का कोई उपाय बता दीजिए।" तब मुनियों ने बताया कि तुम आज के पुत्रदा एकादशी के व्रत को करो। भगवान् की कृपा और हमारे आशीर्वाद से तुम्हें अवश्य ही पुत्र प्राप्त होगा। राजा ने पूरी श्रद्धा भाव से व्रत किया और दूसरे दिन पारण किया। फिर मुनियों को प्रणाम कर घर पहुंचा तो पता चला कि रानी गर्भवती हो गई है। समय आने पर राजा के घर पुत्र का जन्म हुआ। पुत्र बड़ा होकर बड़ा तेजस्वी और धार्मिक प्रवृत्ति वाला हुआ। उसने पितरों को संतुष्ट करने और प्रजा पालन में कोई कसर शेष न रखी। राजा अंत समय में स्वर्गगामी हुआ।

## मकर संक्रांति

(सूर्यदेव का व्रत : कष्टों से मुक्ति एवं जन्म-मरण के चक्र से बचने के लिए)

**माहात्म्य :** भारतीय ज्योतिष में बारह राशियां मानी गई हैं। उनमें से एक मकर राशि में सूर्य के प्रवेश करने को मकर संक्रांति के नाम से जाना जाता है। मतलब यह है कि सूर्य के उत्तरायण होने को मकर संक्रांति कहते हैं। इसे हिंदुओं का बड़ा दिन माना जाता है। यह पर्व शीत ऋतु के जाने तथा मनोहारी वसंत ऋतु के आगमन का प्रतीक है। इसे भगवान् सूर्य की उपासना और स्नान-दान का पर्व भी मानते हैं। इसे पूरे देश में बड़ी श्रद्धा, उमंग और उल्लास के साथ मनाया जाता है। पौराणिक कथा के मतानुसार यशोदा ने इस दिन श्रीकृष्ण के जन्म के लिए यह व्रत रखा था। उसी दिन से मकर संक्रांति के व्रत की परिपाटी चली आ रही है।

पुराणों में वर्णित है कि सूर्य के मकर राशि में होने से मृत्यु को प्राप्त व्यक्ति की आत्मा मोक्ष को प्राप्त करती है अर्थात आत्मा को जन्म-मरण के बंधनों से मुक्ति मिल जाती है। महाभारत काल में अर्जुन के बाणों से घायल भीष्म पितामह ने गंगा के तट पर सूर्य के मकर राशि में प्रवेश का छब्बीस दिनों तक इंतजार किया था। इच्छा मृत्यु का वरदान मिलने के कारण वह मोक्ष की प्राप्ति के लिए सूर्य के उत्तरायण होने तक जीवित रहे।

श्रीपद्म पुराण में कहा गया है कि मकर संक्रांति के दिन किया गया दान अक्षय पुण्य देने वाला और पापनाशक होता है। इसलिए तिल, गुड़ के व्यंजन, ऊनी वस्त्र, कंबल, काले तिल आदि दान करने की परंपरा है। ब्रह्मांड पुराण के अनुसार यशोदा ने पान (तांबूल) दान करके तेजस्वी पुत्र श्रीकृष्ण को प्राप्त किया। शास्त्रों में ऐसा भी वर्णन मिलता है कि इस दिन किया गया दान पुनर्जन्म होने पर सौ गुना होकर प्राप्त होता है। मकर संक्रांति ही एक ऐसा पर्व है, जिसमें तिल का प्रयोग शुभ माना जाता है।

मकर संक्रांति के दिन हर बारहवें वर्ष प्रयाग, उज्जैन, हरिद्वार और नासिक में कुंभ का मेला लगता है, जहां समुद्र मंथन से प्राप्त अमृत की कुछ बूंदें गिरी थीं। इस पर्व पर दक्षिण भारत में बालकों को विद्याध्ययन प्रारंभ कराया जाता है। प्राचीन रोम में इस दिन खजूर, अंजीर तथा शहद बांटने की प्रथा का उल्लेख मिलता है। ग्रीक लोग इस दिन वर-वधू की संतान वृद्धि के लिए तिल से निर्मित पकवान बांटते थे।

मकर संक्रांति का पर्व पंजाब में लोहड़ी, दक्षिण में पोंगल, मध्य प्रदेश व पश्चिमी उत्तरप्रदेश में संकरात, पूर्वी उत्तर प्रदेश और बिहार में खिचड़ी के नाम से भी हर्षोल्लास के साथ मनाया जाता है। गंगा सागर में इस दिन बड़ा भारी मेला लगता है। शास्त्रानुसार इस पर्व के दिन यज्ञ में दिए गए द्रव्यों को ग्रहण करने के लिए देवतागण धरती पर अवतरित होते हैं। कहीं-कहीं इस दिन काले कपड़े पहनने का भी रिवाज है। इसी दिन अनेक प्रदेशों में महिलाएं हलदी, कुंकुम की रस्म भी करती हैं। शास्त्रों में इस पर्व पर गंगा के जल में स्नान करने का बड़ा महत्त्व बताया गया है।

**पूजन विधि-विधान :** मकर संक्रांति का पर्व माघ मास के कृष्ण पक्ष की प्रतिपदा को जब सूर्य मकर राशि में प्रविष्ट होता है, उस दिन मनाया जाता है। सामान्यतया यह दिन प्रत्येक वर्ष 14 जनवरी को पड़ता है। इसका व्रत रखने के लिए एक दिन पूर्व एक समय भोजन करें। प्रतिपदा के दिन प्रातःकाल नित्यकर्म से निपटकर तिल का उबटन लगाकर स्नान करने का विधान है। फिर तांबे के पात्र से सूर्य को मंत्रोच्चारण कर जल चढ़ाएं। इस पर्व की पूजन पद्धति में शीत के प्रकोप से छुटकारा पाने के लिए तिल को महत्त्व दिया गया है। तिल मिश्रित जल से स्नान, तिल का उबटन लगाना, तिल के पकवान भोजन के रूप में खाना, काले तिल का दान करना जैसे सारे कृत्य इसीलिए किए जाते हैं। इस दिन लोग नदियों में स्नान करते हैं और मंदिर जाते हैं। गंगा के जल में स्नान करने को मिल जाए तो भारी पुण्य मिलता है। इस पर्व पर तिल का दान, शुद्ध घी, कंबल, ऊनी वस्त्र बांटने का विधान है, जिसे पुण्य कार्य माना जाता है। उत्तर प्रदेश में कहीं-कहीं इस दिन खिचड़ी खाने का भी विधान है। तथा तिल का बना हुआ तिलवा खाने का विधान है। गरीबों और ब्राह्मणों को खिचड़ी और तिलवा दान में दी जाती है।

**प्रचलित लोक कथाएं :** भिन्न-भिन्न प्रांतों में अनेक रीति-रिवाजों के अनुसार लोक कथाएं मिलती हैं– उत्तर प्रदेश और बिहार के क्षेत्र में मकर संक्रांति पर खिचड़ी बनाकर खाई जाती है। कहा जाता है कि एक बार गुरु गोरखनाथ अपने शिष्यों को लेकर किसी तीर्थ स्थान पर ठहरे। शिष्यों की संख्या अधिक थी तथा खाने पीने की सामग्री कम। गुरु गोरखनाथ ने थोड़े से चावल, तिल, दाल, हल्दी, नमक एक पात्र में डालकर शिष्यों को बनाने के लिए कहा तथा एक साथ एक पात्र में मिली हुई सभी सामग्री को खिचड़ी कहा। उस खिचड़ी को अनेक शिष्यों ने खाया। अद्भुत स्वाद तथा खिचड़ी की अधिकता को देखकर सभी को बड़ा आश्चर्य हुआ। उसे गुरु का प्रसाद समझकर सबने खूब खाया। तभी से प्रत्येक मकर संक्रांति के अवसर पर खिचड़ी खाने का प्रचलन चल पड़ा।

जम्मू कश्मीर तथा पंजाब में इस पर्व को लोहड़ी के नाम से जाना जाता है। कहा जाता है कि इसी दिन कंस ने श्रीकृष्ण को मारने के लिए लोहिता नाम की एक राक्षसी को गोकुल भेजा था, जिसे श्रीकृष्ण ने खेल-खेल में ही मार डाला था। तभी से इसको लोहड़ी के पर्व के रूप में मनाया जाने लगा। सिन्धी लोग इसे लाल लोही के नाम से जानते हैं। तमिलनाडु में इस तिथि को पोंगल कहते हैं। यहां के लोग वस्तुतः कृषि देवता की कृतज्ञता प्रकट करने के लिए नई फसल के चावल, दाल, तिल के भोज्य पदार्थ से विधिपूर्वक पूजन करते हैं।

## षट्तिला एकादशी

(दरिद्र विनाश, धन-वैभव एवं सौभाग्य प्राप्ति हेतु)

**माहात्म्य :** इस एकादशी के दिन छह प्रकार के तिलों का प्रयोग किया जाता है, जिसके कारण इसका नामकरण षट्तिला एकादशी पड़ा। जो मनुष्य इस व्रत को पूर्ण विधि-विधानानुसार पालन करके पूरा करता है, उसे बुरे कर्मों और पापों से मुक्ति मिलती है तथा उसका जीवन सुखमय बनता है। व्रत के प्रभाव से धन, धान्य, वस्त्र एवं स्वर्ण आदि से घर संपन्न हो जाता है। हर जन्म में आरोग्य मिलता है। कभी धन का अभाव, कष्ट और दुख की पीड़ा नहीं होती। बैकुंठ की प्राप्ति होती है। ऐसा कहा जाता है कि षट्तिला के उपवास के बराबर कोई अन्य व्रत श्रेष्ठ नहीं है।

चूंकि माघ मास (जनवरी-फरवरी) की ऋतु ठंडी और स्निग्ध प्रकृति के पदार्थों के सेवन के लिए उपयुक्त होती है, अतः जो व्यक्ति इस दिन तिल से बने विविध व्यंजनों का सेवन करता है, उसको स्वास्थ्य लाभ मिलता है। इस एकादशी के दिन काली गाय तथा काले तिलों का दान करने का विशेष माहात्म्य है।

**पूजन विधि-विधान :** यह व्रत माघ मास के कृष्ण पक्ष की एकादशी को रखा जाता है। इस एकादशी के दिन शरीर पर तिल के तेल की मालिश करना, तिल के जल से स्नान, तिल के जल का पान एवं तिल

के पकवानों का सेवन करने का विधान है। सफेद तिल से बनी चीजें खाने का महत्त्व अधिक बताया गया है। इस दिन विशेष रूप से भगवान् श्रीहरि विष्णु की पूजा की जाती है। उनका पूजन तिलों से करें। तिल

के बने लड्डुओं का भोग लगाएं और तिलों से निर्मित प्रसाद ही भक्तों में बांटें। व्रती को जितेंद्रिय रहकर काम, क्रोध, ईर्ष्या आदि विकारों का त्याग कर उपवास में तिल पट्टी, फलाहार सेवन करना चाहिए। अन्न का सेवन न करें। तिलों का हवन करके रात्रि जागरण करें। ब्राह्मण को भरा हुआ घड़ा, छतरी, जूतों का जोड़ा, काली गाय, काले तिल और उससे बने व्यंजन, वस्त्रादि का दान करें।

**पौराणिक कथा :** इस व्रत की कथा का उल्लेख श्रीभविष्योत्तर पुराण में इस प्रकार उल्लिखित है–

पुराने समय में मर्त्यलोक में एक ब्राह्मणी रहती थी जो सदा ही व्रत, पूजा-पाठ में लगी रहती थी। अधिक उपवासों के करने से वह शरीर से क्षीण हो गई थी। फिर भी उसने ब्राह्मणों को तो अन्नदान से प्रसन्न रखा, लेकिन देवताओं को प्रसन्न नहीं रखा। एक दिन श्रीहरि स्वयं एक कृपाली का रूप धारण कर उस ब्राह्मणी के घर भिक्षा मांगने पहुंचे। ब्राह्मणी ने आक्रोश में आकर भिक्षा पात्र में एक मिट्टी का ढेला डाल दिया।

इस व्रत के प्रभाव से जब वह ब्राह्मणी अपनी मृत्यु के उपरांत स्वर्गलोक में पहुंची तो उसे रहने के लिए मिट्टी से बना एक सुंदर, स्वच्छ मकान मिला। लेकिन उसके खाने-पीने के लिए अन्न आदि की व्यवस्था उसमें नहीं थी। इस कारण दुखित होकर उसने भगवान् से प्रार्थना की कि मैंने जीवन भर इतने व्रतादि, कठोर तप किए हैं फिर यहां मेरे लिए खाने-पीने की कोई व्यवस्था नहीं है। इस पर भगवान् ने प्रकट होकर कहा–'इसका कारण तुम्हें देवांगनाएं बताएंगी, उनसे पूछो।"

जब ब्राह्मणी ने देवांगनाओं से जानना चाहा तो उन्होंने बताया कि तुमने षट्तिला एकादशी का व्रत नहीं किया। जब ब्राह्मणी ने पूरे विधि-विधानानुसार इस व्रत को किया और तिल व वस्त्र का दान किया तो उसे स्वर्ग में सारे सुखों की उपलब्धि हो गई।

## वसंत पंचमी

(ऋतुराज का स्वागत : सब प्रकार के पाप दोषों को दूर करने के लिए)

**माहात्म्य :** यह दिवस ऋतुराज वसंत के आगमन का प्रथम दिन माना जाता है। हमारे धार्मिक ग्रंथों में वसंत को ऋतुराज अर्थात सब ऋतुओं का राजा माना गया है। वसंत पंचमी वसंत ऋतु का एक प्रमुख त्योहार है। इस प्रकार वसंत पंचमी का त्योहार मानवमात्र के हृदय के आनंद और खुशी का प्रतीक कहा जाता है। वसंत ऋतु में जहां प्रकृति का सौंदर्य निखर उठता है, वहीं उसकी अनुपम छटा देखते ही बनती है। यह पर्व उत्तरी भारत तथा पश्चिम बंगाल में बड़ी धूमधाम से मनाया जाता है।

होली का आरंभ भी वसंत पंचमी से ही होता है, क्योंकि इस दिन प्रथम बार गुलाल उड़ाई जाती है। उत्तर प्रदेश में इसी दिन से फाग उड़ाना आरंभ करते हैं, जिसका अंत फागुन की पूर्णिमा को होता है। भगवान् श्रीकृष्ण इस त्योहार के अधिदेवता हैं, इसलिए ब्रज प्रदेश में राधा तथा कृष्ण का आनंद-विनोद बड़ी धूमधाम से मनाया जाता है। इसी दिन किसान अपने नए अन्न में घी, गुड़ मिलाकर अग्नि तथा पितरों को तर्पण करते हैं। ब्रह्मवैवर्त पुराण के कथनानुसार भगवान् श्रीकृष्ण ने इस दिन देवी सरस्वती पर प्रसन्न होकर उन्हें वरदान दिया था। इसीलिए विद्यार्थी तथा शिक्षा प्रेमियों के लिए यह माँ सरस्वती के पूजन का महान् पर्व है। चरक संहिता में लिखा है कि इस ऋतु में स्त्री-रमण तथा वन विहार करना चाहिए। कामदेव वसंत के अनन्य सहचर हैं। अतएव कामदेव व रति की भी इस तिथि को पूजा करने का विधान है।

**पूजन विधि-विधान :** यह त्योहार माघ मास के शुक्ल पक्ष की पंचमी को मनाया जाता है। इस दिन नित्य के नैमित्तिक कार्य करके शरीर पर तेल से मालिश करें। फिर स्नान के बाद आभूषण धारण कर पीले वस्त्र

पहनें। ब्राह्मणों को पीले चावल, पीले वस्त्र दान करने पर विशेष फल की प्राप्ति होती है। इस दिन विष्णु भगवान् के पूजन का माहात्म्य बताया गया है और ज्ञान की देवी सरस्वती के पूजन का विशेष विधान है। कलश स्थापित करके गंध, पुष्प, धूप, नैवेद्य आदि से षोडशोपचार विधि से पूजन करें। इस दिन भगवान् गणेश, सूर्य, विष्णु और शिव को गुलाल लगाना चाहिए। गेहूं और जौ की बालियां भी भगवान् को अर्पित करने का विधान है। सरस्वती पूजन के पश्चात् शिशुओं को तिलक लगा कर अक्षर ज्ञान प्रारंभ कराने की भी प्रथा है। इस दिन ब्राह्मणों को भोजन कराकर यथाशक्ति दान-दक्षिणा दें।

**पौराणिक कथा :** इस व्रत की कथा का उल्लेख ब्रह्मवैवर्त पुराण में इस प्रकार आया है–

जब प्रजापति ब्रह्मा ने भगवान् विष्णु की आज्ञा से सृष्टि की रचना की तो वे उसे देखने के लिए निकले। उन्होंने सर्वत्र उदासी देखी। सारा वातावरण उन्हें ऐसा दिखा जैसे किसी के पास वाणी ही न हो। सुनसान सन्नाटा, उदासी भरा वातावरण देखकर उन्होंने इसे दूर करने के लिए अपने कमंडलु से चारों तरफ जल छिड़का। उन जलकणों के वृक्षों पर पड़ने से वृक्षों से एक देवी प्रकट हुई, जिसके चार हाथ थे। उनमें से दो हाथों में वह वीणा पकड़े हुए थी तथा उसके शेष दो हाथों में से एक में पुस्तक और दूसरे में माला थी। संसार की मूकता और उदासी भरे वातावरण को दूर करने के लिए ब्रह्माजी ने इस देवी से वीणा बजाने को कहा। वीणा के मधुर स्वर नाद से जीवों को वाणी (वाक् शक्ति) मिल गई। सप्तविध स्वरों का ज्ञान प्रदान करने के कारण ही इनका नाम सरस्वती पड़ा। वीणावादिनी सरस्वती संगीतमय आह्लादित जीवन जीने की प्रेरणा है। वह विद्या, संगीत और बुद्धि की देवी मानी गई है, जिनकी पूजा-आराधना में मानव कल्याण का समग्र जीवन-दर्शन निहित है। इसीलिए वसंत पंचमी को इनका विधि-विधान से पूजन करने का नियम बनाया गया है।

## अचला सप्तमी / सौर सप्तमी
#### (पाप एवं भूत-पिशाच योनि से मुक्ति के लिए)

**माहात्म्य :** ऐसा शास्त्र वर्णित है कि सूर्य नारायण की प्रसन्नता के लिए अचला सप्तमी का व्रत करना चाहिए। इस दिन सूर्य भगवान् को गंगा जल से अर्घ्य दान करने का बड़ा माहात्म्य माना गया है। प्राचीन ज्योतिष शास्त्र और आधुनिक विज्ञान ने भी सूर्य को बड़ा महत्त्व दिया है, क्योंकि प्राणियों व वनस्पतियों को सूर्य से पोषण तथा वृद्धि प्राप्त होती है। इसके अलावा सूर्य की किरणों में कीटाणुनाशक तत्त्व पर्याप्त मात्रा में मौजूद रहते हैं। सूर्य की ओर मुख करके जल का अर्घ्य दान करने से शारीरिक चर्म रोग आदि विकार नष्ट होते हैं।

इस सप्तमी का स्नान मनुष्य के सभी मनोरथों की पूर्ति करने वाला होता है। इसके स्नान के माहात्म्य को सुनने मात्र से कलियुग में हुए सभी पाप नष्ट हो जाते हैं और जो कथा को श्रद्धापूर्वक सुनता है, उसको स्वर्ग प्राप्ति होती है। व्रती की इसके प्रभाव से इस लोक के सभी वांछित भोगों को भोगने की इच्छा पूर्ण होती है और अंत में स्वर्ग में स्थान मिलता है। सप्तमी के दिन भूखे, गरीब, अपाहिज तथा ब्राह्मणों को दान देना परम पुण्यदायी माना गया है। इस व्रत का एक नाम 'सौर सप्तमी' भी है।

**पूजन विधि-विधान :** यह व्रत माघ मास के शुक्ल पक्ष की सप्तमी को रखा जाता है। चूंकि यह व्रत स्त्रियों का है, इसलिए इसे वे सूर्य नारायण की प्रसन्नता के लिए रखती हैं। व्रती स्त्री को चाहिए कि षष्ठी के दिन केवल एक बार भोजन ग्रहण कर उसी दिन से सूर्य नारायण का विधि पूर्वक पूजन प्रारंभ कर दे। सप्तमी को प्रातःकाल नित्यकर्मों से निवृत्त होकर किसी नदी या तालाब के किनारे कमर से ऊपर तक जल में खड़े होकर सिर पर दीप धारण करके सूर्य नारायण की ओर मुख करे। फिर स्तुति करके अर्घ्यपात्र में गंगाजल, रोली, अक्षत तथा रक्तवर्ण का पुष्प रखकर अर्घ्य दे।

नदी या तालाब के अभाव में घर पर ही स्नान कर भगवान् सूर्य की अष्टदली प्रतिमा बनाकर मध्य में भगवान् शिव तथा पार्वती की स्थापना करके विधि-विधानानुसार पूजन करें। सायंकाल प्रतिमा का विसर्जन किसी नदी या सरोवर में करें। ब्राह्मणों को भोजन कराकर तांबे के बर्तन में चावल भरकर, दक्षिणा डालकर ब्राह्मण को दान करें।

**पौराणिक कथा :** इस व्रत की कथा का उल्लेख श्रीभविष्य पुराण में इस प्रकार हुआ है—

प्राचीन काल में इंदुमती नाम की एक रूपवती वेश्या थी। एक दिन वह महात्मा वसिष्ठ के आश्रम में पहुंची और हाथ जोड़कर प्रणाम करने के बाद कहने लगी—"हे मुनिराज! मैंने आज तक कोई धार्मिक कार्य जैसे— दान, हवन, व्रत, उपवास या किसी भी तरह का भगवान् का पूजन कभी भक्ति से नहीं किया। मैं हमेशा भौतिक सुखों को भोगने में लगी रही। अब भव-सागर से मेरी मुक्ति कैसे होगी, यही चिंता मुझे हर समय विदग्ध किए रहती है। कृपाकर आप मुझे कोई ऐसा व्रत, दान आदि कर्म बताएं जिसके अनुष्ठान से मुझे मोक्ष प्राप्त हो सके।"

उस वेश्या के बार-बार प्रार्थना करने पर दयावश मुनिराज वसिष्ठ बोले–"तुम माघ सुदी सप्तमी के दिन स्नान कर अचला सप्तमी का व्रत करो। इसके प्रभाव से मुक्ति, सौभाग्य, सौंदर्य की प्राप्ति और तुम्हारे सारे मनोरथ पूरे होंगे। व्रत के लिए छठ के दिन एक बार भोजन कर दूसरे दिन प्रातःकाल उठकर किसी

ऐसे जलाशय में जाकर स्नान करो, जिसमें पहले किसी के न होने से पानी हिलता न हो। ऐसा करने से तुम्हारे सारे पाप दूर हो जाएंगे।' वसिष्ठ के कथनानुसार उस वेश्या ने विधि-विधान से स्नान कर व्रत किया और दान दिया तो वह इस लोक के सब वांछित भोगों को भोग कर अंत में स्वर्ग चली गई।

## जया एकादशी

### (दुख-दरिद्रता दूर करने एवं कष्ट मुक्ति के लिए)

**माहात्म्य :** इस एकादशी को बड़ा पवित्र माना गया है। जो इस दिन श्रद्धा भाव से भगवान् विष्णु का पूजन करते हैं, उनको सद्गति प्राप्त होती है। व्रत के प्रभाव से व्रती को कभी भी पिशाच (भूत, प्रेत) योनि प्राप्त नहीं होती। इसके अलावा उसके समस्त पाप नष्ट हो जाते हैं।

भगवान् श्रीकृष्ण ने कहा है कि इससे अधिक उत्तम पापनाशिनी और मोक्षदायिनी कोई भी एकादशी नहीं है। जो मनुष्य पूर्ण श्रद्धा, भक्ति भाव से जया एकादशी का व्रत करता है, उसकी सब इच्छाएं पूर्ण होती हैं और वह कल्प कोटि पर्यंत बैकुंठ में आनंद भोग करता है। जिसने इस व्रत को कर लिया, समझो उसने सब यज्ञों को और दानों का पुण्य प्राप्त कर लिया, सब तीर्थों में स्नान कर लिया। यानी उन सबके बराबर फल की प्राप्ति होती है। इस व्रत की कथा को सुनने से अग्निष्टोम यज्ञ का फल प्राप्त होता है।

**पूजन विधि-विधान :** यह व्रत माघ मास के शुक्ल पक्ष की एकादशी को रखा जाता है। इस दिन का व्रत शुद्ध मन से करने का विधान शास्त्रों में वर्णित है। मन में किसी भी प्रकार के दुर्गुण का विचार नहीं

आने देना चाहिए। एकादशी के दिन प्रातःकाल स्नानादि नित्य कर्मों से निवृत्त होकर, स्वच्छ वस्त्र धारण करें। फिर भगवान् श्रीकृष्ण का विशेष पूजन रोली, चंदन, अक्षत, जल, पुष्प, सुगंध, नैवेद्य आदि से षोडशोपचार

विधि द्वारा विधिवत पूजन कर श्रीकृष्ण की स्तुति करें। भगवान् को भोग लगाकर प्रसाद को भक्तों में बांट दें। उपवास में केवल एक वक्त फलाहार करें। अन्न के सेवन से परहेज करें। दूसरे दिन व्रत का पारण करें।

**पौराणिक कथा :** इस व्रत की कथा का उल्लेख श्रीपद्म पुराण में इस प्रकार मिलता है—

एक समय देवराज इंद्र ने अप्सराओं के नृत्य और गंधर्वों के गायन का आयोजन किया। इसमें माल्यवान नामक एक गंधर्व पर पुष्पवती नाम की एक गंधर्वी मोहित हो गई। उसके भावपूर्ण कटाक्षों और मनोहारी चितवन से माल्यवान भी कामुक हो उठा। इससे दोनों के नृत्य और गायन में अशुद्धियां होने लगीं। देवराज इंद्र ने उनकी मनःस्थिति ताड़ ली। वे बहुत कुपित हुए और उन्होंने कुपित होकर दोनों को शाप दिया कि तुम दोनों मर्त्यलोक में जाकर पिशाच योनि भोगो। उस शाप के प्रभाव से पिशाच योनि प्राप्त कर दोनों ने अनेक प्रकार के कष्ट और दुख भोगे।

एक ऋषि ने दया पूर्वक उन्हें सदुपदेश देकर समझाया-बुझाया तथा माघ शुक्ल एकादशी का व्रत रखने का परामर्श दिया। इसी व्रत के प्रभाव से दोनों पिशाच योनि से मुक्त होकर पुनः गंधर्व-स्वरूप पा गए। इस एकादशी के दिन जो व्रती श्रद्धा पूर्वक भगवान् विष्णु का पूजन करते हैं, उन्हें सद्गति प्राप्त होती है तथा मनोवांछित फल प्राप्त होते हैं। इहलौकिक तथा पारलौकिक सुखों को भोगता हुआ प्राणी भव बंधन से मुक्त हो जाता है।

## विजया एकादशी

(मानसिक ताप दूर करने एवं सात्विकता बनाए रखने के लिए)

**माहात्म्य :** इस एकादशी के दिन ही भगवान् श्रीराम लंका पर आक्रमण करने के लिए समुद्र तट पर पहुंचे और इस व्रत को षोडशोपचार विधि से शिवपूजन करके ही समुद्र पर पुल बांधने में सफल हुए थे। इस व्रत के प्रभाव से ही उन्होंने रावण पर विजय प्राप्त की थी। जो मनुष्य इस व्रत का पूर्ण श्रद्धापूर्वक नियम से पालन करता है, उसकी सर्वत्र सदा ही विजय होती है। उसके समस्त कष्ट दूर होते हैं। कार्य में सफलता प्रदान करने के कारण ही इसका नाम विजया एकादशी पड़ा है।

इस व्रत का माहात्म्य सब पापों को दूर करता है। व्रती के सारे दुख, दारिद्रय दूर होते हैं। व्रत की महिमा से इस लोक में जय और परलोक में सद्गति होती है। इस व्रत की कथा पढ़ने और सुनने से वाजपेय यज्ञ का फल मिलता है।

**पूजन विधि-विधान :** यह व्रत फाल्गुन मास के कृष्ण पक्ष की एकादशी को रखा जाता है। इस दिन व्रती प्रातःकाल उठकर दैनिक क्रियाओं से निवृत्त होकर स्नानादि से शुद्ध हो स्वच्छ वस्त्र धारण करे। भूमि पर सात प्रकार के अन्न (सप्तधान्य) रखकर उसके ऊपर मिट्टी का बना हुआ सुंदर कलश स्थापित करें। एक

पात्र में जौ भरें और उसे कलश पर स्थापित कर दें। जौ के बर्तन में श्रीलक्ष्मीनारायण की स्थापना करके उनका विधिपूर्वक पूजन करें। रात भर भजन-कीर्तन में गुजारें। द्वादशी के दिन प्रातःकाल सूर्योदय के समय

उस घड़े को किसी जलाशय के निकट नदी या झरने के पास ले जाकर यथाविधि पूजन करें। फिर उस घड़े को मूर्ति सहित किसी ब्राह्मण को दान कर दें। व्रत के दिन एक समय सिंघाड़े का फलाहार करें। अन्न सेवन से परहेज करें। दूसरे दिन पारण करें।

**पौराणिक कथा :** इस व्रत की कथा का उल्लेख श्रीपद्म पुराण में निम्न प्रकार से हुआ है–

बात उस समय की है जब भगवान् श्रीराम 14 वर्ष तक सीता और लक्ष्मण के साथ तपोवन में जाकर पंचवटी में निवास कर रहे थे। जब सीता माता को रावण हरण करके ले गया तो श्रीराम ने लंका पर चढ़ाई करने की योजना बनाई। इस बीच उनकी मित्रता सुग्रीव व हनुमान से हो गई। हनुमान सीता की खोज-खबर करने लंका में गए। वहां अशोक वाटिका में सीताजी के पास पहुंचकर उन्होंने दोनों ओर के समाचारों का आदान-प्रदान किया। सुग्रीव की सलाह से वानरों की एक सेना तैयार की गई।

श्रीराम ने लक्ष्मण से विचार-विमर्श करके पास के आश्रम में मुनिराज बकदाल्भ्य से संपर्क किया और पूछा–"मुनिवर! कृपा करके कोई ऐसा उपाय बताइए, जिससे मैं समुद्र पार करके दुष्ट रावण को मारकर लंका पर विजय प्राप्त कर सकूं।" मुनिराज ने कहा–"हे राम! मैं आपको ऐसे उत्तम व्रत को करने का उपदेश दूंगा, जिसके करने से विजय निश्चित रूप से आपकी ही होगी। उस व्रत का नाम है–विजया व्रत। यह एकादशी के दिन किया जाता है।" फिर उन्होंने श्रीराम को उस व्रत को करने की विधि समझा दी। श्रीराम ने मुनि के द्वारा बताई विधि के अनुसार व्रत का अनुष्ठान पूरा किया और लंका पर विजय प्राप्त की। सीता माता को रावण के चंगुल से मुक्त कराया। तभी से इस व्रत को करने की परंपरा आरंभ हुई।

## महाशिवरात्रि व्रत

*(शिव के प्रति समर्पण भाव, करने के लिए,
मन की शुद्धि और पापों के विनाश हेतु)*

**माहात्म्य :** यह भगवान् शिव का अत्यंत महत्त्वपूर्ण व्रत है, इसलिए इसे महाशिवरात्रि व्रत कहते हैं। कहा जाता है कि सृष्टि के आरंभ में इसी दिन मध्य रात्रि को भगवान् शिव का ब्रह्मा से रुद्र रूप में अवतरण हुआ था। प्रलय की बेला में इसी दिन प्रदोष के समय तांडव करते हुए भगवान् शिव ने ब्रह्मांड को अपने तीसरे नेत्र की ज्वाला से समाप्त कर दिया था, इसलिए भी इसे महाशिवरात्रि अथवा कालरात्रि कहा जाता है। महाशिवरात्रि शिव के लिंग रूप में उद्भव का दिन भी माना जाता है। यूं भी भगवान् शिव संहार, शक्ति और तमोगुण के अधिष्ठाता माने जाते हैं। इसलिए तमोमयी रात्रि से उनका स्नेह होना स्वाभाविक ही कहा जाएगा। यही कारण है कि उनकी आराधना न केवल रात्रि में ही किंतु सदैव प्रदोष काल में (रात्रि प्रारंभ होने का समय) करने का शास्त्र सम्मत विधान है।

भारतीय व्रतों में महाशिवरात्रि व्रत का बड़ा महत्त्व बताया गया है। जम्मू-कश्मीर में सबसे ज्यादा धूमधाम से महाशिवरात्रि मनाई जाती है। कश्मीरी पंडित तो इसे निरंतर सोलह दिनों तक मनाते रहते हैं, जिसमें शुरू से आखिर तक बेहद उत्साह और उत्सव का माहौल देखने को मिलता है। इस दौरान शिव-पार्वती के विवाह का समारोह वे पूरे चार दिन तक मनाते हैं। नेपाल का पशुपतिनाथ मंदिर इस बात का प्रत्यक्ष प्रमाण है कि भारत के बाहर के देशों में भी शिव आराधना की जाती है।

यद्यपि शिव का बाह्य रूप अमंगल दिखने वाला होने पर भी वे भक्तों का मंगल ही करते हैं और ऐश्वर्य एवं संपत्ति प्रदान करते हैं। इसलिए उनको मंगलकारी और कल्याणकारी माना गया है। ऐसा कहा जाता है कि महाशिवरात्रि के बराबर कोई दूसरा पापनाशक व्रत नहीं है। इस व्रत को करके मनुष्य अपने सब पापों से छूट जाता है और अनंत फल को पाता है। जिसमें एक हजार अश्वमेध तथा सौ वाजपेय यज्ञ का फल सम्मिलित है। शास्त्रों के अनुसार जो मनुष्य 14 वर्ष तक निरंतर इस व्रत का पालन करता है, उसके कई पीढ़ियों के पाप नष्ट हो जाते हैं और उसको शिवलोक की प्राप्ति होती है।

उल्लेखनीय है कि महाशिवरात्रि का व्रत भगवान् शिव की पूजा-आराधना के निमित्त ही बनाया गया है। इस व्रत को भगवान् श्रीराम, राक्षसराज रावण, दक्ष कन्या सती, हिमालय कन्या पार्वती और विष्णु पत्नी लक्ष्मी ने भी किया है। जो मनुष्य शास्त्रानुसार इस व्रत में उपवास रखकर जागरण करते हैं, उनको अवश्य ही मोक्ष प्राप्त होता है। इस दिन पारद शिव लिंग का विधि-विधान से अभिषेक किया जाए, तो सैकड़ों गुना अधिक पुण्य प्राप्त होता है।

महाशिवरात्रि के दिन गंगास्नान का बड़ा माहात्म्य बताया गया है। शिवजी की पूजा में बेल पत्र को चढ़ाना विशेष महत्त्व रखता है। ऐसा विल्व पत्र जिसमें तीन या पांच पत्ते एक में हों तथा स्वच्छ हों। भक्त चढ़ाए गए बेल पत्र की संख्या के बराबर युगों तक कैलास में सुखपूर्वक वास करता है। श्रेष्ठ योनि में जन्म लेकर भगवान् शिव का परमभक्त होता है। उसके लिए विद्या, संपत्ति, भूमि, पुत्र सभी सुलभ रहते

हैं। पूजा में केवल तीन पत्तियों वाले या पांच पत्तियों वाले अखंडित बेलपत्र ही चढ़ाने का विधान शास्त्र सम्मत है। जो मन, वचन, कर्म से श्रद्धा और समर्पण के साथ भगवान् शिव को अर्पित किया गया है। शास्त्र के अनुसार बेल पत्र की तीन पत्तियों को शिव के त्रिनेत्र का प्रतीक माना गया है।

यूं तो महाशिवरात्रि के दिन भक्तगण अकसर भांग का सेवन भगवान् शिव का प्रसाद समझ कर करते हैं, लेकिन इस दिन बेर खाने का जो महत्त्व है, उतना किसी और चीज का नहीं। जो शिवभक्त महाशिवरात्रि का व्रत विधि पूर्वक संपन्न करता है, उसे सांसारिक कष्टों से मुक्ति मिल जाती है।

पूजन विधि-विधान : यह व्रत फाल्गुन मास के कृष्ण पक्ष की चतुर्दशी को मनाया जाता है। वास्तव में महाशिवरात्रि त्रयोदशी की रात को मानी जाती है, लेकिन सुविधा के अनुसार चतुर्दशी को मनाई जाती है। त्रयोदशी यानी तेरस को एक बार भोजन करके चतुर्दशी के दिन निराहार उपवास रख कर इसका व्रत शुरू करें। इस दिन प्रातःकाल दैनिक कार्यों से निपटकर काले तिलों का उबटन लगाकर स्नान करें। फिर स्वच्छ धुले हुए वस्त्र धारण करके मास पक्ष तिथि का उल्लेख करते हुए कहें कि पापों के नाश के लिए, भोगों की प्राप्ति हेतु तथा अक्षय मोक्ष प्राप्ति के लिए मैं महाशिवरात्रि के व्रत का संकल्प लेता हूं। इसके पश्चात् शिवजी का पूजन, गणेश, पार्वती, नंदी के साथ उनकी प्रिय चीजें जैसे आक व धतूरे के पुष्प, बेलपत्र, दूर्वा, कनेर, मौलसिरी, तुलसी दल आदि के साथ षोडशोपचार द्वारा विधि विधान से करें। इस दिन शिवजी पर पके आम्रफल चढ़ाना अधिक फलदायी होता है।

स्मरण रहे कि शिवलिंग पर चढ़ाए गए पुष्प, फल तथा दूध आदि के नैवेद्य को ग्रहण नहीं करने का विधान शास्त्र वर्णित है। भगवान् शिव की मूर्ति के पास शालग्राम की मूर्ति रखना अनिवार्य बताया गया है। यदि शिव की मूर्ति के पास शालग्राम हो तो नैवेद्य खाने का दोष नहीं लगता।

पूजन के बाद ब्राह्मणों को भोजन और दान देने की भी परंपरा है। कुछ भक्त इस व्रत के दिन शिव स्तोत्र, रुद्राष्टाध्यायी, शिवपुराण की कथा, शिव चालीसा का पाठ करते हैं। रात्रि जागरण का विधान पूरा करने के लिए भक्तगण भजन-कीर्तन का आयोजन करते हैं। इसके पश्चात् दूसरे दिन प्रातःकाल योग्य ब्राह्मणों द्वारा हवन और रुद्राभिषेक करके अन्न-जल ग्रहण कर पारण करें। अपनी सुविधानुसार यदि शिवमंदिर समीप में हो तो रुद्राभिषेक वहीं करावें अन्यथा घर पर पार्थिव बनाकर एकादश पाठ या 101 पाठ वैदिक ब्राह्मणों से करावें। भिन्न-भिन्न समस्याओं के लिए अभिषेक की भिन्न-भिन्न विधियां हैं, जैसे— मनोवांछित फल के लिए दुग्ध धारा से करें।

**पौराणिक कथा :** इस व्रत की कथा का उल्लेख लिंगपुराण में मिलता है—

प्राचीन काल में प्रत्यंत नामक देश में एक व्याघ्र (बहेलिया) रहता था। वह प्रतिदिन जीवों का शिकार कर अपने परिवार का पालन-पोषण करता था। एक दिन एक साहूकार ने उसे समय पर उधार रुपया वापस न कर सकने के कारण शिवमठ में बंदी बना लिया। संयोग से इस दिन फाल्गुन कृष्ण चतुर्दशी थी, इसलिए वहां धर्म और व्रत संबंधी चर्चाएं चल रही थीं। शिवरात्रि की व्रत कथा सुनने का उसे भी मौका मिला। फिर साहूकार ने अगले दिन रुपया अदा करने का वचन लेकर उसे छोड़ दिया। वह बहेलिया दिन भर शिकार की खोज में यहां-वहां वन में भटकता रहा, लेकिन उसे कोई शिकार न मिला। हारकर उसने एक जलाशय के किनारे रात्रि बिताने की सोची। उसने पास के बेल के पेड़ पर चढ़कर उसके पत्ते तोड़े और अपनी शय्या की तैयारी की। संयोग से पेड़ के नीचे शिवलिंग स्थापित था, जो बेल के पत्रों से ढक गया। बहेलिया दिन भर का भूखा था, उसके द्वारा शिवजी पर बेल पत्र भी चढ़ गए। इस प्रकार उसका शिवरात्रि का व्रत पूरा हो गया।

जब एक पहर बीत गया, तब बहेलिए की नजर सामने से आती एक हिरणी पर पड़ी। उसने उसे धनुष पर बाण चढ़ा कर मारना चाहा तो उस गर्भिणी हिरणी ने कहा कि आप मुझे अभी छोड़ देंगे तो मैं बच्चे को जन्म देकर शीघ्र ही वापस लौट आऊंगी। यदि मैं नहीं आई तो कृतघ्न को लगने वाला पाप मुझे लगे। यह सुनकर उस बहेलिए ने बाण वापस रख लिया। इस बीच वह शिव-शिव करता दूसरे शिकार की प्रतीक्षा करने लगा। इतने में आधी रात को दूसरी हिरणी आती हुई दिखाई दी, तो बहेलिए ने फिर बाण तान लिया। इस पर उस हिरणी ने उसे बताया कि वह ऋतुमती है। उसने पतिसंयोग के बाद दूसरे दिन वापस आने का वचन दिया, जिसे भी बहेलिए ने मान लिया।

तीसरे पहर पर जब एक और हिरणी अपने बच्चों के साथ उस जलाशय पर आई तो बहेलिए ने प्रसन्न होकर उनका शिकार करना चाहा। हिरणी ने जब अपने बच्चों के अनाथ होने की बात कही तो बहेलिए ने दयावश उसे भी छोड़ दिया। फिर प्रातःकाल से कुछ पहले एक हष्ट-पुष्ट हिरण उसी जगह आ गया तो बहेलिए ने बाण उठाकर उसे मारना चाहा। वह हिरण बोला—'मैं उन तीनों हिरणियों का पति हूं। यदि आपने मुझे मार डाला तो वे जो प्रतिज्ञाएं आपसे कर गई हैं, वह पूरी नहीं हो पाएंगी। अतः जिस भाव से आपने उन्हें छोड़ा है, उसी भाव से थोड़े समय के लिए मुझे भी छोड़ दें। उन सबको इकट्ठा कर मैं शीघ्र ही यहां लौट आऊंगा।'

शिवरात्रि के व्रत के प्रभाव से बहेलिए के हृदय में दया ने स्थान बना लिया था। इसलिए उसने उस हिरण को भी छोड़ दिया। फिर शिवजी पर उसके द्वारा चढ़े बेल पत्रों का प्रभाव यह हुआ कि उसका हृदय निर्मल और पवित्र हो गया। वह अपने हिंसात्मक कर्मों पर पश्चात्ताप महसूस करने लगा। जब हिरण और हिरणियां तीनों थोड़ी देर बाद वहां उपस्थित हुए तो उस बहेलिए ने उन्हें मारने का इरादा बदल दिया। अपना धनुष-बाण तोड़कर फेंक दिया। बहेलिए की अहिंसक प्रवृत्ति को देखकर शिवजी प्रसन्न हुए और उन्होंने विमान भेजकर उसे तथा हिरण-हिरणियों को अपने लोक में बुला लिया। वहां पहुंचकर उन्होंने स्वर्ग के सुख भोगे।

## आंवल / आमलकी एकादशी
(शत्रुओं पर विजय एवं दुखों से मुक्ति के लिए)

**माहात्म्य :** ऐसा जन विश्वास है कि आंवले के वृक्ष में भगवान् विष्णु का निवास होता है। इसीलिए एकादशी के दिन उसकी पूजा की जाती है, जिससे उसका नाम आमल एकादशी पड़ा। यह एकादशी समस्त व्रतों के फलों को देने वाली, महापापों का नाश करने वाली, सहस्र गोदान के समान पुण्यों को देने वाली और मोक्ष प्रदान करने वाली मानी गई है। इसके उपवास करने से शत्रुओं पर विजय प्राप्त होती है तथा दुखों से मुक्ति मिलती है। जो मनुष्य आमल एकादशी का व्रत करते हैं, वे निश्चय ही विष्णु लोक के अधिकारी होते हैं। इस दिन ब्राह्मणों को भोजन और दान देने से वाजपेय यज्ञ का फल मिलता है। इसी तिथि से होली का त्योहार आरंभ हो जाता है।

**पूजन विधि-विधान :** यह व्रत फाल्गुन मास के शुक्ल पक्ष की एकादशी को रखा जाता है। व्रती को प्रातःकाल शौचादि कर्मों से निवृत्त होकर आंवले का उबटन लगाना चाहिए, फिर कुछ समय बाद स्नान करके व्रती स्वच्छ वस्त्र धारण करे। पात्र में जल लेकर आंवले के वृक्ष पर जल चढ़ाकर अर्घ्य दे। इसके बाद वृक्ष के

पास बैठकर षोडशोपचार विधि से पूरब दिशा की ओर मुख कर विधिवत् आंवले के वृक्ष का पूजन करे। इसी दिन भगवान् विष्णु का पूजन धूप, दीप, नैवेद्य से करने का भी विधान है। पूजन के पश्चात् संभव हो तो आंवले के वृक्ष के नीचे ही ब्राह्मणों को भोजन कराकर आंवलों का दान करे।

**पौराणिक कथा :** इस व्रत की कथा का उल्लेख श्रीब्रह्मांड पुराण में निम्न प्रकार से हुआ है–

प्राचीन काल में वैदिश नामक नगर में चंद्रवंशी राजा चैत्ररथ राज्य करता था। उसके राज्य में चारों वर्णों के मनुष्य सुखपूर्वक रहते थे। कोई भी गरीब व दुखी न था, क्योंकि राजा के साथ सभी प्रजा एकादशी के सभी व्रत विधिपूर्वक करती थी। राजा भी बड़ा विद्वान् व धार्मिक प्रवृत्ति वाला था। उस नगर के सभी लोग भगवान् विष्णु के भक्त थे। एकादशी के दिन कोई भी व्यक्ति भोजन नहीं करता था।

एक बार आमल एकादशी के दिन सबने मिलकर व्रत धारण किया और विधि-विधान से पूजन समारोह आयोजित कर रात्रि जागरण भी किया। इस बीच वहां एक व्याघ्र (बहेलिया) भूख, प्यास से व्याकुल होकर आया और अन्य लोगों के बीच बैठकर एकादशी के माहात्म्य को सुनने लगा। सुबह सब अपने-अपने घर चले गए। इस व्याघ्र ने भी घर जाकर भोजन किया और शराब पीने और मांस खाने से तौबा कर ली। कुछ काल बाद जब उस व्याघ्र की मृत्यु हुई तो अपने शुभ कर्मों और एकादशी के व्रत प्रभाव से राजा विदूरथ के यहां जन्म लिया, जिसका नाम रखा गया–वसुरथ। वसुरथ युवा हुआ तो उसकी रुचि धार्मिक कृत्यों में बढ़ती गई।

एक बार शिकार खेलते हुए वह वन में भटक गया। भूखा, प्यासा वह एक वृक्ष के नीचे बैठ गया। कुछ समय बाद ही वहां पहाड़ी म्लेच्छ (नीच) लोग आ गए और उन्होंने वसुरथ को घेर लिया। चूंकि वसुरथ देवी का भक्त था, इसलिए सभी म्लेच्छों द्वारा चलाए तीरों के वार पलट कर म्लेच्छों को ही लगे और वे मरने लगे। वसुरथ यह सब देखकर आश्चर्यचकित रह गया। इतने में आकाशवाणी हुई–"हे वसुरथ! पूर्व जन्म में तुम व्याघ्र थे। आमल एकादशी के व्रत से प्राप्त पुण्य से तुम्हारी रक्षा देवी द्वारा हुई है।" यह सुनकर वसुरथ मन ही मन भगवान् की स्तुति करने लगा। सुबह वह अपने राज्य में लौटा और फिर से धर्म पूर्वक शासन करने लगा। उसने शिकार कर जीवों की हत्या करने का विचार सदैव के लिए त्याग दिया।

# होलिकोत्सव
### (बुराई पर भलाई की जीत)

**माहात्म्य :** इस त्योहार का संबंध प्रह्लाद से जुड़ा हुआ बताया गया है। दैत्यराज हिरण्यकशिपु ने अपने विष्णु भक्त पुत्र प्रह्लाद को मारने के अनेक उपाय किए, लेकिन फिर भी वह असफल रहा तो उसने प्रह्लाद को अपनी बहन होलिका को सौंप दिया। होलिका को वरदान मिला हुआ था कि अग्नि उसे जला न सकेगी। होलिका प्रह्लाद को अपनी गोद में लेकर अग्नि के बीच जा बैठी। देवयोग से होलिका जल कर भस्म हो गई और प्रह्लाद जीवित बच गया। तभी से होली जलाने की परंपरा चल पड़ी, क्योंकि इसमें होलिका के रूप में बुराइयों को खत्म करने का महत्त्व छिपा हुआ है।

इस त्योहार के बारे में ऐसा भी कहा जाता है कि एक बार भगवान् शिव तपस्या करने में इतने लीन हो गए कि ब्रह्मांड को ही भूल गए, जिसके परिणामस्वरूप संसार-चक्र की प्रक्रिया को ही खतरा पैदा हो गया। तब उनका ध्यान भंग करने के लिए देवताओं ने कामदेव और उसकी पत्नी रति को भेजा। वे उनके सामने ही रति-क्रीड़ा में संलग्न होकर कामबाण छोड़ने लगे। ऐसा करने से जैसे ही भगवान् शिव का ध्यान भंग हुआ तो उनकी क्रोधाग्नि भड़क उठी, जिसके परिणामस्वरूप उनका तीसरा नेत्र खुल गया। उससे निकली ज्वाला में कामदेव भस्म हो गए। अपने पति की मृत्यु से दुखी होकर रति विलाप करने लगी। क्रोध के शांत होने पर भगवान् शिव ने रति को कामदेव से पुनर्मिलन का वरदान दिया, जिससे सृष्टि के विकास में उत्पन्न बाधा दूर हो गई। इससे हर्षोल्लास का वातावरण निर्मित हो गया। तभी से प्रतीक रूप में हर

वर्ष लकड़ियां जलाकर होली का त्योहार मनाने की परिपाटी का चलन चल पड़ा। दक्षिण भारत में आज भी होली का उत्सव मदन महोत्सव के नाम से विख्यात है।

भगवान् श्रीकृष्ण ने पूतना नामक राक्षसी का वध भी इसी दिन किया था। इसी खुशी में होली का त्योहार वृंदावन में मनाया जाता है। इसी पूर्णिमा को उन्होंने गोप और गोपियों के साथ रासलीला रचाई और दूसरे दिन रंग खेलने का उत्सव मनाया। ब्रज की होली आज भी प्रसिद्ध है।

वैदिक काल में होली के पर्व को 'नवान्नेष्टि यज्ञ' कहा जाता था। खेत से अधपके अन्न को यज्ञ में हवन करके प्रसाद लेने का विधान समाज में था। उस अन्न को होला कहते हैं। इसी से होलिकोत्सव नाम पड़ा। होली एक सामाजिक रंगों का त्योहार है, आनंदोल्लास का पर्व है। इसके समान आनंद और प्रसन्नता देने वाला दूसरा कोई त्योहार नहीं है। इसे सभी नर-नारी बड़े उत्साह से मनाते हैं। जाति भेद का कोई स्थान इस राष्ट्रीय त्योहार में नहीं होता। होलिका दहन से सारे अनिष्ट दूर हो जाते हैं। इसकी अग्नि से रोगों के कीटाणुओं का नाश होता है और अग्नि की परिक्रमा करने से उच्चताप के प्रभाववश शरीर से चिपके जीवाणुओं को नष्ट करने में सहायता मिलती है।

श्रीब्रह्म पुराण में लिखा है कि फाल्गुन पूर्णिमा के दिन जो लोग चित्त को एकाग्र करके हिंडोले में झूलते हुए श्रीगोविन्द पुरुषोत्तम के दर्शन करते हैं, वे निश्चय ही बैकुंठ लोक को जाते हैं। इस दिन आम्र मंजरी तथा चंदन को मिलाकर खाने का बड़ा माहात्म्य बताया गया है। इसी दिन मनु का जन्म भी हुआ था।

जो मनुष्य योनि नाम के मंत्र को बोलकर होली का पूजन करता है, उसे एक साल तक कोई पीड़ा नहीं होती तथा वह सुखी रहता है। धार्मिक दृष्टि से होली में लोग रंगों से बदरंग चेहरों और कपड़ों के साथ जो अपनी वेशभूषा बनाते हैं, वह भगवान् शिव के गणों की है। उनका नाचना, गाना, हुड़दंग मचाना शिव की बारात का दृश्य उपस्थित करता है। इसीलिए होली का संबंध भगवान् शिव से जोड़ा जाता है।

**पूजन विधि-विधान :** यह त्योहार फाल्गुन मास के शुक्ल पक्ष की अष्टमी पर्यंत आठ दिन होलाष्टक रूप में मनाया जाता है और पूर्णिमा को संपन्न होता है। इस प्रकार वसंत पंचमी से शुरू होकर यह पूर्णिमा तक चलता है। इस दिन गंध, पुष्प, धूप, नैवेद्य, दक्षिणा और फलों में नाममंत्र से होली का विधिवत् पूजन किया जाता है। योनि नामक मंत्र को जोर से उच्चारित कर पूजन करें। जलती होली में गेहूं, चने और जौ की बालों को भूनने का भी विधान है। कुछ श्रद्धालु होली की अग्नि से घर में बनाई गई होली को जलाते हैं तो कुछ होली की भस्म घर ले जाते हैं।

**पौराणिक कथा :** इस त्योहार की कथा का उल्लेख भविष्य पुराण में इस प्रकार हुआ है–

राजा युधिष्ठिर को होली के संबंध में कथा बताते हुए नारद ने कहा–"हे नराधिप! फाल्गुन की पूर्णिमा को सब मनुष्यों के लिए अभय दान देना चाहिए, जिससे समस्त प्रजा भय रहित होकर क्रीड़ा करे। डंडे और लाठी लेकर बालक शूरवीरों की तरह गांव के बाहर जाकर होली के लिए लकड़ी और उपलों का संचय करें। होलिका के दिन विधिवत हवन किया जाए। अट्टहास, खिलखिलाहटों और मंत्रोच्चारण से पापात्मा राक्षसी नष्ट हो जाती है। इस व्रत की व्याख्या से हिरण्यकशिपु की भगिनी अर्थात प्रह्लाद की बुआ जो उसे अग्नि में लेकर बैठी थी, प्रति वर्ष होलिका नाम से आज तक जलाई जाती है।

हे राजन्! इस हवन से संपूर्ण अनिष्टों का नाश होता है और यही होलिका उत्सव है। होली की ज्वाला की तीन परिक्रमा करके फिर हास-परिहास करना चाहिए।"

## परमा एकादशी
### (पितरों की शांति एवं जन्म-मरण से मुक्ति के लिए)

**माहात्म्य :** भगवान् श्रीकृष्ण के मतानुसार जिन्होंने मनुष्य जन्म लेकर भी एकादशी का व्रत नहीं किया, उनका जन्म व्यर्थ है। चौरासी लाख योनियों में भटकते-भटकते पूर्व के पुण्यों से बड़ी कठिनाई के साथ मनुष्य शरीर मिलता है। अतः प्रयत्न पूर्वक परमा एकादशी का पवित्र व्रत करना चाहिए। जिसने यह व्रत कर लिया तो समझो कि उसने सब पुण्यादि तीर्थ, गंगादि दिव्य नदियों में स्नान कर लिए। गो आदि को दान भी उसने कर दिए, गया में श्राद्ध करके अपने पितृगण की तृप्ति भी अच्छी तरह से कर ली।

धन के स्वामी कुबेर ने इसी परमा एकादशी के दिन विधि-विधान पूर्वक उपवास कर रात्रि में गान, वाद्य और जागरण किया था, तब उन पर प्रसन्न होकर भगवान् शिव ने उन्हें धनाध्यक्ष बना दिया। अपनी पत्नी और पुत्र को बेच देने वाले राजा हरिश्चंद्र ने भी यही व्रत विधिवत किया था, जिसके प्रभाव से उन्हें फिर से अपनी पत्नी, पुत्र और राज्य मिले।

इस एकादशी का व्रत रखकर उपवास करने से मनुष्य धन-धान्य से संपन्न होता है और व्रती के समस्त पाप नष्ट हो जाते हैं। इस दिन विष्णु पुराण का पाठ करने से समस्त मनोकामनाएं पूर्ण होती हैं। विष्णु पुराण में इस व्रत का माहात्म्य विस्तार से वर्णित किया गया है।

**पूजन विधि-विधान :** इस व्रत को अधिक मास में करने का विधान है। अधिक मास को अधिमास, मलमास एवं पुरुषोत्तम मास भी कहा जाता है। इस मास के कृष्ण पक्ष की एकादशी को यह व्रत रखा जाता है।

व्रती को प्रातःकाल उठकर स्नानादि से निवृत्त होकर स्वच्छ वस्त्र धारण करने चाहिए। इस दिन के व्रत में भगवान् विष्णु की पूजा का विधान है। अतः उनकी प्रतिमा को स्नान कराकर, जल, धूप, दीप, नैवेद्य आदि से भगवान् शंकर के साथ विधि-विधानानुसार पूजन करके आरती करें। विष्णु सहस्रनाम, विष्णु पुराण का पाठ करें और व्रत की कथा सुनें। व्रत के दिन फलाहार करें। अन्न का सेवन न करें।

**पौराणिक कथा :** हमारे पुराणों में वर्णित कथा इस प्रकार है–

प्राचीन काल में कांपिल्य नामक नगर में सुमेधा नाम का एक धर्मात्मा ब्राह्मण रहता था। उसकी पत्नी पवित्रा बड़ी धर्म परायणा व पतिव्रता थी। सुमेधा के किसी दुष्कर्म के कारण वे धन-धान्य से हीन होकर निर्धन हो गए। भीख मांगने पर भी उदर पूर्ति हेतु पर्याप्त धन नहीं मिल पाता था। फिर भी पवित्रा अपने पति की प्रेम पूर्वक सेवा करती रहती थी। वह स्वयं भूखी रहकर भी अतिथि को प्रसन्नता पूर्वक भोजन कराती थी।

एक दिन सुमेधा ने अपनी पत्नी से कहा कि मुझे धन कमाने के लिए विदेश जाने की इच्छा हो रही है। यह सुन उसकी पत्नी की आंखों में आंसू भर आए। उसने कहा–"पतिदेव! आदमी को सुख तो उसके सौभाग्य से ही मिलता है। यदि पूर्व जन्म में हमने कुछ दान-पुण्य किए होते तो इस जन्म में हमें सुख मिलता। भाग्य में दुख लिखा है तो हम दोनों मिलकर खुशी-खुशी उसे सहन कर लेंगे। स्त्री पति बिना नहीं रह सकती, इसलिए आप परदेस न जाकर यहीं पर रहें।" पत्नी की बात मानकर सुमेधा ने अपना विचार त्याग दिया। इस बीच मुनि कौण्डिन्य घूमते-फिरते वहां आ पहुंचे। ऋषि के कुशल-क्षेम पूछने पर सुमेधा ने अपनी गरीबी और दुखों से छुटकारा पाने का उपाय पूछा।

ऋषि ने कहा–"तुम्हें पुरुषोत्तम मास के कृष्ण पक्ष की परमा एकादशी का व्रत विधि पूर्वक करना चाहिए।" फिर उन्होंने ऋषि से व्रत की विधि पूछकर इस व्रत को पूर्ण श्रद्धा भाव से विधि-विधानानुसार किया। व्रत के प्रभाव से उन्हें राजमहल से अपने समीप आता एक राजा दिखाई दिया। उस राजा ने विधाता की प्रेरणा से बिना मांगे ही सुमेधा को नानाविध सुंदर भोग्य पदार्थों से पूर्ण एक नया मकान दिया और जीवन निर्वाह के लिए एक गांव भी दान में दे दिया। सुमेधा अपनी पत्नी पवित्रा के साथ इस लोक में सुख पूर्वक अनेक प्रकार के भोगों को भोगते हुए अंत में मोक्ष को प्राप्त हो गया।

## पद्मिनी एकादशी
### (समस्त पापों के नाश के लिए)

**माहात्म्य :** शास्त्रों में लिखा है कि इस एकादशी का व्रत करने का माहात्म्य स्वयं चतुरानन ब्रह्माजी भी नहीं कह सकते, क्योंकि इस व्रत से बढ़कर पवित्र न कोई पुण्यानुष्ठान है, न यज्ञ है और न ही तप है। यह महान् पुण्य को बढ़ाने वाली तथा पापों को नष्ट करने वाली एकादशी है। इसके करने से जन्म-जन्मांतर के पाप नष्ट हो जाते हैं। इसका उपवास करने से मनुष्य की शत्रुओं पर विजय प्राप्त होती है तथा भय से मुक्ति मिलती है। इसके प्रभाव से व्रती मनुष्य इस लोक में सुख-सौभाग्य प्राप्त करता है, उसके सारे मनोरथ पूर्ण होते हैं और वह धन-धान्य से परिपूर्ण हो जाता है।

इस दिन विधि पूर्वक उपवास धारण करने से पद्मनाभ भगवान् के धाम की प्राप्ति होती है।

**पूजन विधि-विधान :** यह व्रत मलमास के शुक्ल पक्ष की एकादशी को रखा जाता है। व्रती को दशमी के दिन केवल चावल और जौ का हलका आहार ही सेवन करके भूमि पर शयन करना चाहिए। ब्रह्मचर्य का पालन करें। फिर एकादशी के दिन प्रातःकाल उठकर प्रसन्नतापूर्वक नित्य कर्मों को निपटाएं, तत्पश्चात्

आंवले के चूर्ण को जल में मिलाकर स्नान करें। देव, पितृजनों का तर्पण कर भगवान् लक्ष्मीपति का पूजन करें। धूप, दीप, नैवेद्य, पंचामृत आदि से षोडशोपचार विधि-विधानानुसार शिव-पार्वती और राधा-कृष्ण की प्रतिमाओं का भी पूजन करें। फिर आरती करके भोग लगाएं और प्रसाद को भक्तों में बांट दें। रात्रि जागरण

के लिए भगवान् के सम्मुख नाच व गान का आयोजन करें। व्रत के उपवास में फलाहार करें और अन्न का सेवन न करें। व्रत के दिन झूठ न बोलें, गुरु की निंदा न करें, क्रोध, छल, कपट त्याग दें और रजस्वला स्त्री का स्पर्श न करें।

**पौराणिक कथा :** हमारे पुराणों में इस प्रकार आया है कि—

एक बार लंकापति रावण जब विश्व विजय करने निकला, तो वह कीर्तिवीर्य सहस्त्रार्जुन से पराजित हो गया और बहुत दिनों तक उसके बंदीगृह में पड़ा रहा। वहां वह बहुत हीनता महसूस करता रहा। तब उसने पुलस्त्य मुनि का (कहीं-कहीं पर अगस्त्य मुनि भी लिखा हुआ मिलता है) स्मरण किया और उनकी कृपा से ही कारागार से आजाद हुआ। देवर्षि नारद को उसकी इस पराजय से बड़ी प्रसन्नता हुई। उन्होंने पुलस्त्य मुनि से रावण की हार का कारण पूछा। मुनि ने बताया कि इस समय कीर्तिवीर्य सहस्त्रार्जुन को पराजित करने की शक्ति भगवान् विष्णु के अतिरिक्त और किसी में नहीं है।

तब लंकापति रावण ने मलमास की कृष्णपक्ष की एकादशी (पद्मिनी एकादशी) का व्रत किया और वह विजयश्री को प्राप्त हुआ।

## प्रदोष व्रत

**माहात्म्य :** प्रदोष का सामान्य अर्थ रात का शुभारंभ माना जाता है अर्थात जब सूर्यास्त हो चुकने के बाद संध्या काल आता है, तो रात्रि के प्रारंभ होने के पूर्व काल को प्रदोष काल कहते हैं। यानी सूर्यास्त और रात्रि के संधिकाल को प्रदोष काल माना जाता है। इस व्रत को स्त्री और पुरुष दोनों ही समान रूप से कर सकते हैं, क्योंकि यह दोनों के लिए ही समान रूप से फलदायी है। लेकिन यह व्रत स्त्रियां ही अधिक करती हैं। चूंकि त्रयोदशी के दिन जो वार (दिन) पड़ता है, उसी के नाम पर प्रदोष का नामकरण किया जाता है, अतः वारों के अनुसार सात प्रदोष माने गए हैं। इनके व्रत फल भी अपनी-अपनी विशिष्टताएं लिए हुए होते हैं, जो निम्नानुसार हैं–

**रवि प्रदोष** — सर्व प्रकार के सुख-समृद्धि, आजीवन आरोग्यता और दीर्घायु के लिए।
**सोम प्रदोष** — सर्व मनोकामनाओं एवं अभीष्ट फलों की सिद्धि के लिए।
**मंगल प्रदोष** — पाप मुक्ति, उत्तम स्वास्थ्य व रोगों को कम करने के लिए।
**बुध प्रदोष** — सभी प्रकार की कामना सिद्धि और भारी कष्ट दूर करने के लिए।
**गुरु प्रदोष** — शत्रु विनाश कर प्रत्येक कार्य में सफलता प्राप्ति के लिए।
**शुक्र प्रदोष** — स्त्री के सौभाग्य, समृद्धि व कल्याण के लिए।
**शनि प्रदोष** — निर्धनता दूर कर समृद्धि एवं पुत्र प्राप्ति के लिए।

ऐसा जन विश्वास है कि रविवार, सोमवार और शनिवार को पड़ने वाले प्रदोष के व्रत को करने से समस्त अभीष्ट फलों की प्राप्ति होती है, सारे दुखों से मुक्ति मिलती है, सौ गोदान के बराबर पुण्य मिलता है। सोमवार के दिन भगवान् शंकर का पड़ने वाला प्रदोष व्रत विशेष पुण्यदायी माना गया है। मनोकामनाओं की पूर्ति के लिए कुल 11 या वर्ष भर की 26 त्रयोदशियों का व्रत करना चाहिए।

प्रदोष के व्रत धर्म, अर्थ, काम एवं मोक्ष प्राप्ति के परम साधन माने गए हैं। प्रदोष के व्रत में शिव की आराधना करके अपने मनोवांछित कामों को पाकर व्रती अंत में परमपद को पाते हैं। जो मनुष्य प्रदोष व्रत के आख्यान को प्रतिदिन सुनता है और शिव भगवान् का अर्चन एकाग्रचित्त होकर करता है, वह ज्ञान और ऐश्वर्य से युक्त होकर अंत में शिव लोक चला जाता है।

**पूजन विधि-विधान :** यह व्रत प्रत्येक मास में कृष्ण व शुक्ल पक्ष की त्रयोदशी को रखा जाता है। इसलिए इस वार के अनुसार ही पूजन करने का विधान शास्त्र सम्मत होता है, क्योंकि प्रत्येक वार के प्रदोष व्रत की पूजन विधि भिन्न-भिन्न होती है। व्रती को ब्रह्म मुहूर्त में उठकर नित्य कर्म जैसे स्नानादि से निवृत्त होकर पवित्र मन से पूर्ण श्रद्धा और विश्वास के साथ भगवान् शिव का ध्यान करके व्रत प्रारंभ करना चाहिए। इस व्रत के मुख्य देवता भगवान् शिव को माना गया है। उनके साथ पार्वती का भी पूजन करने का विधान है। इस दिन निराहार रहकर सायंकाल स्नान करके सफेद वस्त्र धारण करें। संध्या, जप आदि करके शिव पूजन

बिल्व पत्र, कमल, धतूरा के फल, पुष्प, तुलसी, द्रोणपुष्प, चंपक चढ़ाकर ॐ **नमः शिवाय** का जाप करते हुए 17 बार माला से पूर्ण करें। शिव लिंग को पंचामृत से स्नान करा के चंदन का तिलक लगाएं। फिर बेल पत्र चढ़ाकर शिव-पार्वती की प्रतिमा का षोडशोपचार द्वारा पूजन करें। ऋतु के अनुसार फल अर्पित करें। पूजन के समय पूर्व की ओर मुख रखें, क्योंकि दक्षिण या पश्चिम की ओर मुख रखकर पूजन न करने के निर्देश शास्त्र वर्णित हैं। व्रत वाले को दिन भर भोजन करना वर्जित है, लेकिन संध्या पूजन के बाद एक समय भोजन करने का विधान अवश्य है। किसी विशेष संकल्प को धारण करने पर तो सायंकाल तक निर्जल व्रत करना चाहिए। पूजन के पश्चात् व्रत की कथा सुनें। फिर ब्राह्मणों को भोजन करा के यथाशक्ति दक्षिणा दें।

**पौराणिक कथा :** इस व्रत कथा का उल्लेख स्कंद पुराण में इस प्रकार आया है—

प्राचीन काल में एक ब्राह्मणी विधवा हो गई। वह भिक्षा मांग कर अपना जीवन-निर्वाह करने लगी। वह सवेरे-सवेरे अपने पुत्र को लेकर घर से निकलती और सायंकाल घर लौटती। एक दिन उसकी भेंट विदर्भ देश के राजकुमार से हुई। राजकुमार अपने पिता की मृत्यु हो जाने के शोक में मारा-मारा घूम रहा था। उसकी दशा देखकर ब्राह्मणी को बड़ी दया आई। वह उसे अपने साथ घर ले आई। उसने राजकुमार को अपने पुत्र के समान पाला। एक दिन वह ब्राह्मणी दोनों बालकों को लेकर शांडिल्य ऋषि के आश्रम में गई। ऋषि से भगवान् शंकर के पूजन की विधि जानकर वह प्रदोष व्रत करने लगी।

एक दिन दोनों बालक वन में घूम रहे थे। उन्होंने वहां गंधर्व कन्याओं को क्रीड़ा करते देखा। उन्हें देखकर ब्राह्मण कुमार तो घर लौट आया और राजकुमार अंशुमती नामक गंधर्व-कन्या से बात करने में लग गया। वह देर से घर लौट पाया। दूसरे दिन भी वह उसी स्थान पर पहुंच गया। अंशुमती वहां अपने माता-पिता के साथ बैठी हुई थी। माता-पिता ने उससे कहा कि हम भगवान् शंकर की आज्ञा से अंशुमती का विवाह तुम्हारे साथ करेंगे। राजकुमार मान गया। विवाह हो गया। उसने गंधर्वराज विद्रविक की विशाल सेना लेकर विदर्भ पर अधिकार कर लिया। यह प्रदोष व्रत का ही फल था। तभी से समाज में 'प्रदोष व्रत' की प्रतिष्ठा हुई।

इस व्रत के संबंध में एक अन्य कथा भी प्रचलित है, जो इस प्रकार है—

एक गांव में एक अत्यंत गरीब ब्राह्मण रहता था। उसकी पत्नी सत्य मार्ग पर चलने वाली और धार्मिक प्रवृत्ति की थी। वह नियमित प्रदोष का व्रत किया करती थी।

एक समय की बात है कि ब्राह्मणी का पुत्र गंगास्नान के लिए गया हुआ था। दुर्भाग्यवश रास्ते में चोरों ने उसे घेर लिया और बोले—'तुम अपने पिता का गुप्त धन बतला दो, वरना हम तुम्हें मार डालेंगे।' बालक ने बड़ी विनम्रता से उत्तर दिया कि हम लोग बहुत गरीब हैं, हमारे पास धन कहां है? चोरों ने बालक की पोटली की ओर इशारा करते हुए पूछा—

'तेरी पोटली में क्या बंधा है?'

बालक ने निस्संकोच उत्तर दिया—'इसमें मेरी माँ ने रोटियां बांधी हैं।' चोरों में से एक ने उसे गरीब समझ कहा—'इस बालक को जाने दो, यह अति दीनहीन और गरीब है।' चोरों ने बालक को जाने दिया। बालक चलते-चलते एक नगर के समीप पहुंचा। वहां एक वट का वृक्ष था। बालक उसकी छाया में बैठ गया। थकावट के कारण उसे नींद आ गई और वह उस वट वृक्ष के नीचे सो गया।

उधर राज्य के सिपाही चोरों की खोज करते हुए उस बालक के पास पहुंच गए। सिपाही बालक को चोर समझकर राजा के पास ले गए। राजा ने भी उसे चोर समझकर कारावास की आज्ञा दे दी। उधर बालक की माँ प्रदोष का व्रत कर रही थी। व्रत के प्रभाव से उसी रात राजा को स्वप्न दिखाई दिया कि तुमने जिस बालक को कारागार में बंद कर रखा है, वह निर्दोष है, उसे प्रातः छोड़ देना, अन्यथा तुम्हें एक निर्दोष ब्राह्मण को कैद करने का महादोष लगेगा। प्रातःकाल होते ही राजा ने सिपाहियों को आज्ञा दी कि बालक को कारावास से ससम्मान बुलाकर मेरे पास लाओ। सिपाही बालक को लेकर राजा के समक्ष उपस्थित हुए तो राजा ने बालक से सब वृत्तांत पूछा। वृत्तांत सुनने के पश्चात् राजा ने सिपाहियों को भेजकर बालक के माता-पिता को अपने दरबार में बुलवा लिया। राजा ने ब्राह्मण और ब्राह्मणी को भयभीत देखकर कहा—'आप लोग डरो नहीं। आपका बालक निर्दोष है। हम आपकी दरिद्रता देखकर पांच गांव आपको दान में देते हैं।' इस प्रकार प्रदोष व्रत के प्रभाव एवं भोलेनाथ की कृपा से ब्राह्मणी एवं उसका परिवार सुख से रहने लगे।

# सूर्य ग्रहण / चंद्र ग्रहण प्रभाव

**माहात्म्य :** श्रीमद्भागवत पुराण के दसवें स्कंध में उल्लेख किया गया है कि महाभारत युद्ध से पूर्व सूर्य ग्रहण के अवसर पर भगवान् श्रीकृष्ण सभी यदुवंशियों सहित द्वारका से कुरुक्षेत्र में आए थे। इस समय सभी देश-विदेशों से आए राजाओं ने सूर्य ग्रहण पर्व पर स्नान, पूजा-पाठ तथा धार्मिक कार्य किए थे। इसीलिए सूर्य ग्रहण के अवसर पर कुरुक्षेत्र में एक विशाल मेला लगता है, जिसमें सारे भारत से नर-नारी यहां आकर स्नान करते हैं। शास्त्रों में इसका बड़ा माहात्म्य बताया गया है। यह भी कहा जाता है कि काठियावाड़ के तीर्थ प्रभास में भगवान् श्रीकृष्ण सपरिवार स्नान करने गए थे। इसलिए सूर्य ग्रहण के अवसर पर प्रभास में भी स्नान करने का बड़ा माहात्म्य है।

हमारे ऋषि-मुनियों ने सूर्य और चंद्र ग्रहण लगने के समय भोजन करने के लिए मना किया है, क्योंकि उनकी मान्यता थी कि ग्रहण के समय में कीटाणु बहुलता से फैल जाते हैं। खाद्य वस्तु, जल आदि में सूक्ष्म जीवाणु एकत्रित होकर उसे दूषित कर देते हैं। इसलिए ऋषियों ने पात्रों में कुश डालने को कहा है, ताकि सब कीटाणु कुश में एकत्रित हो जाएं और उन्हें ग्रहण के बाद फेंका जा सके। पात्रों में अग्नि डालकर उन्हें पवित्र बनाया जाता है ताकि कीटाणु मर जाएं। ग्रहण के बाद स्नान करने का विधान इसलिए बनाया गया ताकि स्नान के दौरान शरीर के अंदर ऊष्मा का प्रवाह बढ़े, भीतर-बाहर के कीटाणु नष्ट हो जाएं और धुल कर बह जाएं।

ग्रहण के दौरान भोजन न करने के विषय में जीव विज्ञान विषय के 'प्रोफेसर टारिंस्टन' ने पर्याप्त अनुसंधान करके सिद्ध किया है कि सूर्य-चंद्र ग्रहण के समय मनुष्य के पेट की पाचन-शक्ति कमजोर हो जाती है, जिसके कारण इस समय किया गया भोजन अपच, अजीर्ण आदि शिकायतें पैदा कर शारीरिक या मानसिक हानि पहुंचा सकता है।

भारतीय धर्म विज्ञानवेत्ताओं का मानना है कि सूर्य और चंद्र ग्रहण लगने के दस घंटे पूर्व से ही इसका कुप्रभाव शुरू हो जाता है। अंतरिक्षीय प्रदूषण के समय को सूतक काल कहा गया है। इसीलिए सूतक काल और ग्रहण के समय में भोजन तथा पेय पदार्थों के सेवन की मनाही की गई है। चूंकि ग्रहण से हमारी जीवन शक्ति का ह्रास होता है और तुलसी दल (पत्र) में विद्युत शक्ति व प्राण शक्ति सबसे अधिक होती है, इसलिए सौर मंडलीय ग्रहण काल में ग्रहण प्रदूषण को समाप्त करने के लिए भोजन तथा पेय सामग्री में तुलसी के कुछ पत्ते डाल दिए जाते हैं। जिसके प्रभाव से न केवल भोज्य पदार्थ बल्कि अन्न, आटा आदि भी प्रदूषण से मुक्त बने रह सकते हैं।

पुराणों की मान्यता के अनुसार राहु चंद्रमा को तथा केतु सूर्य को ग्रसता है। ये दोनों ही छाया की संतान हैं। चंद्रमा और सूर्य की छाया के साथ-साथ चलते हैं।

चंद्र ग्रहण के समय कफ की प्रधानता बढ़ती है और मन की शक्ति क्षीण होती है, जबकि सूर्य ग्रहण के समय जठराग्नि, नेत्र तथा पित्त की शक्ति कमजोर पड़ती है। गर्भवती स्त्री को सूर्य-चंद्र ग्रहण नहीं देखने

चाहिए, क्योंकि उसके दुष्प्रभाव से शिशु अंगहीन होकर विकलांग बन सकता है, गर्भपात की संभावना बढ़ जाती है। इसके लिए गर्भवती के उदर भाग में गोबर और तुलसी का लेप लगा दिया जाता है, जिससे कि राहु-केतु उसका स्पर्श न करें। ग्रहण के दौरान गर्भवती महिला को कुछ भी कैंची या चाकू से काटने को मना किया जाता है और किसी वस्त्रादि को सिलने से रोका जाता है। क्योंकि ऐसी मान्यता है कि ऐसा करने से शिशु के अंग या तो कट जाते हैं या फिर सिल (जुड़) जाते हैं।

**पूजन विधि-विधान :** ग्रहण लगने के पूर्व नदी या घर में उपलब्ध जल से स्नान करके भगवान् का पूजन, यज्ञ, जप करना चाहिए। भजन-कीर्तन करके ग्रहण के समय का सदुपयोग करें। ग्रहण के दौरान कोई कार्य न करें। ग्रहण के समय में मंत्रों का जाप करने से सिद्धि प्राप्त होती है। ग्रहण की अवधि में तेल लगाना, भोजन करना, जल पीना, मल-मूत्र त्याग करना, केश विन्यास बनाना, रति-क्रीड़ा करना, मंजन करना वर्जित किए गए हैं। कुछ लोग ग्रहण के दौरान भी स्नान करते हैं। ग्रहण समाप्त हो जाने पर स्नान करके ब्राह्मण को दान देने का विधान है। कहीं-कहीं वस्त्र, बर्तन धोने का भी नियम है। पुराना पानी, अन्न नष्ट कर नया भोजन पकाया जाता है और ताजा पानी भरकर पिया जाता है। ग्रहण के बाद डोम को दान देने का अधिक माहात्म्य बताया गया है, क्योंकि डोम को राहु-केतु का स्वरूप माना गया है।

**पौराणिक कथा :** इस कथा का उल्लेख श्रीमद्भागवत पुराण के आठवें स्कंध में लिखा है कि जब समुद्र मंथन से अमृत का घड़ा निकला तो उसके बंटवारे के लिए स्त्री वेशधारी मोहिनी के रूप में नारायण से दैत्यों ने प्रार्थना की। तब उस मोहिनी ने झगड़े को निपटाने के लिए देवताओं और दैत्यों को अलग-अलग बिठाया। फिर कलश लेकर बातों और अदाओं से दैत्यों को ठगते हुए उसने दूर बैठे देवताओं को जरा और मृत्यु को दूर करने वाला अमृत पान कराना शुरू किया, तो राहु को उस पर संदेह हो गया। तब वह देवताओं

का वेश बना उनकी पंक्ति में घुस गया और सूर्य-चंद्र के बीच बैठ गया। जब मोहिनी सब देवताओं को क्रमशः अमृत पिलाती आई तब चंद्र और सूर्य ने राहु की उपस्थिति की सूचना भगवान् को दी। इस पर उन्होंने अमृत पान करते हुए राहु का सिर चक्र से काट डाला। परंतु अमृत पान कर लेने के कारण उसका सिर और धड़ अमर हो गए। ब्रह्माजी ने उसे राहु और केतु ग्रह बनाया, इसलिए वे देवताओं के साथ रहने लगे। इसी वैर से राहु और केतु सूर्य-चंद्रमा का अब तक पीछा करते हैं और उनको निगलने का प्रयास करते रहते हैं। इसी कारण सूर्य और चंद्र को ग्रहण लगता है।

# श्रीसत्यनारायण व्रत कथा

(मानसिक शांति, धन-वैभव की प्राप्ति एवं धर्म आस्था बढ़ाने के लिए)

**माहात्म्य :** सत्य ही नारायण है, यह भाव सत्यनारायण की कथा से उभरता है। सत्य को साक्षात् भगवान् मानकर जीवन में उसकी आराधना करना ही सत्यव्रत है। केवल वचन से ही सत्य का पालन नहीं हो जाता और न सत्य शब्दों के वश में होता है, अपितु जिससे धर्म की रक्षा और प्राणियों का हित होता है। एक सत्यव्रती अपने उत्तम व्यवहार और शुभ कर्मों से ही भगवान् की सच्ची पूजा करता है। लोग सत्यनारायण कथा के माध्यम से सत्यव्रत का सही रूप समझें, तो वे सच्चे अर्थों में सुख-समृद्धि के अधिकारी बन सकते हैं।

एक बार देवर्षि नारद ने मृत्युलोक पर दुखित मानव समाज की कष्ट निवृत्ति, प्राणियों के दुखों के निवारण का उपाय जब भगवान् विष्णु से पूछा तो उन्होंने कहा—

> व्रतमस्ति महत्पुण्यं स्वर्गे मर्त्ये च दुर्लभम्।
> तव स्नेहान्मता वत्स! प्रकाशः क्रियतेऽधुना॥

अर्थात हे पुत्र! मृत्युलोक में ही नहीं बल्कि स्वर्ग में भी अति दुर्लभ बड़ा ही पवित्र एक व्रत है, जिसे मैं तुम्हारे स्नेह से प्रेरित होकर आज प्रकट करता हूं। 'श्रीसत्यनारायण व्रत' को विधि-विधान पूर्वक करने से इस लोक में सुख और अंत में सद्गति प्राप्त होती है। सत्य को ही भगवान् स्वरूप मानकर जो व्यक्ति इस व्रत को करता है, उसे प्रभु की कृपा का लाभ अवश्य मिलता है। प्रभु सत्य साधना से प्रसन्न होते हैं और उनकी कृपा से साधकों को लौकिक सुख और पारलौकिक शांति निश्चित रूप से मिलती है। सत्यव्रत को अपनाने वाला दरिद्र भी भगवान् की कृपा से धन-धान्य से परिपूर्ण हो जाता है। उसके पास से संसार के कष्ट, आपत्तियां डरकर भाग जाती हैं। वे विघ्न-बाधा रहित जीवन जीते हैं। उन्हें इच्छित फलों की प्राप्ति होती है तथा उनके पाप नष्ट हो जाते हैं।

शास्त्रकार ने लिखा है—

> सत्यमेव जयते नानृतम्।
>
> —मुंडकोपनिषद् 3/1/6

अर्थात सत्य की ही विजय होती है, असत्य की नहीं।

श्रीसत्यनारायण व्रत की कथा में विभिन्न कथानकों के माध्यम से एक ही तथ्य प्रमुखता से प्रकट होता है कि सत्यनिष्ठा अपनाने से इहलौकिक और पारलौकिक दोनों जीवन सुख शांतिमय बनते हैं और इस सत्यवृत्ति को छोड़ने से अनेक प्रकार के कष्टों को भोगना पड़ता है।

**पूजन विधि-विधान :** सामान्यतया यह व्रत संक्रांति, पूर्णिमा, अमावस्या, एकादशी में से किसी भी दिन सत्यदेव का पूजन करके कथा पाठ कर संपन्न किया जाता है, क्योंकि इन दिनों में किया गया व्रत विशेष फलदायी माना गया है। यूं तो किसी भी मंगल कार्य हेतु इसे कभी भी किया जा सकता है, लेकिन जिस दिन का संकल्प किया हो उसी दिन व्रत करना उचित है।

व्रत के दिन जो सामग्री लगती है, उसको पहले से इकट्ठा कर लें; जैसे–केले के पत्ते, आम के पत्ते तोरण के लिए, पंच पल्लव, कलश, नवग्रहों के लिए लाल कपड़ा, भगवान् के आसन के लिए सफेद कपड़ा, शालग्राम शिला, तुलसी दल, चंदन, चावल, अबीर, गुलाल, कुंकुम, लौंग, इलायची, नारियल, सुपारी, धूप, अगरबत्ती, पुष्प, अनेक मौसमी फल, केला, पंचामृत, दक्षिणा, नैवेद्य, पुण्याहवाचन, प्रसाद के लिए पंजीरी, मिष्ठान आदि।

इस दिन प्रातःकाल ब्रह्म मुहूर्त में उठकर नित्य कर्मों से निवृत्त होकर स्नान, संध्या करने के उपरांत श्रीसूर्य भगवान् को प्रणाम कर चंदन, अक्षत, धूप, दीप आदि से सूर्य की पूजा करके उनसे प्रार्थना करें कि मैं अपने इष्ट सिद्धि, सब आपत्तियों के नाश, सब पापों को दूर करने, मनोरथ सिद्धि आदि के लिए श्रीसत्यनारायण व्रत का पूजन करना चाहता हूं। अतः मैं सूर्य द्वारा सबको यथाशक्ति पत्र, पुष्प आदि श्रद्धापूर्वक अर्पण करता हूं, उसे स्वीकार कीजिए। फिर सभी ग्रहों को नमस्कार करके प्रार्थना करें। व्रती दिन भर निराहार रहकर भगवान् विष्णु का ध्यान व गुणगान करें। गौरी, गणेश, वरुण आदि पांचों लोकपाल और नवग्रहों का षोडशोपचार विधि से पूजन करें, फिर प्रार्थना और याचना करें कि वे बस उनको सिद्धि प्रदान करें। इसके पश्चात् भगवान् श्रीसत्यनारायण का ध्यान करते हुए व्रत की कथा को श्रद्धापूर्वक सुनें। कथा के बाद उनकी आरती उतारें और भक्तों में प्रसाद का वितरण करें।

**पौराणिक कथा :** यह कथा श्रीस्कंद पुराण के रेवा खंड से ली गई है—

प्राचीन काल में किसी समय काशीपुरी में शतानंद नाम का एक निर्धन ब्राह्मण रहता था। वह भीख मांग कर अपना गुजारा करता था। उसकी इस दशा से दुखी होकर भगवान् विष्णु ने एक बूढ़े ब्राह्मण का रूप धारण कर उसको सत्यनारायण व्रत का सविस्तार विधि-विधान बताया और अंतर्धान हो गए। शतानंद ने अपने मन में श्रीसत्यनारायण व्रत का संकल्प कर लिया जिसकी चिंता में वह रात भर सो न सका। ज्यों ही सवेरा हुआ तो वह इस व्रत के अनुष्ठान के उद्देश्य से भिक्षा मांगने निकला। उसे उस दिन भिक्षा में बहुत धन-धान्य मिला। संध्या के समय उसने घर पहुंचकर पूर्ण श्रद्धापूर्वक सत्यदेव का पूजन करके व्रत किया। व्रत के प्रभाव से वह कुछ ही दिनों में संपन्न हो गया। जब तक वह जीवित रहा, उसने नियमित रूप से प्रति मास इस व्रत को पूजन सहित किया और कथा सुनी। मृत्यु होने पर उसे विष्णुलोक में स्थान मिला।

ऋषियों के यह पूछने पर कि शतानंद के बाद इस व्रत को किसने किया, इसके उत्तर में सूतजी ने कहा—एक दिन जब शतानंद वैभववान होकर अपने बंधु-बांधवों के साथ एकाग्रमन से कथा सुन रहा था, उसी समय वहां भूख-प्यास से व्याकुल एक लकड़हारा आकर कथा सुनने बैठ गया। कथा के बाद उसने प्रसाद खाकर जल ग्रहण किया और शतानंद से जब इस व्रत का प्रयोजन पूछा तो उसने इसे मनोवांछित फल देने वाला बताया और अपनी पूर्व की कहानी बताई। उसके ऐश्वर्य प्राप्त करने की बात सुनकर उस लकड़हारे ने इस व्रत का विधि-विधान जाना और इसके पूजन का निश्चय करके लकड़ी बेचने चल पड़ा। भगवद्कृपा से उस दिन लकड़ियां दोगुने भाव में बिक गईं। लकड़हारे ने उन पैसों से व्रत पूजन की सारी सामग्री खरीद ली और घर आकर अपने भाई-बंधुओं व पड़ोसियों सहित विधिपूर्वक सत्यनारायण भगवान् का व्रत रखकर पूजन किया तथा कथा सुनी। सत्यदेव की कृपा और व्रत के प्रभाव से वह लकड़हारा कुछ ही समय में धनवान बनकर इस लोक के सारे सुख भोगने लगा। मरने के बाद उसे सत्यलोक में स्थान मिला।

इसके पश्चात् सूतजी ने एक और कथा का उल्लेख किया, जो इस प्रकार है—प्राचीन काल में उल्कामुख नामक एक राजा था, जो बड़ा ही सत्यवादी और संयमी था। उसकी रानी भी धर्मनिष्ठ थी। एक दिन वे दोनों भद्रशीला नदी के तट पर श्रीसत्यनारायण की कथा सुन रहे थे कि वहां एक वैश्य आ पहुंचा। अपनी रत्नों से भरी नौका को किनारे पर बांधकर वह भी पूजा में सम्मिलित हो गया। वहां का चमत्कार देखकर उस वैश्य ने राजा से जिज्ञासावश पूछा कि यह कौन-सा पूजन है? तब राजा ने बताया कि हम अतुल तेजवान भगवान् विष्णु का पूजन कर रहे हैं, जिसके करने और व्रत धारण करने से मनोवांछित फल मिलता है। व्रत की महिमा सुनकर वह वैश्य अपने घर लौट गया। घर पहुंचकर इस सारे वृत्तांत को उसने अपनी पत्नी को बताया। उसने यह संकल्प भी लिया कि जब मेरे घर संतान होगी तब मैं इस व्रत को करूंगा। सत्यनारायण भगवान् की कृपा से उसकी पत्नी गर्भवती हुई और दस माह में उसने एक कन्या को जन्म दिया। चंद्रकलाओं की भांति दिन-प्रतिदिन बढ़ने वाली इस कन्या का नाम कलावती रखा गया। वैश्य की स्त्री लीलावती ने उसे इस व्रत के संकल्प का स्मरण कराया तो उसने कन्या के विवाह के समय व्रत करने को कहा। फिर वह अपने काम-धंधे में व्यस्त हो गया। जब कलावती का विवाह हो गया तो लीलावती ने फिर से पति को स्मरण कराया। वैश्य अपने दामाद के साथ समुद्र पार व्यापार करने के लिए बिना व्रत किए चला गया। इस कारण सत्यनारायण उस पर अप्रसन्न हो गए।

जिस स्थान पर वैश्य अपने दामाद को लेकर व्यापार करने गया था, उस रत्नासारपुर नगर के राजा चंद्रकेतु के राज्य में चोरी हो गई। जब राजा के सिपाहियों ने चोरों का पीछा किया तो वे चोरी किया हुआ सारा धन, रत्न आदि पकड़े जाने के डर से भागते-भागते वैश्य के डेरे में फेंक गए। जब राजा के सैनिक उसके डेरे में खोजते हुए पहुंचे तो राजा का धन वहां मिल गया। इस पर दोनों वैश्यों को चोर समझकर सिपाही उन्हें पकड़कर ले गए और उन्हें कारागार में डाल दिया। राजा ने वैश्य का सारा धन जब्त कर राजकोष में रखवा दिया।

इधर लीलावती और कलावती भी भगवान् सत्यनारायण के कोप के कारण बुरे दिन देखने लगीं। तब उन्हें अपनी गलती का स्मरण हो आया। उन्होंने अपने पति के संकल्प को पूरा न करने पर भगवान् सत्यनारायण से क्षमा मांगकर व्रत पूरे विधि-विधान से किया तो वे प्रसन्न हुए और राजा चंद्रकेतु को स्वप्न में दर्शन देकर कहा कि सवेरा होते ही वह कारागार में बंदी दोनों वैश्यों को उनका धन लौटा दे। राजा ने वैसा ही किया जैसा आदेश भगवान् ने उसे दिया था। वैश्य और उसका दामाद दोनों प्रसन्नतापूर्वक अपना धन नौकाओं में भरकर घर की ओर लौट पड़े।

इसी बीच श्रीसत्यनारायण ने उनकी परीक्षा लेने के लिए एक वृद्ध का रूप धारण किया और उनके निकट पहुंचकर उनसे पूछा कि तुम्हारी नौका में क्या भरा है? इस पर वे हंसकर बोले—"कुछ नहीं, घास-फूस और फूल-पत्ते हैं, महाराज।" 'तथास्तु' कहकर वह वृद्ध वहां से चल दिया। अपनी नौका को हलकी जानकर उन्होंने देखा कि बहुमूल्य चीजों के स्थान पर नौका में घास-फूस और पत्र-पुष्प ही भरा था। दामाद और वैश्य समझ गए कि उनके झूठ बोलने का ही यह परिणाम हुआ है। बस फिर क्या था, वे दोनों उस वृद्ध के पैर पकड़कर माफी मांगने लगे। करुणाकर भगवान् ने द्रवित होकर फिर से उन्हें वरदान दिया और अंतर्धान हो गए। वैश्य की नौका फिर से धन से परिपूर्ण हो गई। तब उन्होंने वहीं ठहरकर भगवान् का व्रत किया, कथा सुनी और तत्पश्चात् घर की ओर चल पड़े।

लीलावती को अपने पति के वापस लौटने का समाचार मिला तो उसने श्रीसत्यनारायण की कथा सुनते हुए अपनी पुत्री कलावती को उनके स्वागत के लिए कहा। पति और पिता के आगमन की बात सुनकर कलावती कथा का प्रसाद लिए बिना ही उनके स्वागत के लिए दौड़ पड़ी। परंतु जैसे ही नदी के पास पहुंची तो वैश्य के दामाद की नौका जल में डूब गई। यह दृश्य देखकर लीलावती और कलावती छाती पीट-पीट कर, दहाड़े मारकर रोने लगीं। इसी बीच आकाशवाणी हुई कि "हे वणिक! तेरी कन्या सत्यदेव के प्रसाद को छोड़कर उसका अनादर करके पति से मिलने के लिए दौड़ पड़ी थी। यदि वह घर जाकर अब भी प्रसाद ग्रहण कर ले और फिर आए तो उसका पति जी उठेगा।" यह सुनते ही कलावती घर की ओर दौड़कर गई। उसने प्रसाद ग्रहण किया और अपने पिता तथा पति के लिए भी ले आई। तब सभी ने देखा कि उसके पति की डूबी हुई नौका जल से स्वतः ही बाहर निकल आई है। फिर तो उस वैश्य व उसके दामाद के परिवार ने जीवनपर्यंत इस व्रत को किया और कथा कराई।

इसके बाद सूतजी ने एक कथा और बताई—एक बार तुंगध्वज नामक एक राजा वन में शिकार खेलने गया। वहां उसने अनेक जानवरों का शिकार किया। जब वह लौट रहा था तो उसने एक बरगद के पेड़ के नीचे बहुत-से लोगों को श्रीसत्यनारायण व्रत की कथा करते देख। राजा ने न तो भगवान् को नमस्कार किया और न ही उन लोगों के दिए प्रसाद को स्वीकार कर सेवन किया। अपने महल में लौटने पर जब

उसे ज्ञात हुआ कि पुत्र-पौत्र, धन-संपत्ति सभी कुछ नष्ट हो गया है, तो वन की घटना का उसे तुरंत ही स्मरण हो आया। वह फिर वन में लौटा और भगवान् सत्यनारायण के व्रत का पूजन किया। कथा कराई तो उसके प्रभाव से उसका सारा राज्य, धन-संपत्ति के अलावा राजवंश ज्यों-का-त्यों व्यवस्थित मिला। तब से राजा ने समय-समय पर जीवन-पर्यंत श्रीसत्यनारायण का व्रत पूजन कर कथा कराई और सुखमय जीवन व्यतीत किया। मरणोपरांत यह मोक्ष का भागी बना।

बोलो सत्यनारायण भगवान् की जय! वृंदावन बिहारी लाल की जय!

## सातों वार के व्रत तथा प्रचलित कथाएं :

# रविवार

(सूर्य के समान तेज, बल एवं मान-सम्मान की प्राप्ति के लिए)

**माहात्म्य :** इस व्रत के देवता सूर्य महान् तेजस्वी व बली होने के कारण उनको प्रसन्न करने के लिए यह व्रत किया जाता है, ताकि उनके प्रसन्न होने पर व्रती को संसार के समस्त सुख प्राप्त हों।

रविवार के व्रत को करने से मनुष्य का मान-सम्मान बढ़ता है, बुद्धि में तेजस्विता आती है, मानसिक क्लेश दूर होकर मन शांत होता है व सुख की अनुभूति होती है। समस्त मनोकामनाएं पूर्ण होती हैं, स्वस्थ और दीर्घायु मिलती है, कुष्ठ एवं अन्य चर्म रोगों से छुटकारा मिलता है, सांसारिक कष्टों से मुक्ति मिलती है, पाप नष्ट होते हैं और घर में ऋद्धि-सिद्धि का वास रहता है।

**पूजन विधि-विधान :** यह व्रत आश्विन मास के शुक्ल पक्ष के अंतिम रविवार से प्रारंभ करना शुभ माना गया है। इसे बारह, तीस या पूरे एक वर्ष के बावन व्रतों की संख्या में करना चाहिए। कुछ लोग इस व्रत को पांच वर्ष तक लगातार करते हैं और प्रत्येक वर्ष की समाप्ति पर बारह ब्राह्मणों को भोजन कराते हैं। व्रती को प्रातःकाल नित्यकर्मों से निवृत्त होकर 5-10 बिल्व पत्र पानी में डालकर स्नान करना चाहिए। फिर लाल रंग के स्वच्छ वस्त्र या बनियान धारण करके मस्तक पर चंदन का टीका लगाकर तिथि, मास, पक्ष आदि कहकर संकल्प लें कि सारे रोगों के निवारण के लिए, आयु की वृद्धि तथा सब कामनाओं की सिद्धि के लिए, सूर्य नारायण की प्रसन्नता के लिए सूर्य व्रत के अंगरूप से कहा गया श्रीसूर्य देव का पूजन में करूंगा तथा गणपति के स्मरण के साथ-साथ कलश आदि का पूजन करूंगा। चूंकि इस दिन भगवान् सूर्य का पूजन करने का विधान है और उनका वर्ण लाल है, अतः सूर्य पूजन के लिए लाल रंग की वस्तुएं; जैसे— रोली, गुलाब के लाल फूल, लाल चंदन, केसर, लाल वस्त्र, लाल गुलाब की माला चढ़ाएं। एक तांबे के पात्र में लाल चंदन से अष्टदल कमल लिखकर सूर्य भगवान् का पूजन करें। सूर्य को जलांजलि प्रदान करें। व्रत में फलाहार हो या पारण, भोजन दिन में एक बार ही करें। भोजन में नमक का सेवन वर्जित है। भोजन सूर्यास्त से पहले और उसमें गुड़ से बना हुआ हलुआ, इलायची डालकर सेवन करें। चावल की खीर भी ग्रहण की जा सकती है। यदि सूर्यास्त से पहले भोजन करना भूल जाएं तो दूसरे दिन सूर्योदय होने पर अर्घ्य देकर ही भोजन करें।

इस व्रत का उद्यापन माघ मास की सप्तमी को करने का विधान है। इस दिन बारह ब्राह्मणों को भोजन कराकर लाल वस्त्र दक्षिणा में दें। सामान्य संख्या के संकल्पित व्रत पूरे होने पर अंतिम रविवार को आम के वृक्ष की लकड़ी से हवन कर पूर्णाहुति दें। व्रत के दिन 5 बार माला फेरते हुए **ॐ हां हीं हौं हं सूर्याय नमः** जपें। याचक को गुड़ दान करें और ब्राह्मणों को भोजन करा के लाल वस्त्र व गेहूं का दान करें। व्रत की कथा पढ़ने के बाद सूर्यदेव को विशेष अर्घ्य दें।

**पौराणिक कथा :** इस व्रत की कथा का उल्लेख भविष्य पुराण में इस प्रकार हुआ है—

जब मथुरा को छोड़कर भगवान् श्रीकृष्ण ने द्वारकापुरी का निर्माण कराया तो इस अद्भुत नगरी को देखने की इच्छा से महर्षि दुर्वासा वहां पहुंचे। श्रीकृष्ण ने उन्हें अपने महल में ठहराकर उनका आदर सत्कार किया और भोजन कराया। उनकी बातचीत के दौरान कृष्ण के पुत्र साम्ब ने जब महर्षि का उपहास किया तो दुर्वासा बड़े क्रोधित हुए, लेकिन वे उसे प्रकट न कर पाए। द्वारकापुरी से लौटने के बाद उन्होंने सारा किस्सा नारद को सुनाकर कहा कि वे साम्ब को सबक सिखाएं।

जब नारद द्वारकापुरी पहुंचे तो उन्होंने श्रीकृष्ण से उनकी सेना देखने की इच्छा प्रकट की। सेना देखते समय नारद बोले कि आपकी सेना साम्ब के बिना शोभा नहीं दे रही, इसलिए आप मुझे साम्ब को बुलाने की आज्ञा प्रदान करें। आज्ञा मिलते ही नारद जाम्बवती के पुत्र, साम्ब को वहां ले आए। अति रूपवती भगवान् श्रीकृष्ण की रानियां साम्ब को देखकर परस्पर चुंबन करने लगीं। इस पर नारद ने श्रीकृष्ण को उकसाते हुए कहा—'हे प्रभु! यह साम्ब बड़ा दुश्चरित्र है।' इन वचनों को सुनकर श्रीकृष्ण ने क्रोध में आकर साम्ब को कुष्ठ रोगी होने का शाप दे दिया। शाप के कारण साम्ब तुरंत कुष्ठ रोग से पीड़ित हो गया।

कुष्ठ रोगी बनते ही साम्ब ने दुखित होकर भगवान् से अपने अपराध का कारण पूछा तो उन्होंने कहा—"महर्षि दुर्वासा का अपमान करने के कारण ही तुम इस अवस्था में पहुंचे हो। जो व्यक्ति अपने से बड़ों तथा गुरुजनों का अपमान करते हैं, वे पाप के भागी होते हैं।"

यह सुन साम्ब ने श्रीकृष्ण के चरण पकड़ कर कहा—'भगवान् मुझे अपने अपराध के लिए क्षमा करें तथा कुष्ठ रोग से छुटकारा पाने का उपाय बताएं।'

तब श्रीकृष्ण भगवान् ने कहा—"तुम कार्तिक महीने के अंतिम रविवार से इस व्रत का उपवास शुरू करो। गोबर द्वारा भूमि पर गोल मंडप बनाकर लाल पुष्प और लाल अक्षत से सूर्यदेव की पूजा करके उन्हें गंगाजल से अर्घ्य दो। इससे तुम्हारा कुष्ठ रोग दूर होगा और समस्त मनोकामनाएं पूर्ण होंगी।"

इस व्रत को जब साम्ब ने पूर्ण श्रद्धा व विश्वास से विधिवत किया तो उसके प्रभाव से उसका रोग दूर हो गया और उसने फिर से अपने रूप, यौवन को प्राप्त किया।

**एक अन्य कथा :** कोई सास-बहू थीं। सास का पुत्र सूर्य का अवतार था। उसका नाम सूर्यबली था, वह अधिकांश समय अंतर्धान ही रहता था। थोड़े ही समय के लिए वह घर आता, फिर अंतर्धान हो जाता। जब कभी आता तो एक हीरा अपनी माँ व पत्नी को दे जाता था। इसी तरह वे अपना जीवन-यापन कर रही थीं। एक दिन माँ बेटे से बोली कि जितना तुम हमें खर्च करने के लिए दे जाते हो उससे हमारा गुजारा नहीं होता। तो पुत्र क्रोधित होकर कहने लगा—"अपने भरण-पोषण के सिवा तुम कुछ और कार्य में इसका उपयोग नहीं करती। अपने कर्तव्यों का तुम्हें ध्यान नहीं है। इसी कारण तुम्हें अभाव सताता है। तुम्हारी इसी आदत के कारण मैं घर में नहीं ठहरता हूं।"

पुत्र के इस प्रकार दुत्कारे जाने से माँ को बहुत दुख पहुंचा। अब दोनों सास-बहू नियम से कार्तिक स्नान के लिए जाने लगीं। बारह वर्ष बाद पत्नी ने सूर्यबली से कहा कि अब कार्तिक-स्नान का उद्यापन करा दो। सूर्यबली के सामने अपनी इच्छा प्रकट करते ही घर में कंचन बरसने लगा। घर धन-धान्य से पूर्ण हो गया।

तब बहू ने कार्तिक का पूजन कर सूर्य का भी पूजन किया। सूर्यदेव ने दर्शन देकर वर मांगने के लिए कहा। बहू कहने लगी–"मेरा पति मुझसे दूर-दूर रहता है। मैं उनके संयोग का वरदान चाहती हूं।"

रात को सूर्यबली ने आकर माँ से कहा कि आज मैं घर पर ही सोऊंगा। बहू की प्रसन्नता का कोई ठिकाना न था। सुंदर सेज पर सूर्यबली आकर लेट गए तो सारे संसार में अंधकार छा गया। सब देवता भागे-भागे बुढ़िया के पास आए तथा बुढ़िया से कहने लगे कि अपने पुत्र को जगाओ। बुढ़िया ने पुत्र को जगाया तो सूर्यबली ने बाहर आकर देवताओं से कहा कि जब तक ये सास-बहू कार्तिक स्नान करती हैं, तब तक गंगा इनके घर के पास से बहे, ऋद्धि-सिद्धियों का यहां वास हो। देवता सूर्य की बात मान गए। तभी से स्त्री समाज में कार्तिक स्नान का विशेष माहात्म्य है। इससे पापों का नाश होता है। अंत में मनुष्य स्वर्ग को प्राप्त करता है।

## सोमवार

*(स्त्रियों का व्रत : अखण्ड सौभाग्य, संतान प्राप्ति एवं निर्धनता दूर करने के लिए)*

**माहात्म्य :** भविष्य पुराण में लिखा है कि पृथ्वी पर जितने भी तीर्थ और व्रत हैं, वे सब इस सोमवार के व्रत की सोलहवीं कला को भी नहीं पा सकते। जो सोमवार को भगवान् शिव का अर्चन करते हैं, उनके लिए इस लोक और परलोक में कुछ भी दुर्लभ नहीं है। इस दिन जो दान, होम, व्रत और जप किया जाता है, वह उमाशंकर की प्रसन्नता का कारण बनता है। इस व्रत के करने से समस्त मनोकामनाएं पूर्ण होती हैं। उज्ज्वल भविष्य, कीर्ति, मान, प्रतिष्ठा मिलती है। निःसंतानी को संतान तथा निर्धन को धन की प्राप्ति होती है। सारे भय दूर होकर दुखों का नाश होता है। सौभाग्यवती स्त्रियों का सुहाग अखंड बना रहता है।

इस व्रत के देवता चंद्र शांति और शीतलता के प्रतीक हैं। यह मानसिक अशांति व हृदय की चंचलता को दूर करके हृदय को शांति प्रदान करता है, नेत्र पीड़ा व अन्य बीमारियों का शमन करता है। श्रद्धापूर्वक विधि-विधान से चंद्र का पूजन करने से समस्त कष्टों से मुक्ति मिलती है। इस दिन कही जाने वाली कथा हमारे बीच फैली छुआछूत की कुरीति को मिटाने की प्रेरणा भी देती है।

**पूजन विधि-विधान :** इस व्रत को श्रावण, चैत्र, वैशाख, ज्येष्ठ, कार्तिक और मार्गशीर्ष में शुक्ल पक्ष के प्रथम सोमवार से प्रारंभ करना चाहिए। इस व्रत को कम से कम 10 की संख्या में, सामान्य तौर पर 4-5 या एक साल तक करें। जिस मास में प्रारंभ करें उसी मास में समाप्त करें। व्रत प्रारंभ करते समय खिरनी के पत्तों से मिश्रित जल से स्नान करने के बाद सफेद वस्त्र धारण कर संकल्प लें कि अमुक तिथि, मास से सारे कुटुंब के क्षेम, आयु, आरोग्य और ऐश्वर्य की वृद्धि के लिए, उमा-महेश्वर की प्रीति के लिए अमुक अवधि तक सोमवार का व्रत करूंगा तथा उनका षोडशोपचार विधि से पूजन करूंगा।

चूंकि सोमवार का व्रत साधारण, प्रदोष (त्रयोदशी का) और सोलह सोमवार तीन प्रकार का होता है, अतः उसी के अनुरूप संकल्प लेकर व्रत ग्रहण करना चाहिए। इसके बाद भगवान् शिव व पार्वती का विधिवत षोडशोपचार से पूजन करें। शिव पर श्वेत पुष्पों की माला चढ़ाएं और शिवलिंग पर गाय का दूध अर्पण करें। शिवालय में जाकर दीप ज्योति जलाएं। हाथ जोड़कर उनके दर्शन व वंदना करें। **ॐ नमः शिवाय** का जाप करें। व्रत के दिन 3 या 11 माला **ॐ श्रां श्रीं श्रौं सः चन्द्रमसे नमः** की जपने का भी विधान है।

संकल्पित सोमवार पूरे होने पर अंतिम सोमवार के दिन एक छोटा-सा हवन पलास की लकड़ियों से पूर्णाहुति देकर करें। पूजन और हवन के बाद कथा सुनें। व्रत के दिन फलाहार करें। दिन अथवा रात में केवल एक बार ही दही, चावल या खीर का भोजन फलाहार के अभाव में कर सकते हैं। वैसे सोमवार का व्रत दिन के तीसरे पहर तक ही रखने का विधान है। जैसा संकल्प किया उसके अनुसार सोमवार व्रत पूरे होने पर उद्यापन अवश्य करें। ब्राह्मण को भोजन कराके सफेद वस्त्र या चांदी का सिक्का दान में दें।

**पौराणिक कथा :** इस व्रत की कथा का उल्लेख स्कंद पुराण में इस प्रकार हुआ है—

प्राचीन काल में चित्रवर्मा नाम का एक राजा आर्यावर्त में राज करता था। वह धर्म की मर्यादाओं का रक्षक, सब यज्ञों का याजक, शरणागतों का रक्षक और दुष्टों के लिए साक्षात् काल के समान था। इसके अलावा सभी अच्छे कार्य करने और शिव व मुकुंद की भक्ति में उसे विशेष रुचि थी। उसकी कई रानियां थीं किंतु किसी भी रानी से पुत्र न था। अंततः बहुत लंबे समय बाद उसको एक सुंदर कन्या प्राप्त हुई। उसका नाम सीमंतिनी रखा गया। जब उसने उत्सुकतावश ज्योतिषियों से कन्या का भविष्य पूछा तो किसी ने उत्तम तो किसी ने उसे दुर्भाग्यपूर्ण बताया। एक ज्योतिषी ने तो यहां तक कह दिया कि यह कन्या विवाहोपरांत शीघ्र ही विधवा हो जाएगी। इस पर राजा ने यह सोचकर संतोष कर लिया कि भगवान् की जो इच्छा होती है, वही होता है। जब सीमंतिनी बड़ी हो गई तो उसने अपनी सखी से अपने विधवा हो जाने की भविष्यवाणी जानी। दुखी होकर उसने मुनि याज्ञवल्क्यजी की पत्नी मैत्रेयी से पूछा—"हे माँ! मैं भयभीत होकर तेरे चरणों में आई हूं। मुझे सौभाग्य करने वाला कुछ उपाय बता दें।'

मुनि पत्नी ने उसे शिव सहित भवानी की शरण में जाने की सलाह दी और सोमवार के दिन एकाग्र मन से शिव-गौरी का पूजन कर, उस दिन उपवास करने, स्नान कर स्वच्छ वस्त्र पहनने, पूर्ण श्रद्धा से पूजन करके, एक वर्ष तक इस व्रत को पूर्णकर उद्यापन करने को कहा। मुनि पत्नी ने कहा कि इससे आई हुई अत्यंत आपत्ति को भी पार करके तुम शिवपूजा के प्रभाव से इस महाभय से पार हो जाओगी। राजपुत्री सीमंतिनी ने उसी प्रकार व्रत को विधि-विधानानुसार करना शुरू कर दिया।

अपने गुरु की आज्ञा से राजा चित्रवर्मा ने अपनी पुत्री सीमंतिनी का विवाह बड़े धूमधाम से राजकुमार चंद्रांगद के साथ कर दिया। कुछ माह बाद जब राजकुमार यमुना में सैर करने के लिए नाव में बैठकर चला

तो नाव के भंवर में फंसने से मल्लाह सहित वह डूब गया। सभी तरफ हाहाकार मच गया। साध्वी सीमंतिनी ने भी पतिलोक जाने की इच्छा व्यक्त की, तो पिता ने उसे समझा-बुझाकर रोका। इसलिए वह विधवा-जीवन बिताने लगी, लेकिन उसने सोमवार का व्रत करना नहीं छोड़ा।

यूं तो राजकुमार चंद्रांगद यमुना में डूब चुका था, लेकिन जलक्रीड़ा में लगी हुई एक नागकन्या ने डूबे हुए राजकुमार को देखा तो वह उसे पाताल लोक में ले गई। वहां उसे सभी नाग कन्याओं ने घेर लिया। नागराज तक्षक ने उसके बारे में पूछा तो राजकुमार ने बताया कि वह राजा नल के पुत्र इंद्रसेन का पुत्र है। फिर उसका विस्तृत परिचय दिया और बताया कि यह महादेव का भक्त है, तो तक्षक ने प्रसन्न होकर उसे नदी के ऊपर पहुंचवा दिया। सोमवार के दिन जब सीमंतिनी स्नान करने सखियों के साथ उस नदी पर पहुंची तो राजकुमार को जीवित देखकर फूली न समाई। राजा इंद्रसेन ने अपने पुत्र को राज्य भार सौंप दिया। सीमंतिनी के साथ चंद्रांगद ने वर्षों तक सुख भोगा और आठ पुत्र व एक पुत्री को पाया। इस तरह शिवपूजन करके सीमंतिनी को पति और अन्य सुखों की प्राप्ति हुई।

## सोलह सोमवार

(अखंड सौभाग्य तथा मनोवांछित फल पाने के लिए)

**माहात्म्य :** शिवमहापुराण के अनुसार सोलह सोमवारों का व्रत रखने वाले भक्त को भगवान् शिव और माता पार्वती की कृपा प्राप्त होती है। यह व्रत सर्वमनोकामना की प्राप्ति के निमित्त किया जाता है। इस व्रत को विधि-विधान पूर्वक करने से व्रती को भगवान् शिव की कृपा प्राप्त होती है। हृदय में सात्विक भाव जागते हैं, बुद्धि निर्मल होती है। मनोवांछित फल प्राप्त होता है। भगवान् शंकर की उपासना से व्रती की भक्ति भावना बढ़ती है। मन के कुविचारों का शमन होता है, सांसारिक आधि-व्याधियों से छुटकारा मिलता है।

**पूजन विधि-विधान :** इस व्रत को किसी भी शुक्लपक्ष-मास के सोमवार से आरंभ किया जा सकता है। उपवास आरंभ करने से पहले शिव-पार्वती का स्मरण करें और संकल्प करें कि मैं सच्चे मन से विधि पूर्वक भगवान् शिव और पार्वती के इस व्रत को करूंगा। सोमवार के दिन प्रातःकाल स्नानादि नित्यकर्मा से निवृत्त होकर पूजा की तैयारी करें। शिवलिंग को घृत, दही, दुग्ध, गंगाजल इत्यादि से स्नान कराएं। तत्पश्चात् बेल पत्रों व श्वेत पुष्पों को शिव को समर्पित करके **ॐ नमः शिवाय** मंत्र का जाप सोलह अथवा इक्कीस बार करें, फिर व्रत कथा पढ़ें। तत्पश्चात् शिव को शीश झुकाकर सबको प्रसाद बांटें और पूरे दिन श्रद्धा से शिव का स्मरण करें। सोलह-सोमवारों के व्रत के समापन पर व्रत का उद्यापन करें।

**पौराणिक कथा :** इस व्रत की कथा शिवमहापुराण में इस प्रकार है—

प्राचीनकाल में अश्वपति प्रदेश में भगवान् शंकर का एक अत्यंत भव्य और विशाल मंदिर था। उस मंदिर का पुजारी बहुत धूर्त और दुष्ट प्रवृत्ति का था। वह मंदिर में आने वाले श्रद्धालुओं को धोखे से नशीली वस्तुएं खिला देता और उनका रुपया-पैसा, आभूषण और सामान छीन लेता था। वह मंदिर में रहकर भी पाप कर्मों में लीन रहता और मांस-मदिरा का डटकर प्रयोग करता था। उसके पाप कर्मों की संख्या दिनों-दिन बढ़ती ही जा रही थी।

एक दिन भगवान् शिव और माता पार्वती पृथ्वी पर भ्रमण के लिए निकले। घूमते-घामते वे उस मंदिर में पहुंचे। उन्होंने पुजारी को ऐसे नीच कर्म करते देखा तो उन्हें बहुत क्रोध आया। माता पार्वती ने क्रोध में आकर कोढ़ी होने का शाप दे दिया।"

माता पार्वती के शाप से पुजारी तत्काल कोढ़ी हो गया। अपनी दुर्दशा देखकर वह दहाड़ें मारकर रोने लगा और बार-बार अपने किए दुष्कर्मों की क्षमा मांगने लगा। किंतु शिव और पार्वती पर उसके रोने और प्रायश्चित् करने की बात का कुछ असर न हुआ। वे उसे रोता-कलपता छोड़कर वहां से चले गए।

जब देवांगनाओं ने उसके विषय में सुना तो वे पुजारी का हाल देखने के लिए मंदिर में पहुंचीं। वहां पुजारी की हालत देखकर उन्हें उस पर बड़ा तरस आया। देवांगनाओं को देखकर पुजारी जोर-जोर से रोने लगा। तब देवांगनाओं ने उससे कहा— "एक तो तेरा जन्म ब्राह्मणों जैसे उच्च कुल में हुआ, दूसरे तुझे शिव के इस मंदिर का पुजारी बनने का सौभाग्य प्राप्त हुआ, लेकिन तूने अपने पद और मंदिर की गरिमा

का दुरुपयोग किया। तूने शिवालय में रहते हुए भी अनेक नीच कर्म किए। तेरे सारे अपराध अक्षम्य हैं। फिर भी तेरी इस समय की हालत को देखकर हम सब तुझे एक ऐसे उपवास का माहात्म्य बतला देते हैं, जिसे करने से भोले शंकर तेरे इस महापाप को भी क्षमा कर देंगे।''

पुजारी के बार-बार आग्रह करने पर देवांगनाओं ने बताया कि यदि कोई मनुष्य श्रद्धा पूर्वक सोलह सोमवारों का व्रत रखे और सच्चे मन से भगवान् शिव से अपने पापों की क्षमा मांगे तो भोले भंडारी शिव उसके पापों को अवश्य क्षमा कर देंगे और कुष्ठ रोग से उसे मुक्ति मिल जाएगी। तत्पश्चात् देवांगनाओं ने उससे व्रत करने की विधि भी समझा दी। पुजारी ने उनके बताए अनुसार सोलह सोमवारों का उपवास किया। उपवासों की अवधि पूरी होते ही शिव की उस पर कृपा हुई और वह फिर से अपना पहले वाला स्वरूप पा गया।

एक दिन वह ब्राह्मण जब शिव की आराधना कर रहा था तो मंदिर में एक निर्धन ब्राह्मण आया और पुजारी से कहा–''महाराज! मैं बड़ा ही दुखी और निर्धन हूं। कृपया कोई ऐसा उपाय बताइए जिससे मेरे सारे कष्ट दूर हो जाएं।'' तब उस पुजारी ने उस ब्राह्मण को सोलह सोमवारों के व्रत की महिमा बताई और उसे व्रत रखने के विधि-विधान के बारे में भी बता दिया।

निर्धन ब्राह्मण ने घर आकर पूरी श्रद्धा से भगवान् शिव के सोलह सोमवार व्रत किए। व्रत पूरा करने के बाद एक दिन वह निर्धन ब्राह्मण एक ऐसे नगर में पहुंचा, जहां उस नगर के राजा की कन्या का स्वयंवर रचाया जा रहा था। राजा ने शर्त रखी थी कि जिस भी व्यक्ति के गले में मेरी हथिनी माला डाल देगी, उसी के साथ मैं राजकुमारी का विवाह कर दूंगा। निर्धन ब्राह्मण के सौभाग्य से हथिनी ने माला उसी के गले में डाल दी, उस निर्धन ब्राह्मण का विवाह राजकुमारी के साथ हो गया। राजा ने अपनी कन्या के विवाह पर उसे ढेरों वस्तुएं उपहार स्वरूप भेंट में दिया, जिसके कारण वह खूब सुखी और संपन्न हो गया।

वह निर्धन ब्राह्मण, जो अब हर तरह से संपन्न व्यक्ति बन गया था, वह भगवान् शिव के उपकार को नहीं भूला था। राजसी सुख-भोगकर भी वह नित्य प्रति नियम से माता पार्वती और भगवान् शिव की पूजा करता रहता था। एक दिन उसकी पत्नी उस राजकन्या ने अपने पति से पूछा कि आपने कौन-से ऐसे शुभ कर्म किए हैं, जो आपको अनायास ही इतना धन-दौलत और वैभव मिल गया है। तब ब्राह्मण ने उसे बताया कि यह सब मुझे भगवान् शिव की कृपा से प्राप्त हुआ है। उसने सोलह सोमवारों के व्रत की बात भी अपनी पत्नी को बता दी।

अपने पति से उपवास के माहात्म्य को सुनकर राजकुमारी ने भी सोलह सोमवारों का उपवास रखना शुरू किया, जिसके फलस्वरूप उसे भोले शंकर की कृपा प्राप्त हुई। उसे चंद्रमा के समान एक अत्यंत सुंदर बालक की भी प्राप्ति हुई। बालक की जब कुंडली बनवाई गई तो पंडितों ने कहा कि यह बालक तेजस्वी है, यह बड़ा होकर चक्रवर्ती सम्राट् बनेगा, बड़े-बड़े राजा-महाराजा इसके आगे अपना शीश झुकाएंगे।

तब उसकी माता ने पुत्र के बड़े होने पर उससे भी सोलह सोमवारों के उपवास कराए। जब वह विवाह योग्य हुआ तो विदर्भ देश की राजकुमारी के साथ उसका विवाह हो गया। अपनी पुत्री के विवाह में विदर्भ नरेश ने उसे बहुत-से दहेज के साथ-साथ अपने राज्य का आधा हिस्सा भी उसे दहेज के रूप में दे दिया। इस प्रकार पंडितों की भविष्यवाणी सच साबित हुई। राजकुमार के माता-पिता वृद्ध हो गए, तो वे राजपाट अपने पुत्र को सौंपकर तीर्थाटन पर चले गए।

माता-पिता के चले जाने के बाद राजकुमार बड़ा विचलित हुआ। अब वह रात-दिन भोले शंकर की भक्ति में लीन रहने लगा। उसे इस प्रकार शिव भक्ति में लीन देखकर राजकुमारी चिंतित हो उठी। एक दिन उसने अपने पति से पूछ ही लिया–'स्वामी! आपके पास तो हर प्रकार का वैभव और इतना बड़ा राज्य है, फिर आप इस तरह से वैरागियों की भांति क्यों रहते हो? मुझे यह सब अच्छा नहीं लगता।' राजकुमार ने पत्नी के कहने पर ध्यान नहीं दिया। वह पूर्ववत् शिव की पूजा-आराधना में लगा रहा।

एक रात की बात है, जब राजकुमार सोया हुआ था तो उसे स्वप्न में एक साधु ने दर्शन दिए और कहा–'वत्स! तुम्हारी पत्नी तुम्हारे विनाश का कारण बनने वाली है। यदि तुम भविष्य के कष्टों से मुक्ति पाना चाहते हो तो अपने मन को कड़ा करके उसे घर से निष्कासित कर दो।'

अगले दिन राजा ने अपने सहयोगियों एवं राज ज्योतिषियों को रात में देखे हुए स्वप्न के बारे में बताया तो उन्होंने एक स्वर से यही कहा कि रानी को राज्य से तत्काल बाहर निकाल देना चाहिए। राजा ने तब ऐसा ही किया। उसने अपनी रानी को अपने राज्य से दूर एक निर्जन वन में छुड़वा दिया। असहाय रानी उस निर्जन वन में अकेली भटकने लगी। वहां रहते हुए उसने अनेक कष्ट सहे। कई बार वह जंगल के हिंसक पशुओं का शिकार होते-होते भी बची।

एक दिन एक धोबिन उस जंगल से गुजर रही थी। उसने जब रानी को इस प्रकार कष्ट सहते देखा तो उसे रानी पर तरस आ गया और उसे अपने घर ले आई। लेकिन धोबिन के पति को रानी का वहां आना गवारा न लगा। उसने तत्काल रानी को अपमानित करके उसे अपने घर से निकाल दिया। अपनी पत्नी को भी उसने बहुत लताड़ा। रानी फिर से जंगलों में मारी-मारी फिरने लगी।

रानी ने साधु के बताए अनुसार ही सोलह सोमवारों के व्रत श्रद्धा पूर्वक किए। भगवान् शिव से अपने द्वारा किए गए पूर्व अपराधों की क्षमा मांगी तो भोले शंकर प्रसन्न हो गए। उन्होंने राजा को स्वप्न में दर्शन दिया और कहा कि तुम्हारी रानी पहले जैसी स्त्री नहीं रही। उसके मनोभावों में बहुत परिवर्तन हो चुका है, अतः अब वह उसे अपने महल में ले आए।

राजा ने भगवान् शिव के आदेश का पालन कर रानी को अपने महल में बुलवा लिया। तब से दोनों प्रभु भक्ति में लीन रहकर सुखी जीवन व्यतीत करने लगे। मृत्यु के पश्चात् दोनों को शिवधाम में स्थान मिला।

इस प्रकार जो कोई मनुष्य सोलह सोमवारों का उपवास श्रद्धा, भक्ति और प्रेम से करते हैं, उन्हें सभी सांसारिक सुखों की प्राप्ति होती है और मृत्यु के पश्चात् उन्हें शिवधाम में स्थान मिलता है।

## मंगलवार

(शौर्य, साहस प्राप्ति, शत्रुओं के दमन एवं अनिष्ट निवारण हेतु)

**माहात्म्य :** इस व्रत के देवता मंगल शौर्य एवं साहस के देव हैं, जो शत्रुओं एवं भय का नाश करने वाले हैं। इसीलिए इस दिन का व्रत करने से व्रती के सभी अनिष्ट दूर हो जाते हैं, दरिद्रता मिट जाती है, रक्त विकार जैसी अनेक बीमारियों का नाश होता है और पुत्र, धन, धर्म, अर्थ, काम, सुख, राज्य सम्मान की प्राप्ति होती है। लगातार 21 सप्ताह तक व्रत करने से मंगल का दोष और उसकी पीड़ा से मुक्ति मिलती है। इस दिन को महाबली हनुमान का जन्म दिन होने के कारण मंगल व्रत रहने से वीर हनुमान भक्त की समस्त बाधाएं दूर करते हैं। व्रती का आधिदैविक, आधिदैहिक और आधिभौतिक तीनों ताप नष्ट होते हैं और सद्गति की प्राप्ति होती है। बुद्धि का विकास और शारीरिक बल प्राप्त होता है।

**पूजन विधि-विधान :** इस व्रत का प्रारंभ सूर्य उत्तरायण होने के किसी महीने के शुक्ल पक्ष के प्रथम मंगलवार से करके कम-से-कम 21 और पूर्ण फल प्राप्ति के उद्देश्य से 45 व्रत करने का विधान है। व्रत के दिन दातुन कर, तिल व आंवले की लुगदी बदन पर मलकर अनंतमूल और नागफनी मिश्रित जल से स्नान करें। नदी

में स्नान की सुविधा हो तो वहीं नहाएं। फिर लाल रंग के कपड़े या बनियान को धारण कर संकल्प करें कि इस तिथि, मास, पक्ष आदि का उल्लेख करते हुए, ऋण और व्याधि के नाश के लिए तथा पुत्र और धन की प्राप्ति के लिए मैं मंगलवार के व्रत का पूजन करूंगा। इसके पश्चात् मंगल भगवान् को

लाल चंदन, कुमकुम, सिंदूर, कस्तूरी, लाल वस्त्र, गुड़हल के पुष्प, लाल पुष्पों की माला, गेहूं गुड़ मिश्रित पकवान से नैवेद्य लगाकर विविध विधान के अनुसार पूजन करें। सामान्य दीपक की अपेक्षा आटे का दीपक बनाकर उसमें सरसों का तेल और चार बत्तियां लगा के जलाने का अधिक महत्त्व माना गया है। भोग में 21 लड्डू तथा बताशे अवश्य रखें। उसे प्रसाद रूप में 21 वर्ष तक के लड़कों में बांट दें।

व्रत के दौरान फलाहार करने का विधान है, लेकिन व्रती एक बार सूर्यास्त से पहले गेहूं के आटे और गुड़ से निर्मित हलुवा सेवन कर सकता है। इस दिन भोजन में नमक का सेवन वर्जित है। व्रत के दौरान मन में कलुषित विचार न लाएं। संकल्पित मंगलवार के व्रत पूर्ण होने पर अंतिम व्रत के दिन छोटा-सा हवन खैर की लकड़ी से करके पूर्णाहुति दें। व्रत के दिन एक, पांच या सात माला **ॐ क्रां क्रीं क्रौं क्रं भौमाय नमः** मंत्र का जाप करें। ब्राह्मणों को भोजन कराकर भूमि दान में दें। तांबे के पात्र में मसूर की दाल भर के याचक को दें।

**पौराणिक कथा :** इस व्रत की कथा का उल्लेख श्रीपद्म पुराण में इस प्रकार है।

प्राचीन काल में नंदक नामक एक विद्वान् ब्राह्मण था। सुनंदा नाम की उसकी पत्नी को कोई संतान नहीं हुई तो उस बूढ़े ब्राह्मण ने किसी दूसरे की सुंदर, गुणवती कन्या को अपनी पुत्री के रूप में गोद ले लिया। ऐसा कहा जाता है कि कन्या के अष्टांग (शरीर के आठ अंग) नित्य ही बहुत-सा सोना दिया करते थे, जिसकी बदौलत वह ब्राह्मण धनाढ्य हो गया। इससे उसमें भारी मद और अभिमान आ गया। वह राजा की तरह रहने लगा। कन्या जब विवाह योग्य हो गई तो नंदक ने उसका विवाह सोमेश्वर नाम के एक ब्राह्मण युवक के साथ कर दिया। इस तरह वह कन्या से नित्य प्रति मिलने वाले स्वर्ण से वंचित हो गया। जब ससुराल से शुभ दिन देखकर सोमेश्वर अपनी पत्नी को अपने घर ले जाने के लिए चला तो रास्ते में रात हो गई। वन में अकेला देखकर निर्दयी नंदक ने सोमेश्वर की हत्या कर दी। पति को मरा देख ब्राह्मण-पुत्री बहुत दुखी हुई। उसने पति के साथ मरने का निश्चय कर लिया। वह मरने की तैयारी कर ही रही थी कि मंगलदेव वहां उपस्थित हुए और उन्होंने उसे वर मांगने को कहा।

ब्राह्मण पुत्री ने कहा—"हे देव! यदि आप मुझ पर प्रसन्न हैं तो मेरे पति को जीवित कर दें।" यह सुन मंगलदेव ने उसके पति को परम विद्वान् बनाकर जीवित कर दिया। और भी वर मांगने को कहा तो ब्राह्मण पुत्री ने कहा—"हे ग्रहों के स्वामी! जो लाल चंदन द्वारा लाल फूलों से मंगलवार के दिन प्रातःकाल के समय आपका पूजन कर स्मरण करे, उन्हें बंधन रोग और व्याधि कभी भी पैदा न हो। उन्हें व उनके परिजनों को सर्प, अग्नि और बैरियों से भय न हो। उनका कभी स्वजनों से वियोग न हो तथा आप अपने भक्तों के लिए सुख देने वाले हों, यही वर मुझे दीजिए।"

मंगल देव बोले—"जो मेरा भक्त जितेन्द्रिय होकर एक बार भोजन करके चार दीपक युक्त मंडल पर अर्घ्यों के साथ वेदों और पुराणों के मंगल मंत्रों सहित इक्कीस मंगलवार का व्रत करे, साथ में लाल रंग का युवा बैल, सोने सहित यथाशक्ति दान करे और ब्राह्मणों को भोजन कराए तो उसे कभी मंगल की ग्रहपीड़ा नहीं होगी। उसे भूत, प्रेत, बेताल और शाकिनी कभी नहीं मार सकेंगे। उनकी दरिद्रता नष्ट होगी और उनके परिवार में यश और कीर्ति की वृद्धि होगी, उनका वंश बढ़ेगा।" यह कहकर मंगल देव अंतर्धान हो गए। तभी से मंगलवार व्रत की परिपाटी चालू हुई।

**एक अन्य कथा :** एक वृद्धा प्रति मंगलवार को व्रत रखती थी। उसका एक पुत्र भी था जिसका नाम मंगलिया था। मंगल को बुढ़िया न तो गोबर लीपती थी न मिट्टी खोदती। एक दिन उसकी परीक्षा लेने मंगलदेव ब्राह्मण के रूप में वहां आए और वृद्धा से बोले–"मुझे भूख लगी है। भोजन तो मैं स्वयं बना लूंगा, तुम सिर्फ जमीन को गोबर से लीप दो।" इस पर बुढ़िया ने कहा–"आज मंगलवार है। मैं इस दिन जमीन नहीं लीपती। हां पानी छिड़क कर चौका लगा देती हूं। आप उसी जगह रसोई बनाएं।" ब्राह्मण ने कहा–"मैं तो गोबर से लिपे चौके में ही भोजन पकाता हूं।" बुढ़िया ने जमीन लीपने के सिवा कुछ भी करने की हामी भर ली तो ब्राह्मण ने वृद्धा से कहा–"अपने लड़के को बुलाकर औंधा लिटा दो। उसी की पीठ पर मैं भोजन पकाऊंगा।" काफी सोचने पर वृद्धा ने पुत्र को बुला कर औंधा लिटा दिया तथा उस पर ब्राह्मण की आज्ञा से अंगीठी जला दी। ब्राह्मण ने अंगीठी में आग जला भोजन बनाया। बनाने के बाद वृद्धा से बोला–"अपने पुत्र को बुला, वह भी प्रसाद ले लेगा।" बुढ़िया ने दुखी मन से कहा–"ब्राह्मण देवता क्यों हंसी कर रहे हो; उसी पर आग जला कर तो आपने भोजन बनाया है। वह तो मर चुका होगा।" ब्राह्मण ने बुढ़िया को समझाया तथा बुलाने का आग्रह किया। आवाज लगाते ही पुत्र दौड़ता आया। ब्राह्मण बोला–"माई! तेरा व्रत सफल हुआ। दया के साथ तुम्हारे हृदय में निष्ठा व विश्वास भी है। अतः तेरा सदा कल्याण ही होगा।"

## बुधवार
### (विद्या-बुद्धि-आरोग्यता, सुख-समृद्धि एवं शांति के लिए)

**माहात्म्य :** इस व्रत के देवता बुधव्रती की विद्या, वाक्पटुता और बुद्धि को प्रभावित करते हैं। इसीलिए इसे ग्रहों का राजकुमार कहते हैं। बुधदेव को प्रसन्न करने के लिए उनका व्रत, पूजन और उपवास करने से विद्या, बुद्धि, स्थायी आरोग्यता, स्वास्थ्य, हृदय को शांति, सुख, समृद्धि और मनोवांछित फल की प्राप्ति होती है। बुध ग्रह की पीड़ा, अशुभ दशा शुभ हो जाती है। रोगों और शोक से मुक्ति मिलती है। इस दिन जन्मा पुत्र बड़ा प्रतापी और बुद्धिमान होता है, जो अपने पिता के असंभव कार्य को भी सरल बना देता है। जो मनुष्य 128 बुधवार के व्रतों को विधि-विधान के अनुसार पूर्ण श्रद्धा व विश्वास से करता है, वह भक्त बुध देव की कृपा से अत्यधिक बुद्धिमान, प्रतापी और सभी कार्यों को करने में कुशल होता है। इस लोक में सभी ऐश्वर्य भोगने को मिलते हैं और अंत में देवलोक को प्राप्त करता है।

**पूजन विधि-विधान :** इस व्रत को प्रारंभ करने के लिए किसी शुक्ल पक्ष के प्रथम बुधवार से या विशाखा नक्षत्र वाले बुधवार से शुरू करके 7, 17, 21, 45 या 128 व्रत करने का विधान है। इस दिन दैनिक नित्य कर्मों से निवृत्त होकर अपामार्ग यानी चिचिड़ा के पत्तों के मिश्रित जल से स्नान करें। फिर हरे रंग के वस्त्र या बनियान धारण करें। व्रत के अंत में शंकर भगवान् की पूजा विधि-विधान के अनुसार, धूप, पुष्प, बेल पत्र के साथ करें। उसके बाद हरे रंग की दाल से बने पदार्थ प्रथम 4-5 ग्रास खाएं। अन्य पदार्थों का सेवन बाद में करें। इस दिन हरी वस्तुओं का भोग विशेष फलदायी माना गया है। मूंग की दाल और चावल की खिचड़ी भी खाई जा सकती है। व्रत के दिन एक बार ही भोजन करें। किसी अपंग को भोजन खिलाकर खुद बाद में खाना पुण्यकारी होता है। व्रत की कथा सुनकर आरती के बाद प्रसाद लेकर ही घर जाना चाहिए। बीच में न जाएं। संकल्पित व्रत पूर्ण होने पर छोटा-सा हवन अंतिम बुधवार को अपामार्ग की लकड़ी से करके पूर्णाहुति दें। व्रत के दिन हरे वस्त्रों को पहने और हरी फलों को दान के लिए रखें। उस दिन कथा सुनने के बाद 17 या 30 माला **ॐ ब्रां ब्रीं ब्रौं ब्रं बुधाय नमः** मंत्र का जाप करें। ब्राह्मणों को खीर खिलाकर दान दें और उनसे आशीर्वाद प्राप्त करें। पूजा में प्रयुक्त चीजें व पात्र आदि पुरोहित को दान में देने का भी विधान है।

**प्रचलित लोककथा :** प्राचीन समय में एक व्यक्ति अपनी पत्नी को लेने ससुराल पहुंचा। वहां कुछ दिन रहने के बाद पत्नी को अपने साथ ले जाने की तैयारी करने लगा तो उसके सास-ससुर ने कहा कि आज बुधवार के दिन गमन नहीं करते हैं। तुम कल चले जाना। लेकिन वह व्यक्ति हठ करके बुधवार को ही पत्नी को विदा कराकर अपने गांव की ओर चल पड़ा। रास्ते में जब पत्नी को प्यास लगी तो उसका पति पानी लेने चला गया। लौटने पर क्या देखता है कि उसकी पत्नी के पास उसकी शक्ल का वैसे ही वस्त्र पहने कोई दूसरा पुरुष बैठा है। यह दृश्य देखकर उसका खून खौल गया। उसने तुरंत अपनी तलवार निकाल ली और पूछा–"कौन है तू और यहां मेरी पत्नी के पास क्यों बैठा है?"

वहां बैठे पुरुष ने कहा कि यह मेरी पत्नी है, जिसे मैं ससुराल से अपने घर ले जा रहा हूं। जब दोनों ही पुरुष उस स्त्री को अपनी पत्नी बता कर झगड़ने लगे, तो वहां भीड़ इकट्ठी हो गई। इस बीच राजा के सिपाही वहां पहुंच गए और उन्होंने उस स्त्री से पूछा कि तुम्हारे असली पति कौन हैं? तो वह भी संशय में पड़ गई, क्योंकि उसे तो दोनों एक समान लग रहे थे।

इस संकट में पड़े असली पति ने मन ही मन भगवान् से प्रार्थना की कि 'हे प्रभु! मेरे साथ यह छल क्यों हो रहा है?' तभी आकाशवाणी हुई–"हे मनुष्य! तेरी ही हठ का यह दुष्परिणाम है। सबके मना करने के बाद भी तूने बुधवार के दिन गमन किया, इसलिए यह परेशानी खड़ी हुई है।" तब उस व्यक्ति ने बुधदेव से क्षमा मांगी और प्रायश्चित के बतौर बुधवार का व्रत धारण करने का संकल्प लिया तो वह मायावी व्यक्ति तत्काल अदृश्य हो गया।

फिर वह व्यक्ति अपनी पत्नी को लेकर सकुशल घर पहुंचा और तब से नियम पूर्वक वे दोनों बुधवार के व्रत व पूजन करने लगे। धार्मिक पुस्तकों में ऐसा लिखा है कि जो व्यक्ति इस कथा को पढ़ता या सुनता है, उसको बुधवार के दिन गमन करने का दोष नहीं लगता और सभी प्रकार के सुखों की प्राप्ति होती है।

**एक अन्य कथा :** एक व्यापारी दूर देशों में व्यापार के लिए जाया करता था। उसके विदेश जाने के कुछ दिनों बाद बुधवार को उसकी पत्नी ने एक पुत्र को जन्म दिया। कई वर्षों बाद जब वह लौटा तो धन-संपत्ति तथा सामान से लदी उसकी गाड़ी दलदल में फंस गई। काफी प्रयत्नों के बाद भी वह गाड़ी खींचने में सफल न हुआ तो पंडितों ने बताया कि बुधवार को पैदा हुआ बच्चा यदि गाड़ी को हाथ लगा देगा तो गाड़ी दलदल से बाहर निकल जाएगी। बुधवार के दिन जन्मे किसी बालक की खोज में वह अपने गांव पहुंचा। वह घर-घर जाकर पूछने लगा। अपने घर पहुंचने पर उसने पाया कि उसका अपना पुत्र भी बुधवार को ही पैदा हुआ है। वह पुत्र को लेकर गाड़ी के पास पहुंचा। पुत्र ने गाड़ी को हाथ ही लगाया था कि वह दलदल से बाहर निकल आई। गाड़ी लेकर वह घर आया। सब सुख से रहने लगे। वह लड़का भी बड़ा योग्य, होनहार व बुद्धिमान् निकला। तभी से सभी स्त्रियां उसी प्रकार का पुत्र प्राप्त करने के लिए बुधवार का व्रत करती हैं।

## बृहस्पतिवार / गुरुवार
(मान-सम्मान, धन-दौलत और वैभव प्राप्ति के लिए)

**माहात्म्य :** यह व्रत नवग्रहों में सबसे बड़े, शक्तिशाली और देवताओं के गुरु बृहस्पति देव की प्रसन्नता के लिए किया जाता है। इस व्रत के करने से न केवल बृहस्पति वरन् सभी ग्रह प्रसन्न होते हैं। बृहस्पति की प्रसन्नता से धन, वैभव, मान, सम्मान, यश, पद, विद्या, बुद्धि तथा पुत्र-पौत्र आदि की प्राप्ति होती है। व्रत के प्रभाव से घर धन-धान्य से भरा रहता है और सभी कार्य आसानी से पूरे हो जाते हैं। गुरु के विषम दोषों, सब पापों को नष्ट करने में भी यह व्रत प्रभावशाली है। इस महापुण्यदायक, कल्याणकारी व्रत को करने से हृदय का परिष्कार, परिमार्जन होता है और श्रेष्ठ एवं पावन भावनाओं का विकास होता है। जो इस व्रत की कथा पढ़ते या सुनते हैं, उनके सब पाप नष्ट हो जाते हैं।

**पूजन विधि-विधान :** इस व्रत को प्रारंभ करने के लिए किसी शुक्ल पक्ष के प्रथम बृहस्पतिवार से करके 16, 156 या 260 व्रत करने का विधान है। व्रत के दिन दैनिक क्रियाओं से निवृत्त होकर हलदी मिश्रित जल से स्नान करें और हलदी का ही तिलक लगाएं। फिर पीले रंग के वस्त्र या बनियान धारण कर बृहस्पतेश्वर

महादेव का पूजन विधि-विधान के अनुसार पीले फूल, पीले चंदन, हलदी से रंगे पीले चावल, पीले फल (केला), पीली दाल, चना, गुड़, गाय का घी आदि अर्पण करें। पूजा के बाद केले के वृक्ष का षोडशोपचार विधि से पूजन, दर्शन और जल अर्पण करें। यदि केले का पेड़ घर के समीप हो या मास के किसी मंदिर में हो

तो कथा का श्रवण पूजन वहां भी कर सकते हैं। इस दिन पूजन के बाद सूर्यास्त के पश्चात् एक बार ही भोजन करें। भोजन में चने की दाल से बने पदार्थ को ही सेवन करें। नमक के सेवन से परहेज करें। अपने भोजन करने के पहले यथाशक्ति ब्राह्मणों को भोजन कराकर पीले वस्त्र दान-दक्षिणा में दें। संध्या के समय भगवान् शिव की प्रतिमा के सामने दीपक जलाएं। इस दिन सिर के बाल कटाना, दाढ़ी बनाना, महिला को अपना सिर धोना शास्त्रों में वर्जित माना गया है। पूजन के बाद व्रत की कथा सुनने का विधान है। चने के लड्डू बनाकर भक्तों में बांटें। संकल्पित व्रत पूरे होने पर अंतिम बृहस्पतिवार के दिन विधि-विधान से पूजन कर उद्यापन के लिए पीपल की लकड़ी से छोटा हवन कर पूर्णाहुति दें। व्रत के दिन 3 या 11 माला **ॐ ग्रां ग्रीं ग्रौं गं गुरवे नमः** का जाप करें।

**प्रचलित कथा :** इस व्रत से संबंधित एक प्रचलित कथा इस प्रकार है—

प्राचीन समय में किसी गांव में एक बहुत धनी व्यापारी रहता था। वह सब प्रकार से सुखी था। उसके घर में धन, धान्य, वस्त्र की कोई कमी नहीं थी। उसकी पत्नी बहुत ही कंजूस थी, जबकि पति दान-पुण्य करने में विश्वास रखता था। एक समय पति व्यापार के कार्य से दूसरे शहर गया तो बृहस्पतिदेव साधु का वेश बनाकर उसके द्वार पर भिक्षा मांगने आए। कंजूस पत्नी ने उनसे कहा कि 'मैं अपने पति के दान-पुण्य में धन बांटने के स्वभाव से परेशान हूं। आप मुझे कोई ऐसा उपाय बताएं जिससे हमारा धन व्यर्थ ही न लुटे। बेशक इसके लिए हमारा सारा धन ही नष्ट क्यों न हो जाए।' इस पर साधु ने कहा—"तुम्हारी प्रवृत्ति जानकर मुझे आश्चर्य हो रहा है। फिर भी तुम्हारी ऐसी ही इच्छा है तो तुम प्रत्येक बृहस्पतिवार को दिन चढ़ने पर उठना शुरू कर दो, फिर सारे घर में झाड़ लगाकर कचरा एक कोने में जमा करती जाओ। घर को न लीपो, पीली मिट्टी से अपने बाल धोओ, भट्टी चढ़ाकर ढेर सारे कपड़े धोओ, पुरुष के बाल कटवाओ, दाढ़ी बनवाओ, रसोई बनाकर चूल्हे के पीछे रखो, सामने न रखो, सायंकाल को अंधेरा होने के बाद दीपक जलाओ, इस दिन पीले वस्त्र न पहनो और पीले रंग की चीजें सेवन न करो। ऐसा करने से तुम्हें इच्छित सफलता मिलेगी।'

जब व्यापारी की पत्नी ने उपरोक्त उपायों को प्रत्येक गुरुवार को करना शुरू किया तो छह हफ्ते बाद ही उसका सारा धन-धान्य नष्ट हो गया। कुछ काल बाद जब वही साधु भिक्षा मांगने आया तो सेठानी ने कहा कि घर में तो खाने के लिए अन्न ही नहीं है, फिर भला मैं आपको क्या दे सकती हूं? तब साधु ने कहा कि जब तुम्हारे घर में सब कुछ था, तब भी तुम कुछ नहीं देना चाहती थी। अब तो देने का सवाल ही पैदा नहीं होता।

सेठानी को अपनी भूल का एहसास हुआ। उसने हाथ जोड़कर उस साधु महाराज से प्रार्थना की कि "अब कोई ऐसा उपाय बताएं जिससे मेरे घर में पहले जैसा धन, धान्य और सब सुख लौट आए। मैं वचन देती हूं कि मैं जरूरतमंदों, असहायों को अपनी संपत्ति में से बराबर दान देती रहूंगी। भूखे को अन्न, जल दूंगी।" तब साधु-रूपी बृहस्पति देव ने कहा कि जो-जो बातें मैंने करने को कही थीं, उन्हें न किया जाए। ठीक सायंकाल में दीपक जलाकर बृहस्पतिवार का व्रत उपवास विधि-विधानानुसार करे। सेठानी ने साधु के बताए अनुसार व्रत रखे और न करने योग्य बातों की ओर विशेष ध्यान दिया तो उसके घर में फिर से पूर्व की भांति धन-धान्य भर गया और भगवान् बृहस्पति की कृपा से वह अपने पति के साथ दीर्घकाल तक जीवित रहकर सारे सुखों को भोगती रही।

**एक अन्य कथा :** एक राजा था। उसके सात बेटे और सात बहुएं थीं। दो ब्राह्मण वहां रोज भिक्षा मांगने आते थे, पर बहुएं उन्हें 'हाथ खाली नहीं है' कह कर लौटा देती थीं। इस पर बृहस्पति देव बहुत नाराज हुए। फलतः राजा का धन-धान्य लगभग समाप्त-सा हो गया। अभी भी छह बड़ी बहुएं 'हाथ खाली नहीं है' कह कर ब्राह्मणों को लौटा देतीं पर छोटी बहू ने ब्राह्मणों से क्षमा-याचना की तथा स्थिति में सुधार लाने का उपाय पूछा तो उनमें से एक ब्राह्मण बोला—नित्यप्रति नियम से बृहस्पतिवार का व्रत रखकर ब्राह्मण को भोजन कराओ। किसी व्रत करने वाली स्त्री का पति यदि परदेश चला गया हो तो उस स्त्री को दरवाजे के पीछे दो मानव आकृतियां बनानी चाहिए, इससे उसका पति लौट आएगा। यदि घर में निर्धनता हो तो उन आकृतियों को धनपेटिका पर बनानी चाहिए। राजा के सातों पुत्र भी परदेश यात्रा को गए हुए थे। उनका कोई समाचार नहीं आया था।

छोटी रानी ने ब्राह्मण के बताए अनुसार बृहस्पतिवार का व्रत किया। जिस राज्य में छोटी रानी का पति गया हुआ था, वहां का राजा छोटी रानी के पति के प्रति उदार हो गया। राजा के कोई पुत्र नहीं था; अतः नए राजा का चुनाव करने के लिए उसने एक हथिनी की सूंड में माला दे दी कि जिसे यह माला पहनाएगी वह राजा चुन लिया जाएगा। हथिनी ने माला लेकर चारों तरफ चक्कर लगाया तथा छोटी बहू के पति के गले में माला पहना दी। वह राजा बन गया। अब उसने अपने परिवार के अन्य सदस्यों की बहुत खोज की पर उनका पता ही न लगा। सभी उस क्षेत्र से दूर-दूर चले गए थे।

राजा बनकर छोटी रानी के पति ने जन हित के लिए एक तालाब खुदवाने का निश्चय किया। हजारों मजदूर वहां काम के लिए आए। उनमें उसके परिवार के सभी सदस्य भी थे। वह सभी को बुला कर महलों में सुख से रहने लगा। छोटी बहू की पूजा के कारण सभी सुखी हुए। अब सभी विधि से बृहस्पतिवार का व्रत करने लगे। तब से कोई भी याचक उनके द्वार से खाली हाथ न लौटता था।

सातों वार के व्रत तथा प्रचलित कथाएं ♦ 195

## शुक्रवार
### (ग्रह शांति, मनोकामना सिद्धि एवं पुत्र की दीर्घायु के लिए)

**माहात्म्य :** यह व्रत शुक्र ग्रह की शांति के लिए किया जाता है, क्योंकि इसकी अनुकूलता से व्यक्ति विद्वान, श्रेष्ठ वक्ता, राजनेता, सफल उद्योगपति बनता है। इसके अलावा वह विद्या, बुद्धि, धन-धान्य से परिपूर्ण रहते हुए सुखी जीवन जीता है। उल्लेखनीय है कि शुक्राचार्य दैत्यों के गुरु हैं जो सौंदर्य, तेजस्विता, सौभाग्य, समृद्धि व कामशक्ति को नियंत्रित करते हैं।

अनेक रूपों में सर्वाधिक प्रसिद्ध शुक्रवार का व्रत शुक्र ग्रह की शांति के अलावा समस्त मनोकामनाओं की प्राप्ति, हृदय की शांति, पुत्र की दीर्घायु, धन-संपत्ति की प्राप्ति और विघ्न-बाधाओं को दूर करने के लिए भी किया जाता है। इस व्रत को लक्ष्मीजी का भी माना गया है, लेकिन कालांतर में यह संतोषी माता के व्रत के रूप में ही अधिक प्रसिद्ध और प्रचलित हो गया है। अब तो इस दिन के व्रत को संतोषी माता के रूप में सर्वाधिक मान्यता मिल गई है। हमारे शास्त्रों में संतोषी माता को उमा का ही एक रूप बताया गया है, क्योंकि उनके भीतर साक्षात् भगवती दुर्गा का रूप माना जाता है। इस प्रकार यह दुर्गामाता की पूजा-आराधना का व्रत है।

**पूजन विधि-विधान :** इस व्रत का आरंभ किसी भी मास के शुक्ल पक्ष के प्रथम शुक्रवार से करके 31 व्रत करने का विधान है। व्रत के दिन दैनिक कार्यों को निपटाने के बाद कुछ मजीठ का चूर्ण जल में मिलाकर उससे स्नान करें। फिर साफ-सुथरे धुले सफेद वस्त्र धारण करें। पूर्व दिशा की ओर मुख करके शुक्रदेव का पूजन सफेद पुष्प, सफेद वस्तुओं व वस्त्र आदि अर्पित कर विधि-विधान के अनुसार पूजन करें। घी व चीनी

का नैवेद्य चढ़ाएं। भोग में खील, बताशे भी अर्पित किए जा सकते हैं। इस दिन के व्रत में पहले लक्ष्मीजी का पूजन करने का भी विधान है। जिन्हें संतोषी माता का व्रत करना हो, वे आह्वान कर उनका पूजन करें, तत्पश्चात् संतोषी माता की कथा को सुनें। फिर भोजन सूर्यास्त के डेढ़ घंटे बाद करें, जिसमें दूध की चावल से बनी खीर का सेवन अवश्य करें। व्रत के दिन 3 या 21 माला **ॐ द्रां द्रीं द्रौं द्रं शुक्राय नमः** मंत्र की जपें। संकल्पित व्रत पूरे होने पर अंतिम शुक्रवार को गूलर के वृक्ष की लकड़ी से एक छोटा-सा हवन करके पूर्णाहुति दें। व्रत की रात्रि में जागरण करके माता की स्तुति में भक्तिपूर्ण व्रत होने पर अंतिम शुक्रवार को उसका उद्यापन अवश्य करें। इस व्रत में सफेद वस्तुओं का दान पुण्यदायी माना गया है।

**प्रचलित कथा :** एक समय एक नगर में कायस्थ, ब्राह्मण और वैश्य जाति के तीन लड़कों में अत्यंत गहरी मित्रता थी। वे तीनों विवाह बंधन में बंध चुके थे। कायस्थ और ब्राह्मण लड़के का गौना हो चुका था, जबकि वैश्य लड़के का गौना होना शेष था। एक दिन कायस्थ व ब्राह्मण लड़के ने वैश्य लड़के से कहा 'हास-परिहास' "मित्र तुम अपनी पत्नी को गौना करके घर क्यों नहीं ले आते हो? स्त्री के बिना घर सूना, नीरस लगता है।"

वैश्य लड़के के मन में यह बात बैठ गई, वह कहने लगा—"आज ही मैं अपनी ससुराल जाकर पत्नी को ले आता हूं।" इस पर ब्राह्मण का लड़का बोला—"मित्र आज के दिन तुम्हारा जाना ठीक नहीं है, क्योंकि अभी शुक्र अस्त है। जब शुक्र का उदय हो जाए तभी पत्नी को लेने आना।" वैश्य-पुत्र ने न तो अपने मित्रों की, न घर के अन्य सदस्यों की बात मानी और अपने हठी स्वभाव के कारण पत्नी को लेने चल दिया। ससुराल पहुंचकर उसने बताया कि वह अपनी पत्नी को लेने आया है, अतः उसकी विदाई कर दें। उसे ससुराल वालों ने भी समझाया कि शुक्र अस्त अवस्था में विदाई नहीं करते, लेकिन वह नहीं माना।

पत्नी को लेकर जब वह थोड़ी दूर रथ पर चला तो उसका एक पहिया टूट गया। उसके पश्चात् बैल का एक पैर टूट गया जिसके कारण वह बैठ गया और पत्नी को गिरने से चोट लग गई। फिर वे किसी प्रकार पैदल चलने लगे तो डाकुओं से सामना हो गया। उन्होंने उनका पूरा धन, जेवरात/आभूषण लूट लिए। इस तरह अनेक कष्टों को झेलते हुए वे घर पहुंचे तो वहां उस वैश्य-पुत्र को सांप ने काट लिया, जिससे वह मूर्च्छित हो गया। यह देख उसकी पत्नी करुण स्वर में विलाप करने लगी। वैद्य ने लक्षणों को देखकर बताया कि इसकी मृत्यु तीन दिन में हो जाएगी।

जब ये सब बातें उसके मित्रों को पता चली तब ब्राह्मण मित्र ने कहा कि सनातन धर्म की परम्परा के अनुसार जब शुक्र अस्त होता है, तब कोई अपनी पत्नी को नहीं लाता है। लेकिन इसने हठ करके ऐसा किया। उसी के कारण ये सब विघ्न-बाधाएं उत्पन्न हुई हैं। इसलिए तुम दोनों वापस ससुराल जाकर शुक्र उदय होने पर वहां से निकलो तो ये सब कष्ट-बाधाएं दूर हो सकती हैं। यह सुनकर उन दोनों को वापस ससुराल पहुंचाने की व्यवस्था की गई। वहां पहुंचते ही वैश्य-पुत्र की आंखें खुल गई और थोड़े उपचार के बाद वह सर्प-विष से मुक्त होकर स्वस्थ हो गया।

सास-ससुर ने प्रसन्नता पूर्वक अपने दामाद और पुत्री को शुक्र के उदय होने के पश्चात् विदा किया। अपने घर लौटकर वे पति-पत्नी आनंद पूर्वक जीवन व्यतीत करने लगे। इस प्रकार जो कोई शुक्रवार के व्रत को करता है उसके सारे विघ्न, कष्ट दूर हो जाते हैं।

## शनिवार

*(शनि को मनोनुकूल बनाने, बाधाएं दूर करने एवं ग्रह दशा शमन के लिए)*

**माहात्म्य :** यह व्रत शनिदेव की प्रसन्नता के लिए किया जाता है। जब शनि कुपित होते हैं तो सभी कार्यों विघ्न उत्पन्न होने लगता है तथा प्रसन्न होने पर अपार सुख समृद्धि की वृद्धि होती है। कलह-क्लेश, मानसिक तथा शारीरिक बाधाओं का नाश होता है। परिजनों के व्यवहार में अनुकूलता आने लगती है। बुद्धि ठीक तरह से काम करने लगती है। इसके अलावा अधूरे काम पूरे होते हैं, बिगड़े काम सहज ही पूर्ण होकर घर में सुख-शांति आती है।

जो स्त्री-पुरुष शनिवार का व्रत पूर्ण श्रद्धा-भक्ति भाव से धारण करते हैं, उनके समस्त पाप नष्ट होकर उन्हें अभीष्ट की प्राप्ति होती है। शनिदेव की पूजा, अर्चना करने से वे सहज ही प्रसन्न होकर अपने भक्तों की समस्त मनोकामनाएं पूर्ण करते हैं। राहु-केतु के प्रकोप से भी उन्हें बचाते हैं।

**पूजन विधि-विधान :** यूं तो यह व्रत किसी भी मास के शुक्ल पक्ष के प्रथम शनिवार से प्रारंभ किया जा सकता है, लेकिन श्रावण मास के तीसरे शनिवार से आरंभ का ज्यादा माहात्म्य बताया गया है। उसे 19, 33 या 51 व्रतों को करने का विधान है। व्रत को धारण करने से पहले संकल्प करें कि इस दिन की तिथि, समय, स्थल आदि में मेरे सारे रोगों के परिहार के लिए दृष्टि, उदर और पैर में आई हुई शनि की पीड़ा को मिटाने के लिए मैं शनि का पूजन करूंगा। व्रत निर्विघ्न रूप से संपन्न हो उसके लिए गणपति का पूजन और कलश की आराधना भी करूंगा।

व्रत के दिन दैनिक कर्मों से निवृत्त होकर स्नान करके काले रंग के वस्त्र या बनियान धारण कर भगवान् शंकर, राहु व केतु के साथ शनिदेव की पूजा करने की व्यवस्था करें। शनिदेव की प्रसन्नता के लिए यदि निकट कोई शनि मंदिर हो तो वहां जरूर जाएं, दर्शन करें, शनि स्तोत्र का पाठ करें व मस्तक पर काले तिलक लगाएं। तरह-तरह के काली वस्तुओं का दान करें। घर में हनुमान चालीसा का भी पाठ कर सकते हैं। इस व्रत में हनुमानजी महिमा का भी गुणगान कर सकते हैं। यदि घर में शनिदेव की प्रतिमा या छायाचित्र रखते हों तो वहां हनुमानजी का फोटो जरूर रखें। शनि देव का रंग काला है, इसलिए इनको काली वस्तुएं जैसे—काला तिल, सरसों का तेल, काली मूंग, उड़द, काले पुष्प, काले वस्त्र, लोहे का पात्र आदि विशेष प्रिय हैं, अतएव उन्हें ये चीजें अर्पित करें। काले तिल के लड्डू एवं उड़द के आटे के लड्डू का भोग लगाएं। इसी दिन पीपल के वृक्ष के तले पूजन करने के बाद तने पर सात बार सूत लपेट कर सात परिक्रमा करें, फिर सात बार नमस्कार करें। एक पात्र में जल लेकर उसमें कुछ काले तिल, दो लौंग, कुछ मात्रा में चीनी डालकर पीपल के वृक्ष की मूल में पश्चिम की तरफ मुंह करके अर्घ्य दें। वृक्ष के पास ही तिल के तेल का एक दीपक जलाकर रखें। फलों में केला और भोजन में उड़द की दाल तथा उससे बने पदार्थ खाएं। भोजन एक समय और सूर्यास्त के दो घंटे बाद करें। भोजन के पूर्व कुत्ते को रोटी देने का भी विधान है।

व्रत के दिन 3 या 19 माला ॐ **प्रां प्रीं प्रौं शं शनये नमः** मंत्र जपना चाहिए। संकल्पित अंतिम व्रत के दिन शमी के वृक्ष की लकड़ी से एक छोटा-सा हवन भी करें। यदि शनि की अढ़ैया या साढ़ेशाती चल रही हो तो योग्य ब्राह्मण द्वारा शनि ग्रह मंत्र का 23 हजार मंत्रों का जाप अवश्य करावें। बाद में यथाशक्ति तेल, छतरी, जल, काला कंबल, लोहा, सरसों, चमड़े के जूते, कुर्सी, तिल के लड्डू ब्राह्मणों को दान में दें। चींटियों को आटा खिलाएं। शनि स्तोत्र का पाठ व्रत के दिन करना विशेष लाभप्रद माना गया है।

**पौराणिक कथा :** इस व्रत की कथा का उल्लेख स्कंद पुराण में इस तरह से आया है—

प्राचीन काल में इक्ष्वाकुवंश में परम यशस्वी राजा दशरथ हुए हैं। वे चक्रवर्ती सम्राट् थे और इनका राज्य सप्त द्वीपों तक फैला हुआ था। एक बार ज्योतिषियों ने उन्हें बताया कि जब शनि कृत्तिका के अंत में रोहिणी को भेदकर जाएगा तो बारह वर्ष का घोर कष्टदायक अकाल पैदा होगा। ज्योतिषियों की इस भविष्यवाणी को सुनकर सभी व्याकुल हो उठे। तब राजा ने महर्षि वसिष्ठ से पूछा कि "हे महर्षि! ऐसे समय में एक राजा का क्या कर्तव्य होता है, यह मुझे बताइए।" यह सुनकर महर्षि वसिष्ठ ने कहा—"राजन शीघ्र ही शनि ग्रह रोहिणी नक्षत्र में प्रवेश करेगा। यह एक असाध्य योग है, अन्य योगों से कहीं अधिक हानिकारक। इस स्थिति को टालने के लिए आप जो भी उचित समझें, करें।"

बहुत सोच-विचार और मनन के बाद राजा ने अपना दिव्य धनु, दिव्य अस्त्र-शस्त्र लिए और रथ पर सवार होकर नक्षत्र मंडल में पहुंच गए।

जब कृत्तिका के अंत में शनि ठहरकर रोहिणी नक्षत्र में प्रविष्ट हुआ तो देखा कि क्रोध से आंखें चढ़ाए हुए वीरवर दशरथ रास्ते में आगे की ओर खड़े हैं और उनके धनुष पर विनाशकारी वाण चढ़ा हुआ है। राजा को देखकर शनि ने भयभीत स्वर में कहा—"हे राजन्! तेरा साहस धन्य है। मेरी टेढ़ी निगाह मात्र

से देव, असुर, मनुष्य, सिद्ध विद्याधर आदि ये सब भस्म हो जाते हैं। किन्तु तू है कि तुझे मेरा किंचित भी भय नहीं है। मैं तेरे इस तप और पौरूष से परम प्रसन्न हुआ हूं। मैं तुझे वरदान देना चाहता हूं। मांग, क्या मांगता है?

यह सुनकर दशरथ राजा ने कहा कि "हे शनिदेव! जब तक नदी, समुद्र, चांद-सूरज और जमीन है, तब तक तुम रोहिणी को भेदकर न जाना। हे सूर्यपुत्र! मैं यही वर चाहता हूं।" जब शनि ने यह स्वीकार कर लिया कि ऐसा ही होगा तो राजा दशरथ लौट आए कि अब कभी बारह वर्ष तक अकाल नहीं पड़ेगा तथा तीनों लोकों में मेरा यश सदा बना रहेगा। राजा दशरथ वर पाकर बहुत आनंदित हुए। अयोध्या में आकर उन्होंने विधि-विधान के अनुसार शनिदेव की पूजा की। शनि देव ने प्रसन्न होकर उन्हें पृथ्वीपति राजा बना दिया।

**एक अन्य कथा :** एक राजा था। उसने अपने राज्य में यह घोषणा की कि दूर-दूर से सौदागर बाजार में माल बेचने आएं तथा जिस सौदागर का माल नहीं बिकेगा उसे राजा स्वयं खरीद लेगा। सौदागर प्रसन्न हुए। जब किसी सौदागर का माल नहीं बिकता तो राजा के आदमी जाते तथा उसे उचित मूल्य देकर सारा सामान खरीद लेते।

एक दिन की बात है। एक लोहार लोहे की शनिदेव की मूर्ति बना कर लाया। शनि की मूर्ति का कोई खरीदार नहीं आया। संध्या समय राजकर्मचारी आए। मूर्ति खरीदकर राजा के पास ले आए। राजा ने उसे पूरे सम्मान से अपने घर में रखवा दिया। शनि देव के घर आ जाने से घर में रहने वाले अनेक देवी-देवता बड़े रूष्ट हुए। रात के अंधेरे में राजा ने एक तेजस्वी स्त्री को घर से निकलते देखा तो उससे राजा ने पूछा कि तुम कौन हो? इस पर नारी बोली "मैं लक्ष्मी हूं। तुम्हारे महल में अब शनि का निवास हो गया है, अतः मैं यहां नहीं रह सकती।" राजा ने उसे रोका नहीं। कुछ समय बाद एक देव-पुरुष भी घर से बाहर जाने लगा तो राजा ने उससे भी पूछा कि तुम कौन हो? तो वह बोला "मैं वैभव हूं। सदा लक्ष्मी के साथ ही रहता हूं। जब लक्ष्मी नहीं तो मैं भी नहीं।" यह कह कर वह भी चला गया। राजा ने उसे भी नहीं रोका। इसी प्रकार धीरे-धीरे एक ही रात में धर्म, धैर्य, क्षमा, आदि अन्य सभी गुण भी एक-एक करके चले गए। राजा ने किसी से भी रुकने का आग्रह नहीं किया। अंत में सत्य जाने लगा तथा राजा के पूछने पर उसने कहा "जहां लक्ष्मी, वैभव, धर्म, धैर्य, क्षमा आदि का वास नहीं तो वहां मैं एक क्षण भी रुकना नहीं चाहता।" यह सुनकर राजा सत्य देव के पैरों में गिर कर कहने लगा

महाराज! आप कैसे जा सकते हैं। आपके बल पर ही तो मैंने लक्ष्मी, वैभव, धर्म, आदि की कोई परवाह नहीं की। मैंने तो आपका ही जीवन भर सहारा लिया है। मैं आपको कभी नहीं छोड़ सकता। राजा का इतना आग्रह देखकर सत्य रुक गया। महल के बाहर सभी सत्य की राह देख रहे थे। उसे न आता देख धर्म बोला—"मैं सत्य के बिना नहीं रह सकता। मैं वापस जाता हूं। धर्म के पीछे-पीछे दया, धैर्य, क्षमा, वैभव व लक्ष्मी सभी लौट आए तथा राजा से कहने लगे कि तुम्हारे सत्य-प्रेम के कारण ही हमें लौटना पड़ा। तुम सा राजा दुखी नहीं रह सकता। सत्य-प्रेम के कारण लक्ष्मी व शनि एक ही स्थान पर रहने लगे।

# श्री गणेश जी की आरती

जय गणेश, जय गणेश, जय गणेश देवा।
माता जाकी पारवती, पिता महादेवा॥
एक दंत दयावंत, चार भुजा धारी।
माथे सिंदूर सोहै, मूसे की सवारी॥ जय गणेश०॥

अंधन को आंख देत, कोढ़िन को काया।
बांझन को पुत्र देत, निर्धन को माया॥ जय गणेश०॥

पान चढ़े, फूल चढ़े और चढ़े मेवा।
लड्डुअन को भोग लगे, संत करें सेवा॥ जय गणेश०॥

जय गणेश, जय गणेश, जय गणेश देवा।
माता जाकी पारवती, पिता महादेवा॥ जय गणेश०॥

बोलो श्री गणेश महाराज की जय!

## श्रीगणेश मंत्र
॥ ॐ गं गणपतये नमः ॥

## श्लोक

गजाननं भूतगणादिसेवितं कपित्थजम्बू फल चारु भक्षणम्।
उमासुतं शोकविनाशकारकं नमामि विघ्नेश्वर पादपंकजम्॥
वर्णानामर्थसंघानां रसानां छन्दसामपि।
मंगलानां च कर्तारौ वन्दे वाणीविनायकौ॥

# श्री जगदीश्वर जी की आरती

ओ३म् जय जगदीश हरे, स्वामी जय जगदीश हरे।
भक्त जनों के संकट, क्षण में दूर करे॥
ॐ जय।

जो ध्यावे फल पावे, दुख बिनसे मन का, स्वामी दुख...।
सुख संपति घर आवे, कष्ट मिटे तन का॥
ॐ जय।

मात-पिता तुम मेरे शरण गहूं किसकी, स्वामी शरण...।
तुम बिन और न दूजा, आस करूं जिसकी॥
ॐ जय।

तुम पूरण परमात्मा, तुम अंतर्यामी, स्वामी तुम...।
पारब्रह्म परमेश्वर, तुम सबके स्वामी॥
ॐ जय।

तुम करुणा के सागर, तुम पालन कर्ता, स्वामी तुम...।
मैं मूरख खल कामी, कृपा करो भर्ता॥
ॐ जय।

तुम हो एक अगोचर, सबके प्राणपती, स्वामी सब...।
किस विधि मिलूं दयामय! तुमको मैं कुमती॥
ॐ जय।

दीनबन्धु दुख हर्ता, तुम रक्षक मेरे, स्वामी तुम...।
अपने हाथ उठाओ, द्वार पड़ा तेरे॥
ॐ जय।

विषय-विकार मिटाओ, पाप हरो देवा, स्वामी पाप...।
श्रद्धा भक्ति बढ़ाओ, संतन की सेवा॥
ॐ जय।

तन, मन, धन जो कुछ है, सब ही है तेरा, स्वामी सब...।
तेरा तुझको अर्पित, क्या लागे मेरा॥
ॐ जय।

ओ३म् जय जगदीश हरे, स्वामी जय जगदीश हरे।
भक्तजनों के संकट, क्षण में दूर करे॥
ॐ जय।

# श्री शिव जी की आरती

जय शिव ओंकारा, प्रभु जय शिव ओंकारा।
ब्रह्मा, विष्णु, सदा शिव अर्द्धांगी धारा॥
॥ ॐ हर हर॥

एकानन चतुरानन पंचानन राजे।
हंसासन गरुड़ासन वृषवाहन साजे॥
॥ ॐ हर हर॥

दो भुज चारु चतुर्भुज दसभुज ते सोहे।
तीनों रूप निरखते त्रिभुवन जन मोहे॥
॥ ॐ हर हर॥

अक्षमाला बनमाला मुण्डमाला धारी।
चंदन मृग मद सोहे भोले शुभकारी॥
॥ ॐ हर हर॥

श्वेताम्बर पीताम्बर बाघाम्बर अंगे।
ब्रह्मादिक सनकादिक प्रेतादिक संगे॥
॥ ॐ हर हर॥

कर के मध्य कमण्डलु, चक्र त्रिशूल धारी।
सुखकारी दुखहारी जग पालन कारी॥
॥ ॐ हर हर॥

ब्रह्मा, विष्णु, सदा शिव जानत अविवेका।
प्रणवाक्षर ॐ मध्ये ये तीनों एका॥
॥ ॐ हर हर॥

त्रिगुण स्वामी की आरती जो कोई नर गावे।
कहत शिवानंद स्वामी मनवांछित फल पावे॥
॥ ॐ हर हर॥

बोलो भगवान् ब्रह्मा, विष्णु, महेश की जय!

## पंचाक्षर मंत्र
॥ ॐ नमः शिवाय ॥

### श्लोक
कर्पूरगौरं करुणावतारं संसारसारं भुजगेन्द्रहारम्।
सदा वसन्तं हृदयारविन्दे भव भवानी सहितं नमामि॥

## श्री सत्यनारायण जी की आरती

जय लक्ष्मी रमणा, स्वामी जय लक्ष्मी रमणा।
सत्यनारायण स्वामी, जन-पातक-हरणा॥
॥ जय॰ ॥

रत्न जड़ित सिंहासन, अद्भुत छवि राजे।
नारद कहत निरंजन, घंटा ध्वनि बाजे॥
॥ जय॰ ॥

प्रकट भए कलिकारन, द्विज को दरश दियो।
बूढ़ो ब्राह्मण बनकर, कंचन महल कियो॥
॥ जय॰ ॥

दुर्बल भील कठारो, जिन पर कृपा करी।
चंद्रचूड़ इक राजा, जिनकी विपति हरी॥
॥ जय॰ ॥

वैश्य मनोरथ पायो, श्रद्धा तज दीन्ही।
सो फल भोग्यो प्रभुजी, फिर स्तुति कीन्ही॥
॥ जय॰ ॥

भाव-भक्ति के कारण, छिन-छिन रूप धर्‍यो।
श्रद्धा धारण कीनी, तिन को काज सर्‍यो॥
॥ जय॰ ॥

ग्वाल-बाल संग राजा, बन में भक्ति करी।
मनवांछित फल दीना, दीनदयालु हरी॥
॥ जय॰ ॥

चढ़त प्रसाद सवायो, कदली फल मेवा।
धूप-दीप-तुलसी से, राजी सत्यदेवा॥
॥ जय॰ ॥

सत्यनारायणजी की आरति जो कोई नर गावे।
ऋद्धि-सिद्धि सुख-संपत्ति जी भरके पावे॥
॥ जय॰ ॥

बोलो सत्यनारायण भगवान् की जय!

# माँ अम्बा जी की आरती

ॐ जय अंबे गौरी मैया जय श्यामा गौरी।
तुमको निशिदिन ध्यावत, हरि ब्रह्मा शिवजी॥
॥ ॐ जय अंबे॥

मांग सिंदूर विराजत, टीको मृगमद को।
उज्ज्वल से दोउ नयना, चंद्रवदन नीको॥
॥ ॐ जय अंबे॥

कनक समान कलेवर, रक्तांबर राजे।
रक्त पुष्प गलमाला, कण्ठन पर साजे॥
॥ ॐ जय अंबे॥

केहरि वाहन राजत, खड्ग खप्पर धारी।
सुर नर मुनि जन सेवत, तिनके दुख हारी॥
॥ ॐ जय अंबे॥

कानन कुंडल शोभित, नासाग्रे मोती।
कोटिक चंद्र दिवाकर, सम राजत जोती॥
॥ ॐ जय अंबे॥

शुम्भ-निशुम्भ विदारे, महिषासुर घाती।
धूम्र-विलोचन नयना, निशिदिन मदमाती॥
॥ ॐ जय अंबे॥

चंड-मुंड संहारे, शोणित बीज हरे।
मधु कैटभ दोउ मारे, सुर-भय दूर करे॥
॥ ॐ जय अंबे॥

ब्रह्माणी रुद्राणी, तुम कमला रानी।
आगम-निगम बखानी, तुम शिव पटरानी॥
॥ ॐ जय अंबे॥

चौंसठ योगिनि गावत, नृत्य करत भैरों।
बाजत ताल मृदंगा, और बाजत डमरू॥
॥ ॐ जय अंबे॥

तुम हो जग की माता, तुम ही हो भरता।
भक्तन की दुख हरता, सुख सम्पति करता॥
॥ ॐ जय अंबे॥

भुजा चार अति शोभित, वर मुद्रा धारी।
मनवांछित फल पावत, सेवत नर-नारी॥
॥ ॐ जय अंबे॥

कंचन थाल विराजत, अगर कपूर बाती।
मालकेतु में राजत, कोटिरतन ज्योती॥
॥ ॐ जय अंबे॥

माँ अंबे जी की आरति, जो कोई नर गावे।
कहत शिवानंद स्वामी, सुख-संपति पावे॥
॥ ॐ जय अंबे॥

# माँ सरस्वती जी की आरती

ॐ जय सरस्वती माता, जय-जय हे सरस्वती माता।
सद्गुण वैभव शालिनि, त्रिभुवन विख्याता॥
॥ॐ जय।॥

चंद्रवदनि पद्मासिनि, द्युति मंगलकारी।
सोहे शुभ हंस सवारी, अतुल तेजधारी॥
॥ॐ जय।॥

बाएं कर में वीणा, दाएं कर माला।
शीश मुकुट मणि सोहे, गल मोतियन माला॥
॥ॐ जय।॥

देवि शरण जो आए, उनका उद्धार किया।
पैठि मंथरा दासी, रावण संहार किया॥
॥ॐ जय।॥

विद्या ज्ञान प्रदायिनि, ज्ञान प्रकाश भरो।
मोह और अज्ञान तिमिर का, जग से नाश करो॥
॥ॐ जय।॥

धूप दीप फल मेवा, माँ स्वीकार करो।
ज्ञानचक्षु दे माता, जग विस्तार करो॥
॥ॐ जय।॥

माँ सरस्वती की आरति, जो कोई जन गावे।
हितकारी सुखकारी, ज्ञान भक्ति पावे॥
॥ॐ जय।॥

बोलो माँ शारदे की जय!

## श्लोक

या कुन्देन्दुतुषारहारधवला या शुभ्रवस्त्रावृता।
या वीणावरदण्डमण्डितकरा या श्वेतपद्मासना॥
या ब्रह्माच्युत शंकरप्रभृतिभिर्देवैः सदा वंदिता।
सा माम् पातु सरस्वती भगवती निःशेष जाड्यापहा॥

## भगवती महालक्ष्मी जी की आरती

ॐ जय लक्ष्मी माता, मैया जय लक्ष्मी माता।
तुमको निशिदिन सेवत, हर विष्णु धाता॥
॥ॐ जय।॥

उमा रमा ब्रह्माणी, तुम ही जग-माता।
सूर्य चंद्रमा ध्यावत, नारद ऋषि गाता॥
॥ॐ जय।॥

दुर्गा रूप निरंजनि, सुख-संपति दाता।
जो कोई तुमको ध्याता, ऋद्धि-सिद्धि पाता॥
॥ॐ जय।॥

तुम पाताल निवासिनि, तुम ही शुभ दाता।
कर्म-प्रभाव-प्रकाशिनि, भव-निधि की त्राता॥
॥ॐ जय।॥

जिस घर में तुम रहती, सब सद्गुण आता।
सब संभव हो जाता, मन नहीं घबराता॥
॥ॐ जय।॥

तुम बिन यज्ञ न होवे, अस्त्र न कोई पाता।
खाना-पान का वैभव, सब तुमसे आता॥
॥ॐ जय।॥

शुभगुण मंदिर सुंदर, क्षीरोदधि-जाता।
रत्न चतुर्दश तुम बिन, कोई नहीं पाता॥
॥ॐ जय।॥

महालक्ष्मी जी की आरति, जो कोई नर गाता।
उर आनंद समाता, पाप उतर जाता॥
॥ॐ जय।॥

बोलो भगवती महालक्ष्मी की जय!

### श्लोक

विष्णुप्रिये नमस्तुभ्यं नमस्तुभ्यं जगद्पते।
आर्तहंत्रि नमस्तुभ्यं समृद्धं कुरु मे सदा॥
नमो नमस्ते महामाये श्रीपीठे सुरपूजिते।
शंखचक्रगदाहस्ते महालक्ष्मि नमोऽस्तु ते॥

## माता पार्वती जी की आरती

ॐ जय पार्वती माता, मैया जय गौरा माता।
ब्रह्म सनातन देवी, शुभफल की दाता॥
॥ॐ जय॥

अरिकुल कंटक नाशिनि, जय सेवक त्राता।
जग-जननी जगदम्बा, हरिहर गुण गाता॥
॥ॐ जय॥

सिंह को वाहन साजे, कुण्डल है साथा।
देववधू जस गावत, नृत्य करत ताथा॥
॥ॐ जय॥

सतयुग रूपशील अतिसुन्दर, नाम सती कहलाता।
हेमांचल घर जन्मी, सखियन संग राता॥
॥ॐ जय॥

शुम्भ-निशुम्भ विदारे, हेमांचल स्थाता।
सहस्र भुजा तनु धारिके, चक्र लियो हाथा॥
॥ॐ जय॥

सृष्टि रूप तू ही है जननी, शिव संग रंगराता।
नन्दी भृंगी बीन लही, सारा जग मदमाता॥
॥ॐ जय॥

देवन अरज करत हम, चरण ध्यान लाता।
तेरी कृपा रहे तो, मन नहिं भरमाता॥
॥ॐ जय॥

मैयाजी की आरति भक्तिभाव से, जो कोई नर गाता।
नित्य सुखी रह करके, धन सम्पति पाता॥
॥ॐ जय॥

### श्लोक

नमोऽस्तुते महादेवि सुप्रीता मे सदा भव।
प्रयच्छ त्वं वरं ह्यायुः पुष्टिं चैव क्षमां धृतम्॥
जननी सिद्धसैन्यस्य सिद्ध चारण सेविताम्।
चरां कुमारप्रभवां पार्वतीं पर्वतात्मजाम्॥

## माता संतोषी जी की आरती

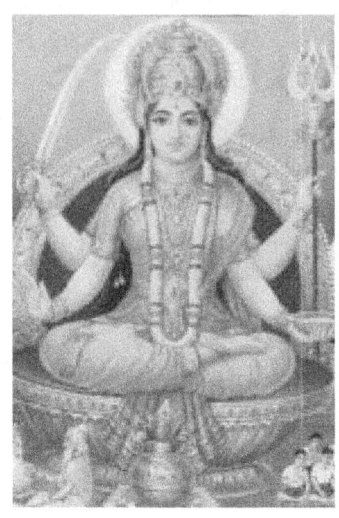

जय संतोषी माता, मैया जय संतोषी माता।
अपने सेवक जन की, सुख संपति दाता॥
॥ जय ॥

सुंदर चीर सुनहरी, माँ धारण कीन्हों।
हीरा पन्ना दमकें, तन शृंगार लियो॥
॥ जय ॥

गेरू लाल छटा छबि, बदन कमल सोहे।
मंद हंसत करुणामयि, त्रिभुवन मन मोहे॥
॥ जय ॥

स्वर्ण सिंहासन बैठी, चंवर ढुरे प्यारे।
धूप दीप मधु मेवा, भोग धरे न्यारे॥
॥ जय ॥

गुड़ अरु चना-परमप्रिय, तामें संतोष कियो।
संतोषी कहलाई, भक्तन विभव दियो॥
॥ जय ॥

शुक्रवार प्रिय मानत, आज दिवस सोही।
भक्तमंडली छाई, कथा सुनत मोही॥
॥ जय ॥

मंदिर जगमग ज्योति, मंगल ध्वनि छाई।
विनय करें हम बालक, चरनन सिर नाई॥
॥ जय ॥

भक्ति भावमय पूजा, अंगीकृत कीजै।
जो मन बसे हमारे, इच्छा फल दीजै॥
॥ जय ॥

दुखी, दरिद्री, रोगी, संकट मुक्त किए।
बहु धन-धान्य भरे घर, सुख सौभाग्य दिए॥
॥ जय ॥

ध्यान धर्‍यो जिस नर ने, वांछित फल पायो।
पूजा कथा श्रवण कर, घर आनंद आयो॥
॥ जय ॥

शरण गहे की लज्जा, राखियो जगदंबे।
संकट तू ही निवारे, दयामयी अंबे॥
॥ जय ॥

संतोषी माँ की आरति, जो कोई नर गावे।
ऋद्धि-सिद्धि सुख-संपति, जी भर के पावे॥
॥ जय ॥

**बोलो संतोषी माता की जय!**

## भगवान् श्रीरामचंद्र जी की आरती

श्री रामचंद्र कृपालु भजु मन, हरण भव भय दारुणम्।
नव कंज लोचन, कंज मुख, कर कंज, पद कंजारुणम्॥

कंदर्प अगणित अमित छवि, नव नील नीरज सुंदरम्।
पट पीत मानहुं तड़ित रुचि सुचि नौमि जनक सुतावरम्॥

भजु दीनबंधु दिनेश दानव दुष्ट दलन निकंदनम्।
रघुनंद आनंद कंद कौशलचंद्र दशरथ नंदनम्॥

सिर मुकुट कुंडल तिलक चारु उदारु अंग विभूषणम्।
अजानु भुज सर-चाप धर, संग्राम जित खरदूषणम्॥

इति बदति तुलसीदास शंकर शेष मुनिमन रंजनम्।
मम हृदय कंज निवास कुरु कामादि खल दल गंजनम्॥

मन जाहि राचेउ मिलहि सो बर सहज सुंदर सांवरो।
करुणा निधान सुजान सीलु सनेहु जानत रावरो॥

एहि भांति गौरि असीस सुनि सिय सहित हिय हरषीं अली।
तुलसी भवानिहि पूजि पुनि पुनि-मुदित मन मंदिर चली॥

जानि गौरि अनुकूल सिय हिय हरषु न जाइ कहि।
मंजुल मंगल मूल बाम अंग फरकन लगे॥

बोलो सियावर रामचंद्र भगवान् की जय!

### श्लोक

रामो राजमणि सदाविजयते रामं रमेशं भजे,
रामेणाभिहिता निशाचर चमू एमाय तस्मै नमः।
रामान्नास्ति परायणं पातरं रामस्य दासोऽस्म्यहम्,
रामेचित्तलयः सदा भवतु मे भो राम। मामुहरः॥

# श्रीकृष्ण जी की आरती

आरती कुंज बिहारी की।
श्री गिरधर कृष्ण मुरारी की॥

गले में बैजंती माला।
बजावे मुरली मधुर बाला॥

श्रवण में कुंडल झलकाला।
नंद के नंद श्री आनंद कंद॥
आरती कुंज बिहारी।

राधिका रमण बिहारी की।
श्री गिरधर कृष्ण मुरारी की॥

गगन सम अंग कांति काली।
राधिका चमक रही आली॥

लतन में ठाढ़े बनमाली।
चंद्र सी अलग, चंद्र सी झलक॥
आरती कुंज बिहारी।

ललित छवि श्यामा प्यारी की।
श्री गिरधर कृष्ण मुरारी की॥

जहां ये प्रकट भई गंगा।
कलुष कलि हारी श्री गंगा॥

मरण पर होत मोह भंगा।
बसी शिव शीश जटा के बीच॥
आरती कुंज बिहारी।

चरण छबि श्री बनवारी की।
श्री गिरधर कृष्ण मुरारी की॥

## श्लोक

अरुणाधरामृत विशेषरसितम्,
वरुणालयानुगत वर्ण वैभवम्।
तरुणारविन्द दल दीर्घ लोचनम्,
करुणामयं कमपि बालमाश्रये॥

# श्री बजरंग बली जी की आरती

आरति कीजै हनुमान लला की।
दुष्ट दलन रघुनाथ कला की॥

जाके बल से गिरवर कांपे।
रोग-दोष जाके निकट न झांके॥

अंजनिपुत्र महा बलदाई।
संतन के प्रभु सदा सहाई॥

दे बीरा रघुनाथ पठाये।
लंका जारि सिया सुधि लाये॥

लंका सो कोट समुद्र सी खाई।
जात पवनसुत बार न लाई॥

लंका जारि असुर सब मारे।
सीता राम जी के काज संवारे॥

लक्ष्मण मुरछि परे धरणी में।
आन सजीवन प्राण उबारे॥

पैठि पताल तोरि यमकातर।
अहिरावण के भुजा उखारे॥

बाएं भुजा असुर संहारे।
दाहिने भुजा सब सन्त उबारे॥

सुर नर मुनि जन आरति उतारें।
जै जै जै हनुमान जी उचारें॥

कंचन थार कपूर की बाती।
आरती करत अंजनी माई॥

जो हनुमान जी की आरति गावे।
बसि बैकुंठ अमर पद पावे॥

# हनुमान चालीसा

### दोहा

श्री गुरु चरन सरोज रज, निज मन मुकुर सुधारि।
वरनऊं रघुवर विमल जसु, जो दायक फल चारि॥
बुद्धिहीन तनु जानिके, सुमिरौ पवन-कुमार।
बल बुद्धि विद्या देहु मोहि, हरहु कलेस विकार॥

### चौपाई

जय हनुमान ज्ञान गुन सागर। जय कपीस तिहुं लोक उजागर॥
रामदूत अतुलित बलधामा। अंजनि पुत्र पवन सुत नामा॥
महावीर विक्रम बजरंगी। कुमति निवार सुमति के संगी॥
कंचन वरन विराज सुवेसा। कानन कुण्डल कुंचित केसा॥
हाथवज्र औ ध्वजा विराजै। कांधे मूंज जनेऊ साजै॥
संकर सुवन केसरी-नन्दन। तेज प्रताप महा जगबन्दन॥
विद्यावान गुनी अति चातुर। राम काज करिवे को आतुर॥
प्रभु चरित्र सुनिवे को रसिया। राम लखन सीता मन बसिया॥

सूक्ष्म रूप धरि सियहिं दिखावा। बिकट रूप धरि लंक जरावा॥
भीम रूप धरि असुर संहारे। रामचन्द्र के काज संवारे॥
लाय संजीवन लखन जियाये। श्री रघुवीर हरषि उर लाये॥
रघुपति कीन्ही बहुत बड़ाई। तुम मम प्रिय भरतहि सम भाई॥
सहस बदन तुम्हरो जस गावैं। अस कहि श्रीपति कंठ लगावैं॥
सनकादिक ब्रह्मादि मुनीसा। नारद सारद सहित अहीसा॥
जम कुबेर दिगपाल जहां ते। कवि कोविद कहि सके कहां ते॥
तुम उपकार सुग्रीवहिं कीन्हा। राम मिलाय राज पद दीन्हा॥
तुम्हरो मन्त्र विभीषण माना। लंकेश्वर भए सब जग जाना॥
जुग सहस्र योजन पर भानू। लील्यो ताहि मधुर फल जाए॥
प्रभु मुद्रिका मेल मुख माहीं। जलधि लांघि गये अचरज नाहीं॥
दुर्गम काज जगत के जेते। सुगम अनुग्रह तुम्हरे तेते॥
राम दुआरे तुम रखवारे। होत न आज्ञा बिनु पैसारे॥
सब सुख लहैं तुम्हारी सरना। तुम रक्षक काहू को डरना॥
आपन तेज सम्हारो आपै। तीनों लोक हांक ते कांपै॥
भूत पिसाच निकट नहिं आवै। महावीर जब नाम सुनावै॥
नासै रोग हरै सब पीरा। जपत निरन्तर हनुमत वीरा॥
संकट तें हनुमान छुड़ावैं। मन क्रम वचन ध्यान जो लावै॥
सब पर राम तपस्वी राजा। तिनके काज सकल तुम साजा॥
और मनोरथ जो कोई लावै। सोइसु अमित जीवन फल पावै॥
चारों युग प्रताप तुम्हारा। है प्रसिद्ध जगत उजियारा॥
साधु सन्त के तुम रखवारे। असुर निकन्दन राम दुलारे॥
अष्ट सिद्धि नौ निधि के दाता। अस बर दीन्ह जानकी माता॥
राम रसायन तुम्हरे पासा। सदा रहो रघुपति के दासा॥
तुम्हरे भजन राम को भावैं। जन्म जन्म के दुख बिसरावैं॥
अंतकाल रघुवर पुर जाई। जहां जन्म हरि भक्त कहाई॥
और देवता चित्त न धरई। हनुमत सेई सर्व सुख करई॥
संकट कटै मिटै सब पीरा। जो सुमिरै हनुमत बलबीरा॥
जय जय जय हनुमान गोसाईं। कृपा करह गुरु देव की नाईं॥
जो सत बार पाठ कर कोई। छूटहिं बंदि महासुख होई॥
जो यह पढ़े हनुमान चलीसा। होय सिद्धि साखी गौरीसा॥
तुलसीदास सदा हरि चेरा। कीजै नाथ हृदय महं डेरा॥

## दोहा

पवन तनय संकट हरन, मंगल मूरति रूप।
राम लखन सीता सहित, हृदय बसहु सुर भूप॥

www.ingramcontent.com/pod-product-compliance
Lightning Source LLC
Chambersburg PA
CBHW081153290426
44108CB00018B/2541